Friedrich Nietzsche: Die fröhliche Wissenschaft

Klassiker Auslegen

Herausgegeben von
Otfried Höffe

Band 57

Friedrich Nietzsche: Die fröhliche Wissenschaft

Herausgegeben von
Christian Benne und Jutta Georg

DE GRUYTER

ISBN 978-3-05-006498-7
e-ISBN (PDF) 978-3-11-044030-0
e-ISBN (EPUB) 978-3-11-043174-2
ISSN 2192-4554

Library of Congress Cataloging-in-Publication Data
A CIP catalog record for this book has been applied for at the Library of Congress.

Bibliografische Information der Deutschen Nationalbibliothek
Die Deutsche Nationalbibliothek verzeichnet diese Publikation in der Deutschen Nationalbibliografie; detaillierte bibliografische Daten sind im Internet über http://dnb.dnb.de abrufbar.

© 2015 Walter de Gruyter GmbH, Berlin/Boston
Druck und Bindung: Hubert & Co. GmbH & Co. KG, Göttingen
♾ Gedruckt auf säurefreiem Papier
Printed in Germany

www.degruyter.com

Inhalt

Siglenverzeichnis — VII

Christian Benne und Jutta Georg
Einführung — 1

Sebastian Kaufmann
„die letzte Entscheidung über den Text zwingt zum scrupulösesten ‚Hören' von Wort und Satz" – Textgenese und Druckgeschichte der *Fröhlichen Wissenschaft* — 7

Jutta Georg
Vorrede: Die Bedeutung der Zurückdatierung — 19

Christian Benne
Nicht mit der Hand allein: „‚Scherz, List und Rache'. Vorspiel in deutschen Reimen" — 29

Claus Zittel
„eine unaufhaltsam rollende Maschine im Kopfe"
　　Das unfröhliche „erste Buch" der *Fröhlichen Wissenschaft* — 52

Vivetta Vivarelli
Der „gute Wille zum Scheine"
　　Die fröhliche Wissenschaft, II. Buch — 68

Richard Schacht
Nietzsche Naturalizing
　　Drittes Buch — 88

Patrick Wotling
Philosophie als Jasagen
　　Viertes Buch — 107

Werner Stegmaier
Fünftes Buch: „Wir Furchtlosen"
　　Die Zwischenzeit der Heiterkeit — 129

Heinrich Detering
Stagnation und Höhenflug
 „Die Lieder des Prinzen Vogelfrei" —— 151

Richard Schacht
A Concluding Fable
 In the Spirit of Prinz Vogelfrei —— 175

Auswahlbibliografie —— 180

Personenregister —— 184

Autorinnen und Autoren —— 187

Siglenverzeichnis

Nietzsches Schriften werden unter Verwendung der Kritischen Studienausgabe (KSA) zitiert. Hierbei werden zunächst Sigle und Seitenzahl in der KSA angegeben oder das Zitat wird mit KSA Bandnummer und Seitenzahl belegt. Bei Zitaten aus dem Nachlass folgen auf die Angabe von Jahreszahl und Nummer des Notats Band- und Seitenzahl oder – bei Verwendung der diplomatischen Transkription des späten Nachlasses (KGW IX) – die Angabe der Bandnummer sowie die Sigle des verwendeten Heftes und Seitenangabe. Nietzsches Briefe werden unter Verwendung der Kritischen Studienausgabe (KSB) mit Bandnummer und Seitenzahl zitiert. Für ein detaillierteres Siglenverzeichnis siehe www.degruyter.com/staticfiles/content/dbsup/Nietzsche_05_Siglen.pdf.

AC	Der Antichrist
EH	Ecce homo
FW	Die fröhliche Wissenschaft
GD	Götzen-Dämmerung
GM	Zur Genealogie der Moral
GT	Die Geburt der Tragödie
JGB	Jenseits von Gut und Böse
M	Morgenröthe
MA I	Menschliches, Allzumenschliches (erster Band)
MA II	Menschliches, Allzumenschliches (zweiter Band)
NL	Nachlass: Aufzeichnungen und Notate
NW	Nietzsche contra Wagner
PHG	Die Philosophie im tragischen Zeitalter der Griechen
UB	Unzeitgemässe Betrachtungen
VM	Vermischte Meinungen und Sprüche (1. Teil von MA II)
WA	Der Fall Wagner
WL	Ueber Wahrheit und Lüge im aussermoralischen Sinne
WS	Der Wanderer und sein Schatten (2. Teil von MA II)
Z	Also sprach Zarathustra

Christian Benne und Jutta Georg
Einführung

So ambitioniert wie in der *Fröhlichen Wissenschaft* hatte Nietzsche bis dato noch nicht die Bühne eigenständigen Denkens betreten. Das Buch ist kein tastender Versuch unabhängiger philosophischer Existenz mehr, sondern die selbstbewusste Geste eines Denkens, das sich zu seinem Werden bekennt – und sich selbst dabei beobachtet. Zu diesem Eindruck trägt gewiss bei, dass Nietzsche die *Fröhliche Wissenschaft* bei ihrer Neuausgabe und im Unterschied zu den Neuausgaben anderer früher Werke nicht nur um eine neue Vorrede, sondern sogar um ein zusätzliches Buch und einen lyrischen Anhang erweitert hat. Das fünfte Buch, das für die philosophische Rezeption besonders wichtig geworden ist, vertieft die Themen der ersten vier Bücher und macht ihre wahre Bedeutung im Lichte von Nietzsches späterer Entwicklung explizit, die zugleich die Kontinuität seines Denkens unterstreicht.

In der *Fröhlichen Wissenschaft* spricht Nietzsche nicht mehr vornehmlich als Philologe oder Antiphilologe, Wagnerianer oder Antiwagnerianer, nicht mehr bloß als Kulturkritiker und freier Geist, als scharfer Beobachter und Kommentator der Sitten, Wissenschaften, moralischen Vorurteile und ästhetischen Urteile seiner eigenen Zeit wie früherer Epochen, sondern als Philosoph, der zu sich selbst findet – und zwar nicht als Nietzsche, sondern als „Nietzsche", d. h. als beständig sich selbst inszenierender und kommentierender philosophischer Schriftsteller, der in seinem künstlerischen Idiom zugleich die ihm eingebaute Skepsis, ein wichtiges Thema der *Fröhlichen Wissenschaft*, überwindet. In der Inszenierung des Werkzusammenhangs repräsentiert das Buch die aufgehende Sonne nach der *Morgenröthe* (1881) noch bevor sie im „Großen Mittag" von *Also sprach Zarathustra* (ab 1883) ihren Zenit erreicht, zu dem sich die anschließenden Schriften erläuternd und radikalisierend verhalten. Der letzte Aphorismus der Erstausgabe (FW 342) ist nahezu identisch mit dem Beginn von *Also sprach Zarathustra*. In einem Brief an Overbeck vom 7. April 1884 heißt es: „Beim Durchlesen von ‚Morgenröthe' und ‚fröhlicher Wissenschaft' fand ich übrigens, daß darin fast keine Zeile steht, die nicht als Einleitung, Vorbereitung und Commentar zu genanntem Zarathustra dienen kann." (KSB 6, 496)

In der *Fröhlichen Wissenschaft* werden zum ersten Mal jene Motive formuliert, die man später zu Nietzsches ‚Lehren' verkürzte, darunter der Tod Gottes, die Ewige Wiederkehr des Gleichen und der *amor fati*, die Lebensbejahung, der Wille zur Macht, der Perspektivismus. Daneben wird der Reise-, Aufbruchs- und Niedergangsmetaphorik eine neue Bedeutung zuteil (s. auch Salaquarda 1997). Hier lassen sich schon jene Gedanken, Bilder, Assoziationen und Stimmungen studieren, die zentral nicht nur für Nietzsches Spätwerk, sondern für sein gesamtes Nachleben geworden sind, und zwar oft in vielschichtigerer und suggestiverer Form als die nur im Nachlass überlieferten, teilweise nicht durchgearbeiteten Fragmente. Hinzu kommen zahlreiche, bisher längst nicht ausgeschöpfte Reflexionen über die unterschiedlichsten Themen, angefangen von der Theorie der Tragödie gleich im ersten Aphorismus, über künstlerische Tendenzen der Gegenwart, Geschichte und Rolle des Christentums, die Stellung der Frau in der Gesellschaft und viele andere mehr.

Zentral für Nietzsches Wissenschaftskritik ist seine dezidierte Kritik am tradierten Bewusstseinsbegriff (die „unkräftigste Form" der Erkenntnis). Die moderne Wissenschaft offenbare einen „Plebejismus des Geistes" (FW 358, 605), weil sie den hoch komplexen und hoch komplizierten, auch von unbewussten Kräften gesteuerten Erkenntnisvorgang auf einen mechanischen Vorgang reduziere, um so ihre Furcht vor dem realen Hiatus zwischen dem Erkennendem und der Natur zu calmieren. Wissenschaft ist also ein Vorurteil, ein Gelehrtenglauben an Gesetze der Rangordnung, ein Denken von Trägern eines mediokren Geistes. Dem steht nun die provokante Konzeption einer fröhlichen Wissenschaft gegenüber. Eine tiefe Fröhlichkeit soll es sein, kein oberflächliches Denken, vielmehr ein Prozess, der alle Sinne einschließt und sich leidenschaftlich auf die Dinge einlässt. Nietzsche setzt die traditionelle Hierarchie von Vernunft und Leib außer Kraft, sie werden nun zu einem Erkenntnisorgan als das von Sinnen durchzogene Geflecht des Selbst. Der Beginn des 5. Buchs, das die Neuausgabe beschließt, fasst die Bestimmung der fröhlichen Wissenschaft wie folgt zusammen. In „Was es mit unserer Heiterkeit auf sich hat" wird die neue Heiterkeit als Ergebnis des größten Ereignisses, nämlich Gottes Tod gefeiert. Nun würden die „freien Geister" von einer neuen „Morgenröthe angestrahlt" und herausgezogen auf ein „offenes Meer", dort sei jede „Wagniss des Erkennenden" erlaubt (FW 343, 574). Nur mit neuen Horizonten könne der Wissenschaft ihr Glauben genommen werden, Wahrheit sei mehr wert als jede andere Überzeugung, denn der Wille zur Wahrheit könnte ein „versteckter Wille zum Tode sein" (FW 344, 576). Indes bleibt ungeklärt, ob nicht auch die Antimetaphysiker ihr „Feuer noch von dem Brande nehmen, den ein Jahrtausende alter Glaube entzündet hat, jener Christen-Glaube [...] dass die Wahrheit göttlich ist ..." (FW 344, 577). Die christliche Ideologie mit ihren, wenn auch im Design historisch variierenden Ritualen und Praktiken der Selbstkasteiung als Folge des Schuldbegriffs, der These der Sündhaftigkeit und Unreinheit des Menschen, für die zu büßen ist, steht für die Abhängigkeit des Menschen von einer Diskursstruktur mit Gott im Zentrum. Wodurch aber wird der erodierte Glauben ersetzt? Nietzsche antwortet mit Bildern, Symbolen und Metaphern. Da ist die Rede von einem neuen Zeitalter der „Unvergleichbaren, [...] Sich-selber-Gesetzgebenden, [...] Sich-selber-Schaffenden!" (FW 335, 563). Am Ende des fünften Buchs treffen wir auf Allegorien wie die „Argonauten des Ideals" (FW 382, 636), „'Der Wanderer'" (FW 380, 632), „Narren" (FW 379, 631), „Wir Heimatlosen" (FW 377, 628), „Wir Unverständlichen" (FW 371, 622): In der *Fröhlichen Wissenschaft* schlüpft Nietzsche durchgehend in verschiedene Rollen, aus deren Perspektive er spricht und reflektiert – schon die Epigramme, die den aphoristischen Büchern vorangestellt sind, sollten dies deutlich machen. Der fröhliche Wissenschaftler kann sich als Schreibstubenexistenz nur dann legitimieren, wenn er zumindest metaphorisch zu eigenen Forschungsreisen aufbricht und sich den Grundsätzen der „Argonauten des Ideals" verschreibt, die ihr eigenes Leben als Experiment in die Waagschale werfen, um sich je „einem Künstler, einem Heiligen, einem Gesetzgeber, einem Weisen, einem Gelehrten, einem Frommen, einem Wahrsager, einem Göttlich-Abseitigen alten Stils" (FW 382, 636) anzuverwandeln. Diese Art von Perspektivismus hat nun auch eine performative Komponente, die sich über die stilistische Bandbreite des gesamten Buchs bis hin zu seinem bewusst sprachmusikalischen Anspruch erstreckt, das Denken nicht länger von seinem Rhythmus zu trennen.[1]

Mit der Aufwertung von Nietzsches *Fröhlicher Wissenschaft* begann die moderne Nietzscheforschung. Giorgio Colli, Mitinitiator und Mitherausgeber der großen italienisch-deutschen Edition, ohne die ein Neuansatz nach dem Ende des Nationalsozialismus, des Nietzsche-Archivs, aber auch der Großdeutungen (etwa von Martin Heidegger oder Karl Jaspers) kaum möglich gewesen wäre, bezeichnete die Schrift in seinem Nachwort als „Nietzsches gelungenste[n] Versuch philosophischer Mitteilung" (KSA 3, 660). Das war natürlich in erster Linie gegen eine Tradition des Nietzschekults gerichtet, in dessen Zentrum der unter dem Titel *Der Wille zur Macht* auf hochproblematische Weise kompilierte Nachlass gestanden hatte. Es war aber auch, wie seine weiteren, für die spätere Reputation des Buches wichtigen Ausführungen verdeutlichen, dessen besonderer Stellung in Nietzsches Werkzusammenhang geschuldet. In einer schulbildenden Gedankenfigur setzte Colli in der *Fröhlichen Wissenschaft* die Überwindung des antithetischen Gegensatzes von Nietzsches früher ästhetischer Einstellung und darauffolgender, gegen die eigene Kunstemphase gerichteten Begeisterung für die zeitgenössische Wissenschaft an, die seine eigentliche Philosophie ankündigte.

Dem Tenor nach entsprach dies schon der allerersten Rezension des Buches. In Schmeitzners „Internationaler Monatsschrift" vom November 1882 gab ein Ernst Wagner eine umfassende und ausgewogene Einschätzung mit überwiegend positivem Urteil. Es war die erste derartige Reaktion auf eines seiner philosophischen Werke, der Nietzsche teilhaftig wurde. „Es wäre nicht zu verwundern,"

---

[1] Dazu erstmals Mattenklott 1997. Allgemein: Benne 2011.

heißt es da, „wenn Nietzsche, der, von der Betrachtung der Kunst ausgehend, zur Wissenschaft geführt wurde, jetzt, nach langer mühevoller Forscherthätigkeit wieder zur Kunst zurückgelangte, und sich so der Kreis seines Werdens harmonisch ineinanderschlösse!" (Reich 2012, 577) Der Autor hebt die Figur des Freigeistes heraus, der „keine Autorität als bindend" anerkenne und niemandem blind vertraue (Reich 2012, 578). Es sei

> nicht die Absicht des Autors, ein neues philosophisches System zu begründen, vielmehr betrachtet er es als seine Aufgabe, der Philosophie der Aufklärung, die mit dem Ende des vorigen Jahrhunderts eine vollständige Unterbrechung ihrer gesunden Fortentwicklung erlitten hat, neues Leben und neue Wirksamkeit zu verleihen. (Reich 2012, 578)

Nietzsche stehe in der Tradition Voltaires und der Enzyklopädisten, seine Philosophie sei gegen das Christentum und den „Nebel der Metaphysik" (Reich 2012, 581) gerichtet; ein pessimistischer Jünger Schopenhauers sei er ganz und gar nicht mehr. Nietzsche war über diese denkwürdige öffentliche Anerkennung mehr als erfreut. Am 10. Januar weist er Heinrich Köselitz in einem Brief auf sie hin: „seit 6 Jahren" habe er zum ersten Mal wieder etwas „ohne Ekel" über sich gelesen (KSB 6, 317). Seit sechs Jahren: also seit dem Bruch mit Wagner. Hinzu kamen positive Rückmeldungen aus dem privaten Umfeld.[2] Nun erst ist der philosophische Neuanfang geglückt.

Gleichwohl stand die *Fröhliche Wissenschaft* alsbald im Schatten des *Zarathustras* und des Spätwerks, von der Langzeitwirkung der Tragödienschrift zu schweigen. So ließ die Wiederbesinnung auf den sogenannten mittleren Nietzsche lange auf sich warten. Erst in Arbeiten wie sie in der Nachfolge Collis und Montinaris entstanden, wurde sie zum Angelpunkt namentlich der italienischen Forschung.[3] Zwar betonte ein ihr gewidmeter Band der *Nietzsche-Studien* von 1997 noch immer ihre relative Vernachlässigung, allerdings sind gerade in den Jahren seither wegweisende Beiträge entstanden. Dies gilt nicht zuletzt für die amerikanische Nietzscheforschung, die seit Walter Kaufmanns Versuch, einen emanzipatorischen Nietzsche aus den Trümmern des politischen wie philosophischen Zusammenbruchs zu retten, eine Vorliebe für die *Fröhliche Wissenschaft* entwickelte. Die *Fröhliche Wissenschaft* bot sich dafür an, weil der Begriff der Wissenschaft die Anschlussfähigkeit zur Tradition der Aufklärung versprach, während die Fröhlichkeit einen undogmatischen Zugriff auf das Verständnis dieser Wissenschaft selbst anzudeuten schien – als einer Philosophie, die nicht nach

---

[2] So schreibt sein Jugendfreund Carl von Gersdorff am 11. 9. 1882: „Von allen Deinen Schriften, seit dem Du die Bahn der Freiheit betreten hast, gefällt mir diese letzte am besten." KGB III/2, 285.
[3] Zu erwähnen wäre hier insbesondere Brusotti 1997; zuletzt noch Piazzesi/Campioni/Wotling 2010.

Abschluss, sondern auf immer neue Öffnung dringt (s. auch Babich 2006). Noch in einem viel beachteten jüngeren Aufsatz hat sie Richard Schacht (1988, 68), der bei Kaufmann studierte, das zweifellos „finest, most illuminating" unter den von Nietzsche selbst publizierten Werken genannt.

Tatsächlich sind die von Schacht angeführten Argumente – und so schließt sich der Kreis – eng verwandt mit der Auffassung der Colli/Montinari-Schule. Im eingangs erwähnten Nachwort beschrieb Colli die *Fröhliche Wissenschaft* als eine Art kontrollierte Versuchsanordnung aller zwar durchaus schon vorhandenen „Extreme" in Nietzsches Denken, die aber noch frei von jedem „Fanatismus" bzw. vom „unwiderstehliche[n] Drang, persönliche Standpunkte ins Maßlose zu steigern" gewesen sei, den er als Symptom späterer Erkrankung Nietzsches interpretierte (KSA 3, 660; s. auch Gerhardt 1986).

Auch wenn man dieser Einschätzung des Spätwerks kaum mehr folgen mag, so dürfte der Status der *Fröhlichen Wissenschaft* als Beginn der Ausprägung von Nietzsches folgenreichstem Denken heute unbestritten sein, besser: sein Status als Auftakt zu seiner eigenen, neuartigen Philosophie und deren ebenso neuartigen Form der Darstellung. Nietzsche hat zur Befestigung dieses Status selber und schon früh beigetragen. Mit diesem Werk, so vertraute er Erwin Rohde am 9. September 1882 an, habe er „einen Wendekreis überschritten [...]. Alles liegt neu vor mir, und es wird nicht lange dauern, daß ich auch das furchtbare Angesicht meiner ferneren Lebens-Aufgabe zu sehen bekomme" (KSB 6, 255).

In der Forschung sind erstaunlich wenige Aphorismen, Abschnitte oder gar Gedichte im Detail analysiert worden; allzu häufig beschränkte sie sich dann doch auf die bekannteren Philosopheme. Daraus ergibt sich heute vor allem die Aufgabe intensiver Lektüren, die über die Handvoll sehr häufig interpretierter oder zitierter Stellen hinausgeht.[4] Erst auf diesem Weg wird die Forschung letztlich auch zu einer neuen Einschätzung der sog. Lehren (bzw. ihrer Problematisierung schon seit dem 1. Buch der *Fröhlichen Wissenschaft*) zurückfinden können. Der vorliegende Band möchte ein Schritt in diese Richtung sein. Er enthält sieben interpretierende Originalbeiträge, die zusammen nicht allein einen laufenden Kommentar bilden, sondern ein breites Spektrum verschiedener Traditionen, nationaler Stile und methodischer Ansätze der Nietzscheforschung abbilden. Sebastian Kaufmann hat in einem achten Beitrag die Aufgabe übernommen, Licht auf die komplexe Entstehungsgeschichte der *Fröhlichen Wissenschaft* zu werfen, die für die Interpretationsarbeit heute nicht mehr ignoriert werden kann.

---

4 S. zuletzt Werner Stegmaiers monumentalen Versuch einer umfassenden kontextuellen Lektüre des gesamten 5. Buchs (Stegmaier 2012).

Literatur

Babich, Babette E. 2006: Nietzsche's „Gay" Science, in: Keith Ansell-Pearson (Hrsg.): A Companion to Nietzsche, Malden, Mass./Oxford, S. 97–114.

Benne, Christian 2011: Good cop, bad cop. Von der Wissenschaft des Rhythmus zum Rhythmus der Wissenschaft, in: Helmut Heit/Günter Abel/Marco Brusotti (Hrsg.): Nietzsches Wissenschaftsphilosophie, Berlin/New York, S. 187–212.

Brusotti, Marco 1997: Die Leidenschaft der Erkenntnis. Philosophie und ästhetische Lebensgestaltung bei Nietzsche von Morgenröthe bis Also sprach Zarathustra, Berlin/New York.

Gerhardt, Volker 1986: „Experimental-Philosophie", in: Mihailo Djuric/Josef Simon (Hrsg.): Kunst und Wissenschaft bei Nietzsche, Würzburg, S. 45–61.

Mattenklott, Gert 1997: Der Taktschlag des langsamen Geistes. Tempi in der „Fröhlichen Wissenschaft", in: Nietzsche-Studien 26, S. 226–238.

Piazzesi, Chiara/Campioni, Giuliano/Wotling, Patrick (Hrsg.) 2010: Letture della «Gaia scienza» = Lectures du «Gai savoir», Pisa.

Reich, Hauke 2012: Rezensionen und Reaktionen zu Nietzsches Werken. 1872–1889, Berlin/New York.

Salaquarda, Jörg 1997: Die Fröhliche Wissenschaft zwischen Freigeisterei und neuer Lehre, in: Nietzsche-Studien 26, S. 165–183.

Schacht, Richard 1988: Nietzsche's Gay Science, Or, How to Naturalize Cheerfully, in: Robert C. Solomon/Kathleen M. Higgins (Hrsg.): Reading Nietzsche, New York/Oxford, S. 68–86.

Stegmaier, Werner 2012: Nietzsches Befreiung der Philosophie. Kontextuelle Interpretation des V. Buchs der Fröhlichen Wissenschaft, Berlin/New York.

Sebastian Kaufmann

„die letzte Entscheidung über den Text zwingt zum scrupulösesten ‚Hören' von Wort und Satz" – Textgenese und Druckgeschichte der *Fröhlichen Wissenschaft*

1 Von ‚*Morgenröthe II*' zur ‚*Fröhlichen Wissenschaft I*'

Der Entstehungsprozess der *Fröhlichen Wissenschaft* zog sich nicht lange hin; Nietzsche konnte das hohe Tempo, in dem er bereits seine vorangehenden Werke verfasst und veröffentlicht hatte, halten: Ebenso wie er auf den 1880 publizierten zweiten Teil seiner Schrift *Menschliches, Allzumenschliches* schon 1881 die *Morgenröthe* folgen ließ, schickte er dieser, wiederum nur ein Jahr später, sein neues Werk hinterher. Die Erstausgabe der *Fröhlichen Wissenschaft* erschien im August 1882 im Verlag von Ernst Schmeitzner in Chemnitz. Die drei Aphorismen-Sammlungen, die zusammen Nietzsches ‚mittlere Phase' markieren, bilden geradezu ein Werkkontinuum mit engen konzeptionellen Verbindungen zwischen den einzelnen Schriften. Nietzsche war sich dessen sehr wohl bewusst, und er selbst sah auch, dass seine Arbeit an diesen Werken eine entscheidende – nämlich die ‚freigeistige' – Periode seines Denkens ausmachte. Als deren Abschluss betrachtete er *Die fröhliche Wissenschaft*. So teilte er Lou von Salomé unmittelbar nach der Fertigstellung (der ersten Fassung) dieses Textes am 3. Juli 1882 brieflich mit, dass „damit das Werk von 6 Jahren (1876–1882), meine ganze ‚Freigeisterei'!" vollendet sei (KSB 6, 217). Und als Klappentext für die Erstausgabe der *Fröhlichen Wissenschaft* wählte Nietzsche die Formulierung:

> Mit diesem Buche kommt eine Reihe von Schriften FRIEDRICH NIETZSCHE'S zum Abschluss, deren gemeinsames Ziel ist, *ein neues Bild und Ideal des Freigeistes* aufzustellen. In diese Reihe gehören: *Menschliches, Allzumenschliches*. Mit Anhang: Vermischte Meinungen und Sprüche. / *Der Wanderer und sein Schatten*. / *Morgenröthe*. Gedanken über die moralischen Vorurtheile. / *Die fröhliche Wissenschaft*.

Der enge inhaltliche Zusammenhang der *Fröhlichen Wissenschaft* vor allem mit der vorangehenden *Morgenröthe* ist schon daraus ersichtlich, dass Nietzsche zunächst noch an eine „Fortsetzung der ‚Morgenröthe'" dachte, wie es in einem nachgelassenen Notat mit dem datierenden Zusatz „Genova. Januar 1882" heißt (NL 1882, 16[1]; KSA 9, 659). Entsprechend schrieb er bereits am 18. Dezember 1881, sechs Monate nach Erscheinen der – fünf „Bücher" umfassenden – *Morgenröthe*, aus Genua an seinen Freund und Zuarbeiter Peter Gast (Heinrich Köselitz): „Wünschen Sie mir Glück und h e l l e s W e t t e r! ich nehme die Feder zur Hand, um das l e t z t e Manuskript zu machen (die Schreibmaschine trifft erst in einem Vierteljahre ein). Es gilt der Fortsetzung der ‚Morgenröthe' (6. bis 10. Buch)." (KSB 6, 150) Abermals war demzufolge von Anfang an eine Schrift in fünf Büchern geplant – in genauer Entsprechung zum ‚ersten Teil' der *Morgenröthe*.

Allerdings spielte Nietzsche schon wenig später mit dem Gedanken, zunächst nur, unter Rückgriff auf Materialreste der *Morgenröthe* und neuere Aufzeichnungen aus der Zeit von Frühjahr bis Herbst 1881, die ersten drei Bücher (also das 6. bis 8. Buch) von ‚Morgenröthe II' zu verfassen und mit der Ausarbeitung der beiden letzten Bücher (9 und 10) noch bis zum Winter 1882/83 zu warten. So meldet er im Brief vom 25. Januar 1882 an Köselitz nicht nur Vollzug – die ersten drei Bücher seien bereits fertig –, sondern kündigt zugleich eine schöpferische Arbeitspause an, die nötig sei, um Kraft für das Aussprechen insbesondere *eines* neuen Gedankens zu sammeln:

> Ein paar Worte über meine ‚Litteratur'. Ich bin seit einigen Tagen mit Buch VI, VII und VIII der ‚Morgenröthe' fertig, und damit ist meine Arbeit für diesmal gethan. Denn Buch 9 und 10 will ich mir für den nächsten Winter vorbehalten – ich bin noch nicht r e i f genug für die elementaren Gedanken, die ich in diesen Schluß-Büchern darstellen will. Ein Gedanke ist darunter, der in der That ‚Jahrtausende' braucht, um etwas zu w e r d e n. Woher nehme ich den Muth, ihn auszusprechen! (KSB 6, 159)

Wie schon der Hinweis auf „Jahrtausende" nahe legt, meinte er mit diesem Gedanken den der „ewigen Wiederkunft des Gleichen", der im vorletzten Aphorismus (FW 341) des Vierten Buchs der *Fröhlichen Wissenschaft* zum ersten Mal öffentlich ausgesprochen wird, wenngleich noch nicht unter Verwendung der prominenten Formel. Diese findet sich allerdings bereits in einer auf „Anfang August 1881 in Sils Maria" datierten Nachlass-Notiz (NL 1881, 11 [141]; KSA 9, 494–496).

Offenbar hatte Nietzsche den „Muth", diesen Gedanken „auszusprechen", doch schon gefunden, und konnte somit auch daran gehen, zumindest das geplante „Buch 9" von ‚Morgenröthe II', also das spätere Vierte Buch der *Fröhlichen Wissenschaft*, zu schreiben. Zwar heißt es auch noch im Brief an Franz Overbeck vom 29. Januar 1882: „Gestern sandte ich das Manuscript an Hrn. Köselitz nach Venedig ab. Es fehlen noch das 9te und 10te Buch, welche ich j e t z t nicht mehr machen kann – es gehört f r i s c h e Kraft dazu und t i e f s t e Einsamkeit" (KSB 6, 162). Trotzdem scheint Nietzsche zu dieser Zeit bereits am vorletzten Buch gearbeitet zu haben; immerhin verschiebt er die Niederschrift im selben

Brief an Overbeck auch nicht mehr strikt auf den nächsten Winter, sondern erwägt bereits die Fertigstellung im kommenden Sommer. Darüber hinaus spricht die Äußerung gegenüber Köselitz im Brief vom 5. Februar dafür, dass der Arbeitsprozess zu diesem Zeitpunkt bereits im vollen Gange war, wenn es mit Bezug auf das im Brief seines Freundes vom 31. Januar aufgeworfene Problem des „Causalitäts-Sinnes" (KSB 6, 166) heißt: „Ich [...] muß sie auf das ‚9te Buch' der M‹orgenröthe› verweisen, damit Sie sehen, daß ich am wenigsten von den Gedanken abweiche, welche Ihr Brief mir darlegt" (KSB 6, 167).

Die Vermutung, dass Nietzsche das spätere Vierte Buch der *Fröhlichen Wissenschaft* im Januar 1882, trotz anderslautender brieflicher Aussagen, bereits in Angriff genommen, wenn auch noch nicht abgeschlossen hatte, wird durch dessen Untertitel „Sanctus Januarius" und das darunter stehende, auf den „Januar 1882" datierte Mottogedicht „Der du mit dem Flammenspeere ..." noch erhärtet (KSA 3, 521). Ein Blick auf Nietzsches Briefe aus dieser Zeit lässt erkennen, dass er diesen Januar als besonders glückliche Zeit erlebte. Wiederholt ist die Rede von den „Wunder[n] des schönen Januarius" (an Köselitz, 29. Januar 1882; KSB 6, 161; fast wortgleich am selben Tag an Overbeck, KSB 6, 163), von „diesem schönsten aller Januare" (an Franziska Nietzsche, 30. Januar; KSB 6, 164) sowie davon, dass dieser „Januar [...] der schönste meines Lebens" sei (an Köselitz, 25. Januar 1882; KSB 6, 160). Diese Hochstimmung ergab sich nicht zuletzt aus einem Nachlassen der Krankheitsanfälle, über die Nietzsche kurz zuvor noch geklagt hatte. Nietzsche genoss das milde, sonnige Wetter in Genua, das er geradezu als „einen [...] ‚Frühling'" pries (an Overbeck, 29. Januar; KSB 6, 163), und arbeitete aller Wahrscheinlichkeit nach in diesem Monat bereits am „9. Buch", das ihm besonders wichtig werden sollte. So gilt wohl Nietzsches spätere Aussage im Brief an Hippolyte Taine vom 4. Juli 1887, er „verdanke" die Erstfassung der *Fröhliche Wissenschaft* „den ersten Sonnenblicken der wiederkehrenden Gesundheit: es entstand [...] in Genua, in ein paar sublimklaren und sonnigen Januarwochen" (KSB 8, 107), ebenfalls für den Abschnitt „Sanctus Januarius". Ein weiterer späterer Reflex auf jenen in physischer, meteorologischer und schöpferischer Hinsicht ‚schönsten Januar' findet sich auch noch in der „Genesungs"- und „Tauwind"-Metaphorik der Vorrede zur zweiten Ausgabe der *Fröhlichen Wissenschaft* von 1887. Die körperliche „Genesung" war jedoch nicht von langer Dauer: Schon im Schreiben an Overbeck vom 14. Februar 1882 klagt Nietzsche wieder über „immer sich ablösende Anfälle" (KSB 6, 170).

Aus dem Gesagten lässt sich der Schluss ziehen, dass Nietzsche die schon im Januar 1882 vorangetriebene Arbeit am „9. Buch" bewusst verschwieg, um die Aufmerksamkeit seiner Freunde, die auch fast seine einzigen Leser waren, auf den angekündigten, im Kern schon feststehenden gedanklichen Gehalt dieses Buchs zu lenken. Es handelt sich wahrscheinlich um eine kalkulierte Verzögerungsstrategie, die einen Überraschungseffekt bewirken sollte, als der zwar groß angekündigte, aber angeblich erst viel später zu schreibende Werkabschnitt dann doch plötzlich auftauchte. Während es mit dem „9. Buch" von ‚Morgenröthe II' also viel schneller ging als avisiert, sollte es mit dem „10. Buch" umgekehrt viel länger dauern; das Fünfte Buch der *Fröhlichen Wissenschaft* erschien erst Jahre später mit der zweiten Ausgabe von 1887. Das auf diese Weise wesentlich erweiterte Werk umspannt verschiedene Schaffensphasen: die Zeit vor dem *Zarathustra* und nach *Jenseits von Gut und Böse*.

Wann genau Nietzsche von seinem ursprünglichen Plan einer Fortsetzung der *Morgenröthe* abrückte und sich dazu entschloss, stattdessen ein eigenständiges Werk mit dem Titel *Die fröhliche Wissenschaft* (allerdings noch ohne den Untertitel der neuen Ausgabe von 1887: „la gaya scienza") zu veröffentlichen, lässt sich nicht mit Sicherheit sagen. Fest steht indes, dass er seinem damaligen Verleger Ernst Schmeitzner in Chemnitz am 8. Mai 1882 zum ersten Mal *Die fröhliche Wissenschaft* zum Druck anbot: „Für den Herbst können sie ein M‹anu›s‹cript› von mir haben: Titel ‚Die fröhliche Wissenschaft' (mit vielen Epigrammen in Versen!)" (KSB 6, 191). Offensichtlich meinte Nietzsche, seinem Verleger mit dieser Ankündigung von Versen, hinter denen sich das „Vorspiel in deutschen Reimen" mit dem von Goethe entlehnten Titel „Scherz, List und Rache" verbirgt, die verlockende Aussicht auf ein – im Gegensatz zu den früheren Büchern – publikumswirksames Werk zu eröffnen.

2 Herstellung eines ‚unedierbaren' Manuskripts und ein Druck, bei dem „Alles falsch" läuft

Bis zum Herbst sollte es allerdings gar nicht dauern, das Manuskript für Schmeitzner fertigzustellen. Nietzsche lieferte schneller, als er selbst angekündigt hatte. Schon am 26. Mai informierte er Schmeitzner aus Naumburg, dass mit dem Manuskript bald zu rechnen sei, fügte aber hinzu, dass es diesmal, anders als im Fall von *Menschliches, Allzumenschliches* und *Morgenröthe*, „kein Köselitzesches Manuscript für die Teubnersche Druckerei" geben würde. Stattdessen habe er in Naumburg „einen alten Kaufmann, der banquerott ist, engagiert – meine Schwester und ich diktiren abwechselnd, es ist eine Thierquälerei für mich." (KSB 6, 195) Die Einschätzung, es handle sich um eine „Thierquälerei" verweist auf die großen Probleme, die diese Art der Manuskriptherstellung mit sich brachte. Wiederholt klagt Nietzsche in den folgenden Tagen und Wochen darüber, dass der Text ohne die bewährte Hilfe von Köselitz „unedirbar" sei, so etwa bereits im Brief an Paul Rée vom 29. Mai: „Das M‹anu›s‹cript› erweist sich seltsamer Weise als ‚unedirbar'. Das kommt von dem Princip des ‚mihi ipsi scribo.' –!" (KSB 6, 199) Dieselbe Klage äußert er (vermutlich) am 10. Juni in fast identischem Wortlaut erneut gegenüber Rée – paradoxerweise verbunden mit dem Hinweis auf den schon bald anstehenden Abschluss der Manuskriptherstellung. Nietzsches Rede von der „Thierquälerei" gewinnt noch einen zusätzlichen Hintersinn, wenn er schließlich gegenüber Lou von Salomé am 15. Juni erklärt: „M‹anu›s‹cript› fertig. Durch den größten Esel aller Schreiber!" (KSB 6, 205) Dass er damit den angeheuerten Naumburger Kaufmann meint, geht nicht zuletzt aus dem Brief an Köselitz vom 19. Juni hervor, in dem er resümiert: „Die Quälerei der M‹anu›s‹cript›-Herstellung, mit Hülfe eines banquerotten alten Kaufmanns und Esels, war außerordentlich: ich habe es verschworen, dergleichen nochmals über mich ergehen zu lassen." (KSB 6, 208)

Diese Aussage spielt auch darauf an, dass sich Nietzsche zu dieser Zeit mit dem Gedanken trug, (vorerst) keine weiteren Bücher mehr zu schreiben, sondern im Herbst 1882 nach Wien zu gehen, um an der dortigen Universität erneut zu studieren, wie er Mitte Juli an Erwin Rohde schreibt. Diesen Plan teilt er zur selben Zeit auch seiner Gönnerin Malwida von Meysenburg im Brief aus Tautenburg mit, wohin er sich nach dem Abschluss des Manuskripts zurückgezogen hatte: „Die nächsten Jahre werden keine Bücher hervorbringen – aber ich will wieder studiren. (Zunächst in Wien.)" (KSB 6, 223) Dementsprechend fragt er am 19. Juni doch bei Köselitz an, „ob Sie mir bei der Correctur der ‚fröhlichen Wissenschaft' – meines letzten Buches, wie ich annehme – helfen **können** (vom „Wollen" rede ich nicht, mein alter Getreuer!)" (KSB 6, 208). Am selben Tag benachrichtigt Nietzsche dann auch schon Schmeitzner, der Druck der *Fröhlichen Wissenschaft* in der Leipziger Druckerei Teubner könne und solle unverzüglich beginnen: „In den nächsten Tagen bekommen Sie den ersten Theil M‹anu›s‹cript› der ‚fröhlichen Wissenschaft' – ich bitte dringend darum, daß der Druck bei Teubner **sofort beginnt.**" (KSB 6, 208f.)

Der Druck bei Teubner und die Korrekturhilfe durch Köselitz liefen in den nächsten Wochen parallel zueinander, allerdings, zumindest was den ersteren betrifft, keineswegs zu Nietzsches Zufriedenheit. Wie skrupulös dieser bei der Publikation seiner Schriften und insbesondere auch der *Fröhlichen Wissenschaft* war, zeigt sich unter anderem an den Worten, mit denen er Lou von Salomé im Brief vom 27./28. Juni über den Fortgang von Druck und Korrektur auf dem Laufenden hält:

> Donnerstag kommt der erste Correcturbogen, und Sonnabend soll der letzte Theil des M‹anu›s‹cript› in die Druckerei abgehen. Ich bin jetzt immer sehr von feinen Sprachdingen occupiert; die letzte Entscheidung über den Text zwingt zum scrupulösesten ‚Hören' von Wort und Satz. Die Bildhauer nennen diese letzte Arbeit ‚ad unguem.' (KSB 6, 213)

Dass ein Autor mit solchen Ansprüchen an seinen Text von den Korrekturbögen nur enttäuscht werden konnte, versteht sich fast von selbst. Und so kam es denn auch. Unmittelbar nach dem Eintreffen des ersten Korrekturbogens mit dem „Vorspiel in deutschen Reimen" sendet Nietzsche am 1. Juli einen Hilferuf an Köselitz: „Teubner (oder Schmeitzner?) macht Alles falsch. Das M‹anu›s‹cript› soll an Sie! Die Verse sind gräßlich durch Drucker und Setzer mißhandelt: ich schäme mich, dass Sie dies unverständliche Zeug zu sehen bekommen." (KSB 6, 215) Nur einen Tag später erhielt Nietzsche dann weitere Korrekturbögen, kurz nachdem Köselitz seine Korrektur des Manuskripts abgeschlossen hatte. Dessen letzten Teil leitete der ungeduldige Nietzsche gleich am 3. Juli an Teubner weiter, wie er an Schmeitzner schrieb: „heute soll der Rest des M‹anu›s‹cript› zur Post, und zwar direkt in die Druckerei, damit keine Zeitversäumniß entsteht. Bis jetzt habe ich 3 Correctur-Bogen." (KSB 6, 218) Zugleich bemühte er sich an diesem wie am folgenden Tag, „Teubnerische Verwirrungen durch Telegramme wieder zurechtzubringen" (an Franziska Nietzsche, 4. Juli 1882; KSB 6, 218).

Doch auch damit war die ‚Not der Drucklegung' noch nicht zu Ende. Als in den nächsten Tagen keine neuen Korrekturbögen mehr eintrafen, berichtete Nietzsche seiner Mutter nur eine gute Woche später von einer „Große[n] Verzögerung der Drucksache" (11. Juli 1882; KSB 6, 220). Auch als kurz darauf fünf weitere Korrekturbögen in Tautenburg eintrafen, sah sich Nietzsche noch veranlasst, über den langsam Fortgang des Drucks zu klagen, so im Brief an Franz Overbeck vom 18. Juli: „Die Drucksache geht langsam, ich bin beim 8ten Bogen." (KSB 6, 230) Das spiegelt aber eher Nietzsches Ungeduld, der es kaum mehr erwarten konnte, das fertige Buch endlich in den Händen zu halten, als eine tatsächliche Verzögerung des Drucks. Immerhin konnte er schon zehn Tage später Schmeitzner darüber informieren, dass er inzwischen den 13. Bogen von Teubner erhalten habe, wobei insgesamt mit höchstens noch drei weiteren Bögen zu rechnen sei. Zu dieser Zeit stand auch schon der eingangs zitierte Anzeigentext für die Rückseite des Umschlags fest, für den Nietzsche sich – passend zum Inhalt des Buchs, wie er meinte – „ein schönes Grau-Rosa" wünschte, so dass ihm nur noch blieb, Schmeitzner aufzufordern: „Die ersten drei fertigen Exemplare bitte sofort hierher!" (28. Juli 1882; KSB 6, 233)

Lange musste sich Nietzsche dann aber nicht mehr gedulden: Am 20. August erhielt er endlich die ersehnte Lieferung. So vermeldet er im Brief an Köselitz vom selben Tag freudig: „die ‚fröhliche Wissenschaft' ist eingetroffen; ich sende Ihnen sofort das erste Exemplar. Mancherlei wird Ihnen neu sein: ich habe noch bei der letzten Correctur dies und jenes anders und Einiges besser gemacht". Nietzsche weist in diesem Zusammenhang auf „die Schlüsse des 2ten und 3ten Buches" hin, die gegenüber dem Köselitz übersandten Manuskript mithin neu hinzugekommen sind, sowie vor allem auf das gesamte „Vierte Buch. Sanctus Januarius", was dafür spricht, dass selbst der Korrekturhelfer es bis zum Schluss nicht zu Gesicht bekommen hat. „Namentlich" will er von Köselitz wissen: „ist Sanctus Januarius überhaupt „verständlich?", woran er in Anbetracht seiner Erfahrung mit den Menschen **„ungeheuer"** zweifle (KSB 6, 238). Und auch andere Freunde, denen er kurz darauf Exemplare der *Fröhlichen Wissenschaft* zukommen lässt, macht er insbesondere auf das vierte und letzte Buch dieser Erstausgabe „Sanctus Januarius" aufmerksam, so Jacob Burckhardt, Franz Overbeck bzw. dessen Frau und Paul Rée. Nietzsche maß dem Vierten Buch besondere Bedeutung zu; im Brief an Overbeck vom 9. September 1882 spricht er geradezu davon, mit dem „Sanctus Januarius" „einen Wendekreis" überschritten zu haben (KSB 6, 255), und an Rée schreibt er, es handle sich bei diesem (vorerst) letzten Buch der *Fröhlichen Wissenschaft* um „die Summe meiner Existenz-Bedingungen", wie denn überhaupt dieses neue Werk „das Persönlichste [und deshalb zugleich das ‚komischste'; S. K.] aller meiner Bücher" sei (Ende August 1882; KSB 6, 247). ‚Persönlich' – gemäß dem Prinzip „mihi ipsi scripsi" – sollte dieses Werk freilich wie schon die früheren Schriften Nietzsches auch insofern bleiben, als es nur sehr schlechten Absatz fand: Von den tausend Exemplaren der gesamten Auflage konnten bis 1886 gerade einmal ungefähr zweihundert verkauft werden (vgl. Schmeitzner an Nietzsche, 1. Juli 1886; KGB III/4, 191).

3 ‚Fröhliche Wissenschaft II': Die Neuausgabe von 1887

Trotz (oder vielmehr auch wegen) der miserablen Verkaufszahlen plante Nietzsche bereits seit Herbst 1885, seine bis dahin publizierten Schriften – zunächst *Menschliches, Allzumenschliches* – in einer neuen Auflage erscheinen zu lassen, was allerdings durch Forderungen seines alten Verlegers Schmeitzner, von dem er sich inzwischen getrennt hatte, verzögert wurde. Der von Nietzsche für den schlechten Absatz verantwortlich gemachte Schmeitzner verlangte für alle übriggebliebenen Exemplare der bei ihm erschienenen Bücher die hohe Ablösesumme von 12.500 Mark. Nach langwierigen, schließlich gescheiterten Verhandlungen mit dem Leipziger Verleger Hermann Credner verständigte sich Nietzsche im Sommer 1886 mit Ernst Wilhelm Fritzsch, jenem anderen Leipziger Verleger, bei dem bereits die Erstausgabe der *Geburt der Tragödie* erschienen war und dem es Anfang August 1886 gelang, eine Einigung mit Schmeitzner zu erzielen und sämtliche Restexemplare aufzukaufen. Nachdem just zur selben Zeit im Verlag von Constantin Georg Naumann *Jenseits von Gut und Böse* „als ‚Appetitmacher' und Stomachicum für meine Art von Litteratur" (an Fritzsch aus Sils-Maria,

24. September 1886; KSB 7, 256) erschienen war, folgten dann schon Ende Oktober 1886 die Neuausgaben der *Geburt der Tragödie* und von *Menschliches, Allzumenschliches*. Die Bücher wurden jedoch nicht neu gedruckt, sondern einfach mit anderen Titelseiten sowie nachträglich verfassten „Vorreden" versehen. Dasselbe Verfahren, „die alten Bücher in [...] neuen sauberen Kleidern" zu veröffentlichen (an Köselitz aus Nizza, 31. Oktober 1886; KSB 7, 274), kam auch bei den Neuausgaben der *Morgenröthe* und der *Fröhlichen Wissenschaft* zur Anwendung, die beide im Juni 1887 fertig waren.

Insbesondere mit den neu entstandenen Vorreden, die insofern ja eigentlich (im zeitlichen Sinn) Nachreden waren, wollte Nietzsche seinen früheren, bis dahin kaum gelesenen Werken gesteigertes Interesse zu verschaffen. So schrieb er Ende August/Anfang September 1886 aus Sils-Maria an Fritzsch, seine „ganze Litteratur" sei bald „zum neuen Fluge fertig und neu ‚beflügelt' [...]. Denn diese ‚Vorreden' sollen Flügel sein!" (KSB 7, 238) Dass mit dieser Flug- und Flügelmetaphorik auch ganz handfest ein beabsichtigter Aufschwung der Verkaufszahlen gemeint war, erhellt aus ihrer präzisierenden Wiederverwendung im Brief an Köselitz vom 2. September: „Auf diese Weise hoffe ich den Büchern ein neues Interesse und, buchhändlerisch betrachtet, auch Flügel zu geben." (KSB 7, 243) Über den bloß buchhändlerisch-ökonomischen Aspekt hinaus aber suchen die insgesamt fünf neuen Vorreden, von denen Nietzsche gar im Brief an Overbeck vom 14. November 1886 vermutet, es handle sich um die „beste Prosa, die ich bisher geschrieben habe" (KSB 7, 282), die jeweils zentralen Themenfelder und Problemstellungen der einzelnen Werke von einer neu gewonnenen Reflexionsstufe aus in ein schärferes Profil zu heben.

Die neue ‚Einkleidung' der *Fröhlichen Wissenschaft* beschränkt sich indes nicht nur auf die nachträgliche „Vorrede" in vier Abschnitten, deren Korrekturbogen Nietzsche Anfang März 1887 an Fritzsch zurückschickte. Anders als bei den übrigen Neuausgaben nahm Nietzsche an diesem Werk weitere wesentliche Ergänzungen vor, weshalb Wolfram Groddeck etwas zugespitzt, aber treffend konstatiert, es sei damit „ein neues Buch" entstanden, so dass es „nach 1887 *zwei* ‚Fröhliche Wissenschaften' [gab]" (Groddeck 1997, 185): Hinzugefügt wurde neben der Vorrede das zwar von Anfang an, also schon 1882 geplante, aber erst im Herbst 1886 konkret in Angriff genommene Fünfte Buch mit dem Untertitel „Wir Furchtlosen" sowie ein „Anhang: Die Lieder des Prinzen Vogelfrei", der zum Teil aus den (umgearbeiteten) Gedichten der im Mai 1882 erschienenen *Idyllen aus Messina* besteht. Darüber hinaus erhielt diese neue Ausgabe den Untertitel *la gaya scienza*, welcher in der 1882 erschienenen Erstausgabe noch fehlte, obwohl er bereits in einem Notat aus dem Nachlass vom Sommer 1882 auftaucht: „Studien aller Art / zu / ‚die fröhliche Wissenschaft.' (la gaya scienza)" (NL 1882, 21 [Titel]; KSA 9, 681). Marco Brusotti vermutet sogar, Nietzsche habe ursprünglich den provenzalischen Titel vorgesehen und erst später der deutschen Übersetzung den Vorzug gegeben (vgl. Brusotti 1997, 380 f., Anm.). Denn zum ersten Mal findet sich die Formel „Gaya Scienza" in einem Nachlass-Notat aus dem Winter 1881/82; Nietzsche listet dort unter dieser Überschrift verschiedene provenzalische Liedarten auf (vgl. NL 1881, 11 [337]; KSA 9, 573), wie er denn auch schon im Brief an Erwin Rohde aus Rapallo von Anfang Dezember 1882 mitteilt: „Was den Titel ‚fröhliche Wissenschaft' betrifft, so habe ich nur an die gaya scienza der Troubadours gedacht – daher auch die Verschen [das Vorspiel ‚Scherz, List und Rache']." (KSB 6, 292) Allerdings zog Nietzsche bei der Vorbereitung der Neuausgabe noch die alternative Formel „Gai Saber" als Untertitel in Erwägung. So schreibt er am 7. August 1886 an Fritzsch, „„die fröhliche Wissenschaft"" solle zum Zweck größerer Deutlichkeit den „Zusatz in Parenthese ‚gai saber'" erhalten, „damit man an den provençalischen Ursprung meines Titels und an jene Dichter-Ritter, die Troubadours erinnert wird, die mit jener Formel all ihr Können und Wollen zusammenfaßten" (KSB 7, 226). Diese Assoziation der provenzalischen Troubadour-Dichtung des 12. und 13. Jahrhunderts reicht jedoch über den engeren Werkkontext der *Fröhlichen Wissenschaft* hinaus. Gegenüber Overbeck bemerkt Nietzsche beispielsweise im Schreiben vom 7. April 1884, dass das „Clima des littoral provençal [...] auf das Wunderbarste zu meiner Natur" gehöre (KSB 6, 495), wobei er auf den *Zarathustra* verweist.

In textgenetischer bzw. druckgeschichtlicher Hinsicht bemerkenswert ist insbesondere das seit Herbst 1886 verfolgte Projekt, der Neuausgabe der *Fröhlichen Wissenschaft* nun endlich auch das längst avisierte Fünfte Buch beizufügen, was auf Nietzsches eigene Rechnung geschehen sollte. Er griff dazu nicht etwa auf älteres Material aus der Entstehungszeit der Erstausgabe zurück, sondern konzipierte einen völlig neuen und eigengewichtigen Werkabschnitt, der somit freilich aus einer anderen Schaffensphase stammt und dem Werk einen spezifischen Charakter als Aggregat von Texten aus Nietzsches ‚mittlerer' und ‚später' Periode verleiht. Seinem neuen (und alten) Verleger Fritzsch sendet er das Manuskript des Fünften Buchs Ende Dezember 1886 aus Nizza mit dem Hinweis zu, es handle sich um den „Schlußteil [...] der fröhlichen Wissenschaft, der von vornherein projektirt war und nur unter den Consequenzen fataler Gesundheits-Zwischenfälle damals nicht fertig wurde" (KSB 7, 296). Und gegenüber demselben Adressaten preist er das neu nummerierte Manuskript am 18. Februar 1887 folgendermaßen an: „Dies fünfte Buch der fröhl‹ichen› Wissenschaft ist äußerst inhaltsreich und wird, wie mir scheint, die Anziehungskraft des Ganzen bedeutend steigern." (KSB 8, 25) Auffällig erscheint demgegenüber die Art und Weise, wie Nietzsche die in der Tat eminente Bedeutung des „Fünften Buchs" (vgl. Stegmaier 2012), nur wenige Tage vorher gegenüber Köselitz, der abermals bei der Korrektur helfen sollte, herunterspielt. „Seien Sie nicht böse, lieber Freund", heißt es im Brief vom 13. Februar, „gerade dies Mal geht es nicht ohne Sie. Ich habe nämlich im letzten Oktober so geschwind wie möglich noch ein fünftes Buch zu besagter ‚Wissenschaft' hinzu gekritzelt [...] und bin jetzt selber einigermaßen neugierig, was ich damals eigentlich geschrieben haben mag." (KSB 8, 23.) Besonders verwunderlich aber ist die völlig äußerliche Begründung, die Nietzsche hier nachträglich für das ‚Hinzukritzeln' dieses neuen Abschnitts liefert: Er habe ihn lediglich geschrieben, „um dem Ganzen eine Art Gleichwerthigkeit mit der Morgenröthe zu geben, nämlich vom buchbinderischen Standpunkt aus" (KSB 8, 23).

Eine ähnliche Tiefstapelei legt Nietzsche kurz darauf infolge eines Missverständnisses zwischen ihm und Fritzsch an den Tag, als dieser ihm den Korrekturbogen der „Lieder des Prinzen Vogelfrei" versehentlich mit Seitenzahlen zukommen ließ, die direkt auf die Seitenzählung des Vierten Buchs folgten. Nietzsche dachte dabei nicht an einen Druckfehler, sondern glaubte, Fritzsch gebe ihm auf diese Weise zu verstehen, dass er kein Fünftes Buch für die Neuausgabe der *Fröhlichen Wissenschaft* wolle. Nietzsche reagiert scheinbar verständnisvoll, ja gleichgültig: „endlich [...] begreife ich, daß Sie die Vergrößerung der fröhlichen Wissenschaft durch das von mir projektirte ‚fünfte Buch' nicht wünschen[...]. Aber warum schreiben Sie mir das nicht einfach?" Und derselbe Autor, dem sonst jede Drucklegung zur schier unerträglichen Qual wird, weil er es nicht erwarten kann, die fertigen Exemplare endlich in den Händen zu halten, ruft sogar aus: „was liegt mir daran, ob Etwas von mir heute oder morgen gedruckt wird!" – freilich nicht ohne in verräterischer Selbstwidersprüchlichkeit sogleich hinzuzufügen: „Das Einzige, was ich perhorrescire, ist dagegen, durch das monatelange verfluchte Warten um Zeit und gute Laune gebracht zu werden." (KSB 8, 41) Dieselbe Widersprüchlichkeit zeigt sich auch in Nietzsches Reaktion, als Fritzsch das Missverständnis alsbald aufklärt; er antwortet diesem: „Um so besser, wenn es sich nur um ein Mißverständnis handelt! [...] überdieß sollten Sie wissen, daß ich Ihnen, Alles in Allem, sehr zugethan bin – wenn auch, im Einzelnen, sehr wüthend" (KSB 8, 43).

Weshalb Nietzsche zunächst so gefasst, beinahe positiv auf die vermeintliche Ablehnung des Drucks des Fünften Buches reagiert hatte, wird aus dem Brief an Köselitz vom 7. März 1887 ersichtlich, in dem er sich zugleich für dessen soeben angekommene Korrektur des lyrischen „Anhangs" bedankt. Offenbar zweifelte Nietzsche selbst daran, ob das Fünfte Buch überhaupt zur *Fröhlichen Wissenschaft* passe und nicht vielmehr zu der jüngst erschienenen Schrift *Jenseits von Gut und Böse* gehöre, weshalb es ohnehin besser für eine zweite Ausgabe dieses Werks zu reservieren wäre. Gegenüber Köselitz lässt Nietzsche sogar durchblicken, dass er Fritzsch lediglich eine Absicht zuschrieb, die letztlich seinen eigenen Überlegungen entsprach:

> Mit dem ‚fünften Buch' [...] scheint besagter Leipziger wenig einverstanden. Genug, wir lassen es vor der Hand ungedruckt; vielleicht gehört es seinem Tone und Inhalte nach überdies mehr zu Jenseits von G‹ut› und B‹öse› und dürfte diesem Werke bei einer zweiten Auflage einverleibt werden –, mit mehr Recht, wie mir jetzt scheint als jener fröhl‹ichen› Wissenschaft; so daß zuletzt hinter dem Widerstreben des Verlegers ein ‚höherer Sinn', ein Stück blauen Himmels von Vernünftigkeit sichtbar wird. (KSB 8, 40)

Allerdings war Nietzsche sich hierüber keineswegs sicher; als Fritzsch ihm am 9. März brieflich mitteilte, er habe überhaupt nicht vor, für die zweite Ausgabe der *Fröhlichen Wissenschaft* auf das neue Fünfte Buch zu verzichten, vollzog er gleich wieder eine Kehrtwende – und mahnte zur eiligen Erstellung der entsprechenden Druckfahnen.

Über die Ankunft des ersten Bogens des Fünften Buchs in Nizza informiert Nietzsche Fritzsch dann am 27. März 1887, um sich freilich schon am 4. April bei Köselitz darüber zu beklagen, dass der zweite Korrekturbogen noch nicht angekommen sei. Als er dann seinem anderen Verleger Naumann in Leipzig am 15. April seine aktuelle Adresse mitteilt, fragt er diesen zugleich nach Fritzsch und äußert seinen „Verdacht", letzterer sei „ein Bummelhans" (KSB 8, 59). Wiederum an Köselitz geht am 19. April die Nachricht ab, endlich habe er „den vorletzten Bogen des 5. Buchs" erhalten, und Nietzsche schlägt seinem Helfer schon euphorisch vor, den Abschluss der Neuausgabe der *Fröhlichen Wissenschaft* zusammen in Venedig zu feiern (KSB 8, 61). Doch dieser Plan zerschlug sich schnell; zum einen, weil Nietzsche von neuen Anfällen von Krankheit und Einsamkeitsbedürfnis heimgesucht wurde, zum anderen, weil der – allerdings immer noch nicht eingetroffene – letzte Bogen „noch mehrfache Zusätze und Veränderungen" erhalten sollte, „sodaß er zu einem Doppelbogen anschwellen dürfte", den Köselitz dann noch einmal zu korrigieren hätte (KSB 8, 62).

Wenige Tage später, kurz vor Nietzsches Weiterreise nach Zürich erreichte ihn jener letzte Bogen aber doch noch, in welchen sodann 8 neue Nummern eingefügt wurden. Die Notwendigkeit, den Bogen auf diese Weise „zum Doppelbogen anschwellen" zu lassen, begründet Nietzsche im Brief an Fritzsch vom 29. April mit einem zweifachen ‚buchtechnischen' Hinweis: erstens auf die dadurch zustande kommende Verstärkung der Vorbereitungsfunktion für den *Zarathustra*, der werkgeschichtlich auf die *Fröhliche Wissenschaft* folgt, die ja auch am Ende ihres Vierten Buchs (FW 342) unter der Überschrift „Incipit tragoedia. –"fast den identischen Wortlaut des Anfangs von *Also sprach Zarathustra* enthält; zweitens wiederum auf den äußerlichen Effekt, „daß die fröhl‹iche› Wissenschaft nunmehr meinen andren Büchern im Umfange gleich wird" (KSB 8, 64). Am 9. Mai sandte Nietzsche den (vor)letzten Bogen an Fritzsch; eigentlich war damit nicht mehr viel zu tun; Nietzsche bat seinen Verleger lediglich um Zurücksendung des verdoppelten Bogens, um ihn erneut mit Köselitz' Hilfe zu korrigieren.

Allerdings hörte Nietzsche in den nächsten zwei Wochen vorerst nichts mehr aus Leipzig, so dass er am 13. Mai 1887 gegenüber Overbeck in lakonischem Telegrammstil notierte: „der Druck bei Fritzsch stockt wieder, Gründe nicht klar" (KSB 8, 73). Vier Tage später mahnte er diesen, der verdoppelte Korrekturbogen sei noch immer nicht bei ihm eingetroffen; Nietzsche befürchtete sogar, die Sendung könne „verloren gegangen" sein (KSB 8, 75). Bald darauf muss die ersehnte Post jedoch gekommen sein, denn bereits am 1. Juni schickt Nietzsche die letzten korrigierten Druckfahnen zurück nach Leipzig, nicht ohne gleich ungeduldig anzufragen, wann denn die ersten gedruckten Exemplare an ihn versandt werden – vorgeblich nur wegen eines anstehenden Geburtstags, anlässlich dessen er die Bücher verschenken wolle (vgl. KSB 8, 81). Am 22. Juni 1887 teilte er Köselitz schließlich mit, die ersten Exemplare der Neuausgaben von *Morgenröthe* und *Fröhlicher Wissenschaft* seien soeben bei ihm eingetroffen (KSB 8, 95); die von Nietzsche selbst zu bestreitenden Kosten für den Druck des Fünften Buchs beliefen sich auf ca. 182 Mark.

Wenngleich der erhoffte Durchbruch als Autor nach der Trennung von Schmeitzner, dessen ‚Marketingstrategie' Nietzsche in einigen Briefen aus dieser Zeit für den Hauptgrund der schlechten Verkaufszahlen seiner Bücher hielt, auch weiterhin ausblieb – so dass er „den armen Fritzsch" schon bald bedauerte (KSB 8, 113) –, war Nietzsche selbst von deren Qualität überzeugt. Dies gilt insbesondere für das Fünfte Buch der *Fröhlichen Wissenschaft*, das damit der früheren Wertschätzung des Vierten Buchs gleichsam den Rang ablief. So notiert Nietzsche im Brief an Köselitz vom 9. Dezember 1888, einen knappen Monat vor dem geistigen Zusammenbruch, dass ihm jetzt erst die ganze Bedeutung seiner Philosophie aufgehe, wobei er das Fünfte Buch eigens hervorhebt: „Ich habe Alles sehr gut gemacht, aber nie einen Begriff davon gehabt, – im Gegentheil! ... Zum Beispiel die diversen V o r r e d e n , das f ü n f t e Buch ‚gaya scienza'– Teufel, was steckt da drin!" (KSB 8, 515) Enthusiastische Reaktionen der alten Freunde, denen Nietzsche die Neuausgabe der *Fröhlichen Wissenschaft* zukommen ließ, gab es freilich nicht.

Literatur

Brusotti, Marco 1997: Die Leidenschaft der Erkenntnis. Philosophie und ästhetische Lebensgestaltung bei Nietzsche von Morgenröthe bis Also sprach Zarathustra. Berlin/New York.
Groddeck, Wolfram 1997: Die „neue Ausgabe" der „Fröhlichen Wissenschaft". Überlegungen zur Paratextualität und Werkkomposition in Nietzsches Schriften nach „Zarathustra", in: Nietzsche-Studien 26, S. 184–198.
Stegmaier, Werner 2012: Nietzsches Befreiung der Philosophie. Kontextuelle Interpretation des V. Buchs der Fröhlichen Wissenschaft. Berlin/Boston.

Jutta Georg
Vorrede: Die Bedeutung der Zurückdatierung

Am 2. September 1886 schreibt Friedrich Nietzsche aus Sils-Maria an Heinrich Köselitz, nachdem die Neuausgabe von *Die Geburt der Tragödie* („mit einem langen ‚Versuch einer Selbstkritik'"; KSB 7, 242) fertig sei, wolle er im Winter neue Vorreden zu *Menschliches, Allzumenschliches II, Morgenröte* und *Die fröhliche Wissenschaft* schreiben. „Auf diese Weise hoffe ich den Büchern ein neues Interesse und, buchhändlerisch betrachtet, auch Flügel zu geben. – " (KSB 7, 243) Das war *ein* Motiv; der Wunsch, endlich gelesen zu werden und die schlechten Verkaufszahlen seiner Bücher zu verbessern. Gleichermaßen aber sollten mit den neuen Vorreden wohl auch neue Akzente gesetzt; sollte aus einer nachträglichen, weil erst nach dem Abschluss der Schriften erreichten Perspektive, andere Orientierungen, Verweise und Zuspitzungen vorgenommen werden. Dies belegt auch eine Briefstelle an Wilhelm Fritzsch, wo Nietzsche ausführt, sich zunächst aus guten Gründen: „ich stand noch zu nahe, noch zu sehr ‚drin'", ein „Stillschweigen" auferlegt zu haben, das er nun aufgeben wolle (KSB 7, 225).

Bevor ich mit der Auslegung der Vorrede beginne, werde ich zunächst eine zentrale Motivation Nietzsches – vier Jahre nach dem Erscheinen der *Fröhlichen Wissenschaft* ihr ein Vorwort zu geben –, rekonstruieren, weil diese für die Auslegung des Textes von großer Bedeutung ist und damit zugleich den naheliegenden Anschluss an den einführenden Text zu ihrer Textgenese und Druckgeschichte vollziehen.

Unter der Überschrift „Vorreden und Nachreden" schreibt er im Sommer 1886 über die notwendige „Distanz" zu seinen Büchern. Diesem Notat ist das Motto der Vorrede von 1886 sowohl vorangestellt (mit Anführungszeichen) als auch abschließend angefügt (ohne Anführungszeichen), wenn auch ohne den Titel: „Über meiner Haustür", der in FW als Nachsatz gedruckt ist, „Insofern sind alle meine Schriften, mit einer einzigen, allerdings sehr wesentlichen Ausnahme zurückdatirt." (NL 1886–1887, 6 [4]; KSA12, 232) Wenn die Publikation seiner Schriften dem Prinzip der Zurückdatierung, Stichwort „Distanz", gehorcht, die möglicherweise Nachhaltigkeit und eine andere Dignität verbürgen sollen, als Ergebnis einer Reflektion auf Reflektiertes, wird die Bedeutung von Distanz zu nachträglich verfassten Vorreden, dem Prinzip der Zurückdatierung gehorchender Schriften, besonders deutlich. In einem Brief an Overbeck vom 7. April 1884 aus Nizza lesen wir hierzu:

> Beim Durchlesen von ‚Morgenröthe' und ‚fröhlicher Wissenschaft' fand ich übrigens, daß darin fast keine Zeile steht, die nicht als Einleitung, Vorbereitung und Commentar zu

genanntem Zarathustra dienen kann. Es ist eine Thatsache, daß ich den Commentar vor dem Text gemacht habe – – (KSB 6, 496)

Wenn jede Zeile auf den *Zarathustra* zuläuft, ist das eine sehr starke These, die nicht nur das Prinzip der Zurückdatierung belegt, sondern es dahingehend präzisiert, die Vorreden auch als Nachreden verstehen zu können und zu sollen. Damit würde sich zeigen, dass hinter der Zurückdatierung ein bedeutsames Wechselspiel zwischen Vorreden und Nachreden zutage tritt.

Wie schwer diese Arbeit an den Vorreden gleichwohl war, belegt ein Brief an Köselitz vom 31. Oktober 1886 aus Nizza: Es sei „ein Glück", dass er seine Bücher beim Abfassen der Vorreden nicht „zu Händen" gehabt hatte, denn: „ich halte alles dies Zeug nicht mehr aus. Hoffentlich wachse ich mit meinem Geschmacke noch über den ‚Schriftsteller und Denker' Nietzsche hinweg und vielleicht bin ich dann ein Bißchen würdiger zu dem anmaaßlichen Vorsatz, der im Worte ‚freier Geist' steckt. –" (KSB 7, 274) Und in einem Brief vom 14. November 1886 an Overbeck: „Jetzt sind die älteren Schriften [...] in neuen hübschen Kleidchen, und von mir mit mächtig-langen Vorreden bedacht [...] Diese 5 Vorreden sind vielleicht meine beste Prosa, die ich bisher geschrieben habe [...]." (KSB 7, 282) Das „Zeug" will er nicht mehr ausgehalten haben, dennoch zeigt sich ein starker Bezug zwischen diesem und den Vorreden.

1 Zurückdatierung in Bezug auf Richard Wagner

Nietzsches anhaltende *Bindung* an Wagner, in anderen Worten seine *gescheiterte* Loslösung von ihm, legt die Vermutung nahe, dass er sich mit den neuen Vorreden auch in Beziehung zu Wagners „Vorspielen" setzte, die ja bekanntlich eine Kritik an den tradierten Ouvertüren waren. Diese Annahme wird dadurch erhärtet, dass er quasi zeitgleich wie die Vorrede zu FW auch den „Versuch einer Selbstkritik" zur *Geburt der Tragödie* niederschrieb: eine Abrechnung mit Wagner. Diese war also in dem Zeitfenster sehr präsent. Wenn es also bei den Vorreden von 1886 eine Referenz auf Wagners Vorspielkunst geben sollte, dann dürfte sie freilich zwischen Nähe und Distanz oszillieren. Nietzsche wünschte zeitlebens besser komponieren zu können, und man darf nicht vergessen, dass er bezüglich seines Anspruchs ein gescheiterter Komponist war. In der Vorrede zu „la gaya scienza" von 1886 sehe ich hier zwar auch Nähe: insbesondere bei der Entfaltung der Leitmotive, aber mehr noch deutliche Distanz zu Wagner: Ja geradezu die Präsenz einer anderen Intonation; will FW doch ein südliches, leidenschaftliches Buch sein, aus der Genesung generiert. Die Distanz zu Wagner zeigt sich im furios intonierten Auftakt und den metaphorischen Anspielungen an den Süden: „Sprache des Thauwinds", „Sieg über den Winter", „Trunkenheit der Genesung", „Lustbarkeit", „wieder offenen Meeren" (FW Vorrede 1, 345f.). Das tönt doch mehr nach Bizets *Carmen*-Ouvertüre, den Nietzsche zum „Gegen-Wagner" erklärte und nicht nach Wagners Vorspielen.

Unerlässlich ist in diesem Zusammenhang eine kurze Vergewisserung der Bedeutung des Stilbegriffs für Nietzsches Textkreationen: Stil ist hier keineswegs ein Appendix; er ist unter anderem auch Kulturkritik und steht gegen das „unreine Denken". Zunächst müsse man den Stil kreieren, dem die Sprache, je individuell sich amalgamierend, zu folgen habe, so Nietzsche. Stil wäre in dieser Wertung die Prävalenz der Musik (Tonsprache) und die Sprache (Wortsprache), das Libretto, wäre nachrangig. Ja mehr noch: Stil würde mit Nietzsches Klassifikation absoluter Musik korrelieren, die er Wagners Musikdramatik antithetisch entgegenstellt. Bei den Vorspielen Wagners sah er sich nicht zu einer Kritik des Verhältnisses von Ton- und Wortsprache herausgefordert, weil letztere fehlt. Anders als von Nietzsche erwartet, hatte Wagner in seinen Musikdramen freilich nicht den dionysischen Dithyrambus wiedererklingen lassen, um über diese absolute Musik eine tragische Einsicht in das Leben beim Publikum freisetzen zu können: „absolute Musik, welche die Gesetze des organischen Bildens wiedergewinnt und Wagner nur benützt als Vorbereitung" (NL 1878 30[112]; KSA 8, 542). Addiere: als Vorbereitung für eine Exposition des Musikdramas, in der Libretto und Dramaturgie Vorrang vor der Komposition haben. In WA betont er: „Mein grösstes Erlebnis war meine Genesung. Wagner gehörte bloss zu meinen Krankheiten." (WA Vorrede; KSA 6, 12) Die Diagnose der Genesung, der sich auch FW verdankt, wurde also nicht zuletzt durch die prätendierte Befreiung von Wagners Kunst ermöglicht.

2 Die zweite *fröhliche Wissenschaft*

Im Unterschied zu den nahezu zeitgleichen Neuausgaben von GT, MA, M und Z, wird FW regelrecht verändert; sodass Wolfgang Groddeck mit einigem Recht behauptet: „Es gibt nach 1887 *zwei* ‚Fröhliche Wissenschaften'." (Groddeck 1997, 185) Für diese Neuausgabe: „Nietzsches gelungenste[r] Versuch philosophischer Mitteilung" (Giorgio Colli: Nachwort, KSA 3, 660), hatte er ein vollkommen neues „Kleidchen" (KSB 7, 282) entworfen, um Botschaft und Stil des Südens genauer präsentieren zu können.

Neben der neuen Vorrede und dem neuen Motto vom Herbst 1886 war auch das fünfte Buch hinzugefügt worden und die „Lieder des Prinzen Vorgelfrei"; wo er „la gaya scienza" als einen „Tanz [...] Zwischen Heiligen und Huren, Zwischen Gott und Welt [...]" imaginiert; als einen Tanz, der alles wagt; alles wagen kann und will:

„Frei – sei unsre Kunst geheissen, Fröhlich – unsre Wissenschaft!" (KSA 3, 650 f.), und dabei doch Tanz bleibt: leicht, endlos schön, rauschhaft bewegt, schwungvoll, südlich; ein Tanz eben, der ganz und gar gegen Wagners Musikdramatik und Ästhetik steht. Man kann Nietzsches Klassifikation von Bizets musikalischem Ausdruck, „welche[r] freilich nicht vom feuchten Idealismus des Nordens aus zu verstehen ist", jene „fatalistische Heiterkeit" und „lascive Schwermuth" NL 1887–1888, 11 [49]; KSA 13, 24), mit seiner Suche nach einem anderen Ausdruck für diese neue Fröhlichkeit von FW vergleichen: mussten doch für die Expression und Exposition des Verhältnisses von Wissenschaft und Kunst, das FW zentral thematisiert, neue Sprachen und nicht bloß eine neue Terminologie gefunden werden.

Wie aber könnten diese aussehen? Wenn wir zunächst in der Metaphorik des neuen „Kleidchens" verbleiben: Schutz, Hülle, aber auch Design, Außendarstellung, Körpersprache, Kommunikation mit Welt und Anderen, dann sind das neue Motto und die neue Vorrede für FW das En face, gleichsam das Entree. Die äußerste Schicht als Extension und damit der ungeschützte Teil, der es wagen muss und wagen will, eine Leitmotivik zu präsentieren, die ein orientierendes Licht auf das Folgende wirft, freilich nur eines neben vielen möglichen. Zur Leitmotivik dieser Vorrede zählen zweifellos auch: „Genesung", „Krankheit der Philosophen", „Dankbarkeit", „Missverständnisse des Leibes" etc.

Vorreden sollen und müssen Bedeutsames über das Folgende ausdrücken, das bedarf kaum einer Erwähnung. Wie schwer aber wirkt dieser Auftrag bei einer Vorrede, die Jahre später mit einer – und das darf man bei Nietzsche unterstellen – veränderten Erkenntnis und Reflexion formuliert wurde, nun Licht werfen will auf eine Schrift, die in ihren tragenden Teilen gut vier Jahre zuvor – mit „Incipit tragoedia" und „Zarathustra's Untergang" – schon abgeschlossen war, mutmaßlich auch abgelegt, zumindest solange bis sein Entschluss, ihr neue „Kleidchen" zu schneidern, feststand. Ein Entschluss, der wohl aus dem Willen zu einer aktualisierten Bestandsaufnahme und nicht weniger aus dem Wunsch, richtig verstanden zu werden, will bei Nietzsche heißen, nicht „verwechselt zu werden", entstand.[1]

---

1 Im fünften Buch von FW führt er aus: „Zur Frage der Verständlichkeit. – Man will nicht nur verstanden werden, wenn man schreibt, sondern ebenso gewiss auch nicht verstanden werden. Es ist noch ganz und gar kein Einwand gegen ein Buch, wenn irgend Jemand es unverständlich findet: vielleicht gehörte eben dies zur Absicht seines Schreibers, – er wollte nicht von ‚irgend Jemand' verstanden werden. Jeder vornehmere Geist und Geschmack wählt sich, wenn er sich mittheilen will, auch seine Zuhörer; indem er sie wählt, zieht er zugleich gegen ‚die Anderen' seine Schranken. Alle feineren Gesetze eines Stils haben da ihren Ursprung: sie halten zugleich ferne, sie schaffen Distanz, sie verbieten den ‚Eingang', das Verständniss, wie gesagt, – während sie Denen die Ohren aufmachen, die uns mit den Ohren verwandt sind." (FW 383, 633 f.)

Hatte er am 31. Oktober 1886 gegenüber Köselitz seine früheren Schriften GT und MA noch als unerträgliches „Zeug" klassifiziert, so erfolgt am 9. Dezember 1888 eine umgekehrte Wertung bezüglich der neuen Vorreden und des fünften Buchs der zweiten Ausgabe von FW:

> Ich blättere seit einigen Tagen in meiner Litteratur, der ich zum ersten Male mich gewachsen fühle. Verstehen Sie das? Ich habe Alles sehr gut gemacht, aber nie einen Begriff davon gehabt, – im Gegentheil! ... Zum Beispiel die diversen Vorreden, das fünfte Buch ‚gaya scienza' – Teufel, was steckt da drin! – (KSB 8, 515)

Diese eminente Aussage, sich seiner „Litteratur" erstmals „gewachsen" zu fühlen, wird am Ende des Briefes durch den Hinweis, er habe seine Schriften „erst seit 14 Tagen verstanden", noch verstärkt (KSB 8, 515). Jetzt erst scheint ihm ein Verständnis für jene pathetisch-euphorische Gestimmtheit zugewachsen zu sein, mit der die Vorrede anhebt, sich zu entfalten; steht sie doch unter dem Auftrag, das Ausmaß der „Genesung" begreifbar zu machen, dessen Ergebnis FW sei. Diese Genesung, so darf man anfügen, ermöglichte es ihm dann gut zwei Jahre später, sich seiner „Litteratur" gewachsen zu fühlen, ja, sie zu verstehen. „Genesung" meint hier nicht nur die Loslösung von Wagner und der metaphysisch-romantischen Weltsicht des Frühwerks, sondern sie hat noch einen weiteren Hintergrund: Nietzsches vorübergehende Erholung von seiner schweren Krankheit im Januar 1882, worauf auch das vierte Buch mit dem Untertitel „Sanctus Januarius" anspielt.

Bevor die neue Vorrede anhebt, ist ihr ein weiteres Motto vorangestellt: Gleichwohl wird das Emerson-Zitat der Erstausgabe von 1882: „‚Dem Dichter und Weisen sind alle Dinge befreundet und geweiht, alle Erlebnisse nützlich, alle Tage heilig, alle Menschen göttlich' *Emerson*" (KSA 3, 343) beibehalten. Neu hinzugefügt werden Nietzsches eigene Verse: „Ich wohne in meinem eigenen Haus, / Hab Niemanden nie nichts nachgemacht / Und – lachte noch jeden Meister aus, / Der sich nicht selber ausgelacht. *Ueber meiner Hausthür.*" (KSA 3, 343) Auffallend ist neben der für Verszeilen typischen Großschreibung am Zeilenbeginn, die jeden Satz autonomisiert und ihn dennoch Teil des Ganzen sein lässt, dass Nietzsche nach den Kommata die Überschrift des Mottos an dessen Ende platziert. Unterstellen wir, dass er sich 1882 noch unter die „Dichter und Weisen", in der von Emerson vorgenommenen Charakterisierung, einreihte, so vermag er das wohl, nachdem er seinen „Sohn" *Zarathustra* erschaffen hatte, nicht mehr uneingeschränkt. Vielmehr nimmt er eine entscheidende Distinktion vor, indem er sich als einen präsentiert, der in seinem eigenen (Denker?)-Haus wohnt. Ein Solitär, der alles aus sich heraus schafft, und der namentlich keinem Meister mehr nacheifere; addiere: Schopenhauer und Wagner. Letzterer konnte wohl nicht über sich lachen, von daher wird ihm Nietzsche den Titel „Meister" wohl nicht belassen können. Das alles steht jetzt über der Haustür seine (Denk-)Hauses und benennt seinen Auftrag.

Anders als die folgenden drei Teile der Vorrede ist der erste sehr metaphern- und anspielungsreich kreiert. Neben der schon erwähnten Instrumentierung als „Sprache des Thauwinds" wird von den „Saturnalien des Geistes" (FW Vorrede 1, 345), – dem Fest der gaya scienza – gesprochen: die Ernte eines südlichen, warmen Klimas über „offenen Meeren" (FW Vorrede 1; 346); also wohltuende, ja geradezu therapeutisch-klimatische Bedingungen; ein „Sieg über den Winter" (FW Vorrede 1, 345). Und ferner heißt es: „Die Dankbarkeit strömt fortwährend aus, als ob eben das Unerwartetste geschehn sei, die Dankbarkeit eines Genesenden, – denn die Genesung war dieses Unerwartetste. ‚Fröhliche Wissenschaft': das bedeutet die Saturnalien eines Geistes, [...]." (FW Vorrede 1, 345) Unerwartet kam die Genesung, weil „Vereisung" und „Tyrannei des Schmerzes" (FW Vorrede 1, 346) überwunden werden mussten. Da ist vom „Ekel" vor der Romantik (FW, Vorrede 1, 346) die Rede und damit wird auch Wagner angesprochen sein. Demgegenüber steht nun die neue „gaya scienza", die mit einem guten Ergebnis aufwartet, denn: „Dies ganze Buch ist eben Nichts als Lustbarkeit [...] das Frohlocken der wiederkehrenden Kraft, des neu erwachten Glaubens an ein Morgen und Uebermorgen, des plötzlichen Gefühls und Vorgefühls von Zukunft, von nahen Abenteuern, von wieder offenen Meeren [...]." (FW Vorrede 1, 346) Die Genesung wird im Folgenden dem Krankhaften, der Krankheit und damit dem, „was den Philosophen inspirirt hat" (FW Vorrede 2, 348) antithetisch gegenübergestellt und so mit Nietzsches Begriff der „grossen Gesundheit" analogisiert. In diesem Kontext steht auch seine grundlegende Frage, ob Philosophie bisher überhaupt nur eine Auslegung des Leibes, gar „ein Missverständniss des Leibes gewesen" sei:

> Die unbewusste Verkleidung physiologischer Bedürfnisse unter die Mäntel des Objektiven, Ideellen, Rein-Geistigen geht bis zum Erschrecken weit, – und oft genug habe ich mich gefragt, ob nicht, im Grossen gerechnet, Philosophie bisher überhaupt nur eine Auslegung des Leibes und ein Missverständniss des Leibes gewesen ist. Hinter den höchsten Werthurtheilen, von denen bisher die Geschichte des Gedankens geleitet wurde, liegen Missverständnisse der leiblichen Beschaffenheit verborgen [...] bei allem Philosophiren handelte es sich bisher gar nicht um ‚Wahrheit', sondern um etwas Anderes, sagen wir um Gesundheit, Zukunft, Wachsthum, Macht, Leben ... (FW Vorrede 2, 348f.)

Dieses Philosophieren ist der metaphysische Diskurs, „welche[r] den Frieden höher stellt als den Krieg [...]", ein krankhaftes und unfreies Denken (FW Vorrede 2, 348).

Die ‚grosse Gesundheit' des freien Geistes und Krankheit der Philosophen

Der freie Geist hat die physiologische Kraft erreichte Stabilitäten, welche die „grosse Gesundheit" generiert, immer wieder preiszugeben, denn sie verbürgt keine Stabilität und folgt damit dem Gesetz des Werdens als ein perennierender Wechsel von Selbstkreationen und Rekreationen. Als ihre Figuration bejaht der freie Geist fröhlich tanzend die Sinn-, Zweck- und Ziellosigkeit des Existierens; deshalb ist er frei und sein Leben wird zum Wagnis, sein Dasein zum Experiment. Als Solitär folgt er seinem individuellen Gesetz, das ihn zum Gegenbild der kranken Leibverächter macht, und ihn befähigt, eine ganz andere Verantwortung zu übernehmen; den Gedanken der ewigen Wiederkehr zu bejahen. Damit würde er nicht zuletzt den metaphysischen „Geist der Schwere" zur Erosion bringen können. Die „grosse Gesundheit" wie auch „der hohe Punct der Perspektive", „amor fati" und die kathartische Funktion des „Vergessens" können bei Nietzsche zu den strebensethischen Varianten souveräner Selbstgesetzgebung gezählt werden, wobei erstere quasi die physiologische Voraussetzung zur Anwendung der Folgenden ist: Sie sind – um mit Foucault zu reden – „Technologien des Selbst" über die ein Genesender verfügt, sie geben ihm eine andere Weisheit, was Nietzsche nicht zuletzt die provokante These formulieren lassen: „vielleicht überwiegen die kranken Denker in der Geschichte der Philosophie – : was wird aus dem Gedanken, selbst werden, der unter den Druck der Krankheit gebracht wird?" (FW Vorrede 2, 347) Im Zustand der Erkrankung kann es sich freilich ergeben, dass der Geist wieder erwacht: „man weiss nunmehr, wohin unbewusst der kranke Leib und sein Bedürfniss den Geist drängt, stösst, lockt – nach Sonne, Stille, Milde, Geduld, Arznei, Labsal in irgend einem Sinne." (FW Vorrede 2, 348) Dieser wiedererwachte Geist[2] ist freilich ein ganz anderer als der konventionelle, der keinen Ertrag aus seiner Krankheit zu ziehen vermag: Ein „philosophischer Arzt", der dem Phänomen der „Gesammt-Gesundheit von Volk, Zeit, Rasse, Menschheit" nachspürte (FW Vorrede 2, 349 [und wer wäre da besser geeignet als Nietzsche?]), würde in den philosophischen Diskursen die Abwesenheit von „„Wahrheit"" diagnostizieren (FW Vorrede 2, 349), weil die „Tollheiten der Metaphysik" und namentlich ihre „Antworten auf die Frage nach dem Werth des Daseins" leibliche Symptome sind, denn metaphysische „Welt-Bejahungen oder Welt-Verneinungen" (FW Vorrede 2, 348) seien szientisch völlig bedeutungslos. Nietzsche identifiziert weitergehend die „Gesundheiten" der Philosophen mit ihren „Philosophien", müssen sie doch ihre Zustände „in die geistigste Form und

---

2 „– Aber lassen wir Herrn Nietzsche: was geht es uns an, dass Herr Nietzsche wieder gesund wurde? ..." (FW Vorrede 2, 347) Welcher Herr Nietzsche da genesen war, bleibt fraglich; denn am 26. Oktober 1886 hatte er an v. Seydlitz geschrieben: „Was für ein schwermüthiger Herbst! Bleigewitter überall, Niemand, der mich etwas aufhellt, – und nichts um mich als meine alten Probleme, die alten rabenschwarzen Probleme! –" (KSB 7, 270)

Ferne" umsetzen: „diese Kunst der Transfiguration ist eben Philosophie" (FW Vorrede 3, 349). Philosophen könnten nicht zwischen „Seele und Leib" trennen. „Wir sind keine denkenden Frösche, keine Objektivir- und Registrir-Apparate mit kalt gestellten Eingeweiden"; vielmehr müssten sie jeden Gedanken dem „Schmerz" abpressen: Ihr Leben: „was wir von Blut, Herz, Feuer, Lust, Leidenschaft, Qual, Gewissen, Schicksal, Verhängniss in uns haben" müsse in „Licht und Flamme" verwandelt werden (FW Vorrede 3, 349f.). Hier zeigt sich eine erstaunliche Analogie zu Nietzsches Brief an Overbeck vom 14. November 1886, wo er skandiert, er sei lebendig und „nicht bloß eine Analysirmaschine und ein Objektivations-Apparat" (KSB 7, 282).

Nietzsches „Dankbarkeit" ist freilich eine doppelte: Dankbarkeit für die Genesung, aber auch für die Erfahrung des „Siechthums", das ihr vorausging, und dessen „Gewinn auch heute noch nicht für mich ausgeschöpft ist" (FW Vorrede 3, 349). Auch der Philosoph Nietzsche, so entbirgt er es hier, war krank, denn was könnte „Siechthum" anderes bedeuten? Aber seine Krankheit ist mit der Krankhaftigkeit jener Philosophen, und welche könnten in seiner Perspektive ausgenommen werden, die den Leib verachten, nicht zu vergleichen. Vielmehr nutzte er seine Krankheit zu diversen Formen der „Selbst-Befragung" und „Selbst-Versuchung", die ihn zu einem Lernenden und Weiseren werden ließen, ausgestattet: „mit einem feineren Auge nach Allem, was bisher überhaupt philosophirt worden ist, [...] man erräth besser als vorher die unwillkürlichen Abwege, Seitengassen, Ruhestellen, Sonnenstellen des Gedankens [...]." (FW Vorrede 2, 348) Krankheit ist hier also eine Zeit des Revirements und so war Nietzsches „Siechthum" mit der Erfahrung des „grosse[n] Schmerz[es]" verbunden, einem unerlässlichen Lehrmeister, geradezu eine Vorstufe für den freien Geist und für „la gaya scienza". Dieser Schmerz „zwingt uns Philosophen, in unsre letzte Tiefe zu steigen und alles Vertrauen, alles Gutmüthige, Verschleiernde, Milde, Mittlere, wohinein wir vielleicht vordem unsre Menschlichkeit gesetzt haben, von uns zu thun" (FW Vorrede 3, 350). Selbst wenn dieser Schmerz nicht „‚verbessert'", so „vertieft" er doch, weil er verwandelt, und zwar dann, wenn er „Stolz", „Hohn" und „Willenskraft" zu überwinden hat, „vor Allem mit dem Willen, fürderhin mehr, tiefer, strenger, härter, böser, stiller zu fragen als man bis dahin gefragt hatte" (FW Vorrede 3, 350). Damit wären auch die Willenskraft und die Weise des Fragens benannt, die *fröhlicher Wissenschaft* eignen. Beide sind nötig geworden, denn: „Das Vertrauen zum Leben ist dahin: das Leben selbst wurde zum Problem. –" (FW Vorrede 3, 350) Selbst dadurch werde man nicht zwangsläufig zum „Düsterling", weil die „Liebe zum Leben" anhalte, auch wenn es sich nach diesem Purgatorium um eine andere Liebe handelt: „Wir kennen ein neues Glück..." (FW Vorrede 3, 350f.) Eines freilich, das keinem zufällt, dass man sich vielmehr erkämpfen musste und muss.

> Der Reiz alles Problematischen, die Freude am X ist aber bei solchen geistigeren, vergeistigteren Menschen zu gross, als dass diese Freude nicht immer wie eine helle Gluth über alle Noth des Problematischen, über alle Gefahr der Unsicherheit, selbst über die Eifersucht des Liebenden zusammenschlüge. (FW Vorrede 3, 350 f.)

3 „Die Wagehalse des Geistes"

Das „Wesentlichste" will Nietzsche uns nun im vierten und letzten Teil der Vorrede sagen: Es geht hier um nicht mehr und nicht weniger als um die Botschaft einer Neugeburt, auch einer des Geistes, befähigt, diese Neuausgabe und damit die neue *Fröhliche Wissenschaft* zu kreieren. Benannt wird noch ein Mal die Überwindung der Krankheit mithilfe des Lehrmeisters des „grossen Schmerzes", der diese Neugeburt hervorbrachte, die:

> gehäutet, kitzlicher, boshafter, mit einem feineren Geschmacke für die Freude, mit einer zarteren Zunge für alle guten Dinge, mit lustigeren Sinnen, mit einer zweiten gefährlichen Unschuld in der Freude, kindlicher zugleich und hundert Mal raffinirter als man jemals vorher gewesen war. (FW Vorrede 4, 351.)

antipodisch gegen den „gebildeten Mensch" gestellt wird, der nach „,geistigen Genüssen'" (FW 4, 351) giert; Genüsse, die für Nietzsche den Tod der Kunst bedeuten. Unabhängig von der Frage, ob die Genesenden noch Kunst brauchen, müsste es jedenfalls „eine **andre** Kunst [sein, J.G.] eine spöttische, leichte, flüchtige, göttlich unbehelligte, göttlich künstliche Kunst, welche wie eine helle Flamme in einen unbewölkten Himmel hineinlodert! Vor Allem: eine Kunst für Künstler, nur für Künstler!" (FW Vorrede 4, 351) Wichtigste Voraussetzung dieser Kunst sei ohne jeden Zweifel: „jede **Heiterkeit**, meine Freunde! auch als Künstler –:" (FW Vorrede 4, 351). Wissenschaft und Kunst werden hier über den basalen Status der Heiterkeit/Fröhlichkeit zu einem Dispositiv, das einmal mehr gegen Wagners Musikdramatik gestellt wird. Mit dieser Heiterkeit – sie scheint eine Gabe der Reife zu sein – verliert sich auch die Schwäche des „Jünglings" gegenüber den Verführungen eines Willens zur Wahrheit; „,zur Wahrheit um jeden Preis'" (FW Vorrede 4, 352): Diese Heiterkeit ist gewiss, so bleibt nichts von der Wahrheit, „wenn man ihr die Schleier abzieht [...] Vielleicht ist die Wahrheit ein Weib, das Gründe hat, ihre Gründe nicht sehen zu lassen? Vielleicht ist ihr Name, griechisch zu reden, Baubo? ..." (FW Vorrede 4, 352)[3]

---

[3] „Baubo" meint im Griechischen zum einen die Vulva und ist auch der Name der Amme Demeters, die der Göttin der Fruchtbarkeit, nach dem Verlust ihres Kindes, mit der Entblößung

Am Ende der Vorrede dann der große Bogen zurück zu den Griechen, in deren Tradition er sich mit dem Changieren zwischen den Masken des Tiefen und des Heiteren stellt, und in die er auch FW stellt. Auch hier finden wir wieder einen Beleg für das Prinzip der „Distanz" bzw. der „Zurückdatierung", dem diese Vorrede folgt. Namentlich in ihrer Haltung zur Wahrheit seien die Griechen vorbildhaft gewesen:

> Diese Griechen waren oberflächlich – aus Tiefe! Und kommen wir nicht eben darauf zurück, wir Wagehalse des Geistes, die wir die höchste und gefährlichste Spitze des gegenwärtigen Gedankens erklettert und uns von da aus umgesehn haben, die wir von da aus hinabgesehn haben? Sind wir nicht eben darin – Griechen? Anbeter der Formen, der Töne der Worte? Eben darum – Künstler? (FW Vorrede 4, 352)

Vorhang auf: Ridi Pagliaccio: Incipit tragoedia und parodia!

Literatur

Georg-Lauer, Jutta 2011: Dionysos und Parsifal. Eine Studie zu Nietzsche und Wagner, Würzburg.
Groddeck, Wolfram 1997: Die „neue Ausgabe" der „Fröhlichen Wissenschaft". Überlegungen zur Paratextualität und Werkkomposition in Nietzsches Schriften nach „Zarathustra", in: Nietzsche-Studien 26, S. 184–198.
Stegmaier, Werner 2012: Nietzsches Befreiung der Philosophie. Kontextuelle Interpretation des V. Buchs der Fröhlichen Wissenschaft. Berlin/Boston.

---

ihrer Vulva eine Linderung der Trauer geben will, und damit möglicherweise den Hinweis, dass neues Leben entstehen kann.

Christian Benne
Nicht mit der Hand allein: „‚Scherz, List und Rache'. Vorspiel in deutschen Reimen"

Die Vorrede zur zweiten Ausgabe der *Fröhlichen Wissenschaft* von 1887 beginnt mit der Feststellung, dass „[d]iesem Buche [...] vielleicht nicht nur Eine Vorrede" nottue (FW Vorrede 1, 345). Das „Vorspiel in deutschen Reimen", das die Erstausgabe eröffnet hatte, wäre folglich ebenfalls als Vorrede zu lesen. *Scherz, List und Rache* – die selbstverständlich eminent wichtigen Anführungszeichen lasse ich für die Kurz-Zitation weg – gehört unter diesem Gesichtspunkt zu den frühesten Texten in Nietzsches Werkzusammenhang, in denen er seine Bücher nicht nur ankündigt, sondern auch erläutert und lenkend reflektiert – als das erste bedeutende Beispiel seiner Kunst der Vorrede.[1] Zum ersten Mal publiziert er eigene Verse als Teil einer philosophischen Schrift, dazu an exponiertester Stelle. Die Versform als Auftakt philosophischer Aphorismen, die ihrerseits schon unkonventionell genug sind, musste als intellektuelle Provokation aufgefasst werden, die der spöttisch-spielerische Ton weiter forciert. Gegenüber seinem Verleger bewarb Nietzsche das neue Manuskript mit explizitem Hinweis auf die „vielen Epigramme[n] in V e r s e n !" (KSB 6, 191). In der Forschung ist *Scherz, List und Rache* gleichwohl stiefmütterlich behandelt worden, in höherem Maße noch als seine ohnehin vernachlässigte Lyrik.[2]

Auffällig sind die vielfältigen Bezüge von *Scherz, List und Rache* zur Aphoristik seit *Menschliches, Allzumenschliches*. Passend zur Ausrichtung der *Fröhlichen Wissenschaft* insgesamt weisen viele Verse aber auch schon auf den *Zarathustra* voraus. Sogar typographisch markiert Nietzsche die Verwandtschaft zu den Aphorismen, indem die Titel der Gedichte nicht nur ebenfalls gesperrt, sondern mit für Gedichttitel sonst unüblichen Punkten versehen sind. Seine eigene Genrebezeichnung deutet an, worum es bei *Scherz, List und Rache* in der Hauptsache geht: Die Epigramme sind nach Knappheit und Prägnanz noch einmal gesteigerte Aphorismen und sollen, als repräsentativer Ausdruck von Nietzsches Denkstil, einen Vorgeschmack dessen geben, was es heißt, Nietzsche zu lesen. Man versteht *Scherz, List und Rache* eigentlich erst, wenn man die

---

1 Vgl. zuletzt van Tongeren 2012.
2 Das gilt selbst für ausschließlich Nietzsches Lyrik gewidmeten Arbeiten (s. z.B. Grundlehner 1986). In der neuesten umfangreichen Aufsatzsammlung zur *Fröhlichen Wissenschaft* kommt *Scherz, List und Rache* ebenfalls nicht vor: Piazzesi/Campioni/Wotling (2010). Marco Brusotti geht in seinem Standardwerk allerdings am Rande auf sie ein (Brusotti 1997).

restliche *Fröhliche Wissenschaft*, aber auch die anderen aphoristischen Bücher und sogar den *Zarathustra* gut kennt. Umgekehrt fällt von ihnen einiges Licht zurück. Nietzsche präsentiert zentrale philosophische An- und Einsichten nicht nur, verglichen mit seinem ohnehin verdichteten Schreiben, in noch weiter reduzierter Form, sondern v.a., wie zu sehen sein wird, im Rahmen der Reflexion eigener Autorschaft. Es wäre deshalb an der Zeit, *Scherz, List und Rache* als so eigenständiges wie ungewöhnliches philosophisches Werk anzuerkennen, über dessen ihm gebührenden Rang das letzte Wort noch nicht gesprochen ist.

Der Titel verweist auf das gleichnamige Werk Goethes und ist durch die Anführungszeichen als Zitat ausgewiesen. Nietzsche hat den Titel des gesamten Buches in der Neuausgabe ebenfalls als Zitat kenntlich gemacht, das auf die *gaya scienza* der Troubadouren zurückgehe, was dazu geführt hat, die Verse von *Scherz, List und Rache* als Anlehnung an die Kultur der dichtenden provenzalischen Ritterkultur aufzufassen (s. z. B. Higgins 2000). Weitere Bezüge und Anspielungen lassen sich leicht ausmachen. Womöglich will die *gaya scienza* auch die Geste der immer wieder neu zu begründenden Wissenschaft seit Giambattista Vicos *scienza nuova* parodieren. Jeder Satz, jedes Wort steht jedenfalls unter Verdacht, nicht für sich allein zu sprechen und damit immer weiter von eindeutig festlegbaren Wahrheiten fort zu führen, die gewöhnlich als Domäne der Wissenschaft gelten. Die *Fröhliche Wissenschaft* ist bewusst doppeldeutig; besser: sie spricht in verschiedenen Stimmen, auf die das „Vorspiel" die Leser einstimmt.

Goethes *Scherz, List und Rache* ist eine Burleske für nur drei Schauspieler im Stile der *commedia dell'arte*, in der ein habgieriger Arzt, der ein Paar um seine Erbschaft betrogen hat, von diesem seinerseits hereingelegt und wiederum um die Betrugssumme erleichtert wird. Die Verbindungen zu Nietzsches Text sind lose und in erster Linie motivisch auf die Rolle der Medizin sowie den raschen Wechsel der Ereignisse bezogen: Nichts ist, was es scheint, und auch die gepriesenste Medizin enthält ein Gift. Goethe hatte sein Singspiel in vier Akten – eine mögliche Parallele zu den vier Büchern der Erstausgabe der *Fröhlichen Wissenschaft* liegt auf der Hand – im Jahr 1784, also noch vor der Italienreise begonnen. Es war, mitten in der Weimarer Enge, der er kurz danach zu entfliehen suchte, Ausdruck einer Nietzsche wohlvertrauten Sehnsucht nach Süden und mediterraner Heiterkeit.

Die inhaltlichen Bezüge treten allerdings weit hinter die musikalischen zurück. Wie die Bezeichnung „Singspiel" in Goethes Untertitel andeutet, sollte *Scherz, List und Rache* einen ersten deutschen Beitrag zur Opera buffa leisten. Nietzsche lernte es in der Tat zuerst als Operette, und zwar in der Vertonung seines Intimus Heinrich Köselitz („Peter Gast") kennen. Dieser arbeitete daran seit 1880 und ließ seinen Mentor an dem Prozess teilhaben. Nietzsche reagierte enthusiastisch, sah er doch seine geheimsten Wünsche erfüllt. Zum ersten Mal schien seine Philosophie in Musik umgesetzt. An Köselitz schreibt er, außer sich vor Freude:

> Das was Sie mir jetzt melden, in Betreff von ‚Sch<erz>, L<ist> und R<ache>' hat mich gestern ganz umgeworfen, und ich lief einige Stunden in glücklicher Trunkenheit herum. So müssen sich die guten Künstler selber helfen, und den beengenden Druck aller Art in den Wind schlagen![3]

Rée berichtet er:

> Und wenn er immer wieder mir zu verstehen giebt, daß meine Philosophie und Denkweise ihm zu dieser Umwandlung verholfen habe und daß diese hier in Tönen zu erklingen beginne, so bin ich sowohl als alter verunglückter Musikus und ebenso als neuer unmöglicher unvollständiger aphoristischer Philosophus allzu hoch geehrt, um mich nicht auch beschämt zu fühlen. (KSB 6, 123 ff.)

Dieser Erfolg war ein Schlüsselerlebnis, das Nietzsche zum Ansporn wird, sein eigenes Werk noch stärker sprachmusikalisch auszurichten als zuvor. In den folgenden Jahren setzt sich Nietzsche für die Aufführung von Köselitz' Opern immer wieder ein (u. a. bei Arthur Nikisch), weil er damit auch das eigene Denken zu inszenieren hofft.

Die Begeisterung für Köselitz' *Scherz, List und Rache* hat einen offensichtlichen Subtext. In mehreren Briefen bezieht Nietzsche damit explizit Stellung gegen Wagner, insbesondere gegen den *Parsifal*.[4] Die „helle Heiterkeit und Höhe" (KSB 6, 123 ff.), die er der Komischen Oper attestiert, kündet schon von der Rolle, die der *Fröhlichen Wissenschaft* insgesamt zugedacht ist. Wagners ‚fröhlichste' Oper – ein Operettenkomponist war er bekanntlich nicht – sind *Die Meistersinger*. Für Nietzsche besaßen sie besondere Bedeutung. Evas geflügeltes, Hans Sachs entgegengeschleudertes „Hier gilt's der Kunst" (2. Aufzug) muss Nietzsche wie eine ästhetische Erweckung vorgekommen sein. Noch im späten Nachlass nennt Nietzsche *Die Meistersinger* die drittbeste moderne Oper und stellt sie in den Kontext der Umwertung der Werte. Bei den „deutschen Reimen" des Untertitels klingen sie leise an, als wolle Nietzsche den Geist des *Parsifal* mit jenem Wagner austreiben, den er verehrt hatte. *Die Meistersinger* waren das brausend festliche Gegenstück zum *Tristan* gewesen, von dessen Schwermut sich Wagner im dritten

---

3 Brief an Köselitz vom 20. Oktober 1880 (KSB 6, 40 f.). Vgl. noch den Brief vom 28. Dezember 1881: „Diese Nacht gieng meine Seele zwischen Ihren Melodien aus Sch<erz>, L<ist> und R<ache> herum und war sehr glücklich dabei! Wann erlebe ich das wieder und das matr<imonio> segr<eto> dazu!! Machen wir Pläne!" (KSB 6, 152)
4 Brief an Ida Overbeck vom 19. Januar 1882 (KSB 6, 156 f.) und an Köselitz vom 21. Janaur 1882 (KSB 6, 157 f.).

Akt sogar im Selbstzitat absetzt. Der Erfolg des *Tristan*, die neue Verbindung zu Cosima – all dies manifestierte sich in einer burlesk-komischen Grundstimmung. Nietzsche verbrachte glückliche Abende bei Lesungen, auf denen Wagner sämtliche Figuren selber improvisierte. Nietzsches eigenes heiteres „Vorspiel" übernimmt nun die Wagnerschen Themen der Feier und Selbstreflexion der Kunst sowie seine Techniken der Selbstreferentialität und des Burlesken – und zwar im Kontext einer Kultur des Zitats, die durch Köselitz' Adaption schon vorbereitet worden war. *Scherz, List und Rache* besteht nicht allein *aus* Zitaten, sondern *ist* selber Zitat, und zwar über mehrere Stationen. Platz zwei in Nietzsches ewiger Rangliste nahm übrigens Bizets *Carmen* ein, auf dem ersten Platz aber thronte unangefochten und bis zuletzt – Köselitz.[5]

Singspiel bzw. Operette waren aus dem Intermezzo hervorgegangen, ehe sie sich zum Hauptgenre der leichten, aber deshalb nicht weniger anspruchsvollen, musikalischen Muse etablierten. Indem Nietzsche Goethes Untertitel in der eigenen Version zum „Vorspiel" abändert, erinnert er wieder stärker an ihre Vorgeschichte, als kündige er die heitere Unterbrechung des ernsthaften Hauptprogramms an – der letzte Aphorismus der Erstausgabe unterstreicht diese Lesart jedenfalls („Incipit tragoedia", FW 342, 571). Typisch für die Kunst des Intermezzos und die Operettentradition sind einfache Formen: Lied statt Arie, Melodie statt rhythmische Komplexität, Kürze und rascher Wechsel statt spannungsreicher Bogenführung. Das ist gewiss eine passende Charakterisierung auch der sprachmusikalischen Mittel von *Scherz, List und Rache*. Vorherrschend sind drei- bis vierhebige Jamben, gelegentlich kommen auch Trochäen, noch seltener anspruchsvollere metrische Schemata oder gar Strophenformen vor, z. B. das Distichon in № 5: „An die Tugendsamen". Nietzsche weicht also, mit wenigen Ausnahmen, von der klassischen Form des Epigramms ab, wie sie in der deutschen Dichtung vor allem mit den *Xenien* Goethes und Schillers prägend wurde. Das gilt auch für den freieren Aufbau des Epigramms, das gewöhnlich eine Pointe oder überraschende Wende enthalten muss, nachdem der erste Teil eine Erwartung aufgebaut hatte. Nietzsche gelingt eine erstaunliche Variationsbreite rhythmisch-metrischer Effekte, die nichts mit dem „Tiktak" des dynamischen Akzents zu tun

---

5 „Die beste moderne Oper ist die Oper meines Freundes Heinrich Köselitz, die einzige, die von W<agner>-Deutschland frei ist: eine Neucomposition des ‚matrimonio segreto'. Die zweitbeste Oper ist Bizets Carmen — die beinahe davon frei ist; die drittbeste Wagners *Meistersinger*: ein Meisterstück des Dilettantismus in der Musik. Versuch einer Umwerthung der Werthe." (NL 1888 15[96]; KSA 13, 463). Nietzsche meint hier zwar wahrscheinlich Köselitz' *Der Löwe von Venedig*, allerdings ist diese Oper, ebenfalls eine Operette, über das von Nietzsche explizit erwähnte Motiv der heimlichen Ehe eng mit *Scherz, List und Rache* verbunden. Vgl. dazu den in Anm. 4, KSB 6, 152 zitierten Brief.

hat, dessen mechanische Verwendung bei deutschen Verseschmieden er gelegentlich angreift.[6]

Epigramme sind, wörtlich verstanden, „Aufschriften", und schmückten ursprünglich Gegenstände, Gerätschaften und Bilder aller Art zum Zwecke der Weihe oder des Gedenkens. Ihre satirisch-scherzhafte Ausformung verdankte sich v. a. Martial, der ausschlaggebend für die Neubelebung und Weiterentwicklung des Genres seit Humanismus und Barock wurde. In einer der wichtigsten poetologischen Passagen des Spätwerks identifizierte Nietzsche sein Stilideal ausdrücklich mit dem Epigramm, d. h. mit Gedrängtheit, Strenge und Bosheit, aber auch der Aufmerksamkeit gegenüber dem „Wort als Klang", kurz: mit dem „minimum in Umfang und Zahl der Zeichen" und dem damit erzielten „maximum in der Energie der Zeichen" (GD Alten 1; KSA 6, 154 f.). Neben der Spruchdichtung finden sich im „Vorspiel" Anklänge an Lieder und an Mischformen aus beiden, die insbesondere an den späten Goethe erinnern. Diese Vermischung der Genres ist freilich ebenfalls typisch für die Komische Oper, wie auch Parodie, Wortwitz und Ironie als die bestimmenden Techniken von *Scherz, List und Rache*.

Dass Nietzsche dem Jambus den Vorzug gibt, ist kein Versuch zur Volkstümlichkeit, obwohl dieser in der deutschen Tradition aufgrund seiner Simplizität und seines natürlichen Vorkommens häufig damit assoziiert wird. Vielmehr ist der Jambus schon seit der frühen Antike traditioneller Vers des Spott- und Scherzgedichts, abgeleitet vom Namen der mythologischen, für ihre (z. T. derben) Späße berühmten Magd Iambe. Jambische Verse wurden im Rahmen von Festen und Gelagen oder allgemein zu geselligen Mahlzeiten vorgetragen. Das mag mit Blick auf die Rolle des Essens und der Diätetik in *Scherz, List und Rache* und der *Fröhlichen Wissenschaft* insgesamt nicht irrelevant sein. Zu Prominenz gelangte die jambische Spottdichtung schon beim ersten namhaften griechischen Lyriker, dem von Nietzsche bewunderten Archilochos, der in der Tragödienschrift eine zentrale Rolle spielte und in der *Fröhlichen Wissenschaft* noch immer präsent ist (FW 83, 438 f.). Für Nietzsche war er nicht nur die erste persönliche Stimme der griechischen Dichtung, sondern Symbol des Spannungsverhältnisses von Apollinischem und Dionysischem wie sonst nur die Tragödie.

Im ersten Gedicht lädt das lyrische Ich eine nicht näher definierte Anzahl Gäste zum Essen ein und bezieht diese Einladung metaphorisch auf die eigene Produktion bzw. Schreibsituation. In der Verbindung von Diätetik, ästhetischem Urteil und dichterischer Selbstbezüglichkeit liegt bereits eine wesentliche Pointe des gesamten Zyklus:

---

[6] Vgl. den Brief an Carl Fuchs von Mitte April 1886 (KSB 7, 179). S. aber FWS 48, das die Möglichkeit der Selbstironie in diesem Zusammenhang zumindest zulässt.

> Einladung.
> Wagt's mit meiner Kost, ihr Esser!
> Morgen schmeckt sie euch schon besser
> Und schon übermorgen gut!
> Wollt ihr dann noch mehr, — so machen
> Meine alten sieben Sachen
> Mir zu sieben neuen Muth.

Mit einer gewagten Assonanz erinnert Nietzsche seine Leser an das physiologische Substrat ihrer Tätigkeit, daran, dass sie „Esser" sind. Das ist eine Anspielung nicht nur auf die Motivik des Leibes und der Gesundheit, die zentral für die *Fröhliche Wissenschaft* werden. Hier und in zahlreichen weiteren Spruchversen stellt sich Nietzsche in eine Tradition, in der geistiger Austausch als organischer Verdauungsprozess und Einverleibung allegorisiert wird. Unter dem Titel „Meinem Leser" annonciert № 54 diese Verbindung explizit: „Ein gut Gebiss und einen guten Magen — / Diess wünsch' ich dir!" Freilich kommt alles darauf an, was denn mit „meiner Kost" gemeint sei. Sie kann die Kost des lyrischen Ich selbst bezeichnen – oder aber die speziell von ihm für die Leser/Esser zusammengestellte und gleichsam auf Empfehlung des Diätarztes verabreichte Nahrung, bei der es sich offenbar um ein gewöhnungsbedürftiges Geschmackserlebnis handelt.

Das Reimschema aabccb ist ein Schweifreim, den Nietzsche noch mehrfach verwendet. Beliebt im Volks- und Kinderlied, aber auch der protestantischen Innerlichkeitslyrik (z. B. Matthias Claudius: „Der Mond ist aufgegangen"), also wahrhaft ‚deutsch' gereimt, bietet er sich auch für die Hervorhebung der im Epigramm geforderten Schlusspointe an, weil die Wiederbegegnung mit dem Reim aus dem dritten Vers als Überraschung empfunden wird. Er dient im konkreten Fall dazu, die gegenseitige Bedingtheit der beiden Terzette in inhaltlicher Hinsicht auch formal anzuzeigen. Die Verbindung zwischen den alten und neuen Sachen wird durch die „Esser" gestiftet, die von einem Heute zu einem Übermorgen geführt werden. Die doppelten „sieben" Sachen bedienen sich der verbreiteten Symbolik der Vollendung, die hier zyklisch interpretiert wird. Das anschließende Werk erscheint als Zäsur, d. h. als Ende des ersten und Beginn des neuen Zyklus. Der „Muth", dessen es bedarf, gehört zur Aufbruchsmotivik der *Fröhlichen Wissenschaft*. Er schlägt aber auch den Bogen zurück zum Leser, zum imperativischen „Wagt's" des ersten Verses. Der Mut des Lesers wird mit dem Mut des Autors belohnt: Der rezeptive Mut entspricht dem produktiven Mut des lyrischen Ich. Wer die Einladung annimmt, tritt in den Kreis derer ein, die sich dem „gefährlich leben!" aus FW 283 (526 f.) verpflichtet fühlen und zu den dort gefeierten, vorbereitenden Menschen gehören. Auf diese Weise entsteht eine vertrackte Abfolge von Vorbereitungen zu immer neuen Vorbereitungen – nicht auf ein Ziel hin, sondern als Offenhalten, das die Voraussetzung immer neuer Zyklen ist.

Die Temporalisierung und Zyklisierung des Essens/Lesens mündet in die Selbsthistorisierung des Autors. In N⁰ 36 („Jugendschriften") klingt dem gereiften lyrischen Ich das „A und O" der Jugend nunmehr wie ein „Ah! und Oh!", das keineswegs eine durchmessene Totalität, sondern nur noch das Staunen des Anfangs und die Ignoranz des Anfängers ausdrückt. In der Selbstbegegnung mit seinen früheren Schriften wertet sie das lyrische Ich überraschend in ihr Gegenteil um. Das Wortspiel, in dem sich ein dem Klange nach identischer Binnenreim mit einem Augenreim überlagert, hat es durchaus in sich. Ausschlaggebend ist das Gehör, das hinter dem identischen Klang subtile Zwischentöne auffängt. Die selbsthistorisierende Selbstbegegnung[7] führt gar zu Personifizierungen, in der der Autor in einen Dialog mit früheren Schriften eintritt. Hier das Beispiel N⁰ 53:

> „Menschliches, Allzumenschliches." Ein Buch.
> Schwermüthig scheu, solang du rückwärts schaust,
> Der Zukunft trauend, wo du selbst dir traust:
> Oh Vogel, rechn' ich dich den Adlern zu?
> Bist du Minerva's Liebling U-hu-hu?

Vögel als Allegorien von Gedanken finden sich an prominenter Stelle schon bei Platon oder Hegel; Nietzsche verwendet sie gerne und oft. In diesem Epigramm bleibt vieles in der Schwebe, nicht zuletzt die progrediente Intonation der ersten beiden Verse. Es ist als handele es sich bei ihm selbst um ein Wesen, das sich der Richtung, die es einzuschlagen gedenkt, noch nicht gewiss ist. In der Schwebe bleibt sogar, ob das lyrische Ich ein Gespräch mit sich selbst führt oder aber das im Titel genannte Buch adressiert. Womöglich muss man sich nicht entscheiden, weil beide austauschbar sind und das Buch deshalb selbst als Ausdruck einer Unentschiedenheit erkannt wird. Thematisch als Chiasmus, durch den Paarreim aber in zwei Blöcke angeordnet, wird diese Unentschiedenheit auch formal ausgedrückt; dabei bilden die mittleren Verse ansonsten das Zentrum in inhaltlicher Hinsicht. Zur Freiheit des Adlers hat sich das Buch noch nicht endgültig aufgeschwungen; halb verharrt es im Blick zurück. Dieser Status ist aber aus der späteren Perspektive heraus noch veränderbar, sonst müssten auch die Fragen gar nicht gestellt werden. Das neue, im „Vorspiel" angekündigte Werk scheint der Appell zu sein, genau diesen Weg zu beschreiben, d.h. *Menschliches, Allzumenschliches* als Etappe auf dem Weg zu einer fröhlichen Wissenschaft zu begreifen – und nicht als bloß reaktiven Nachtrag auf die Desillusion der von Wagner

---

[7] S. ferner z. B. „Auch Rost thut Noth" (N⁰ 15).

und Schopenhauer inspirierten kunstmetaphysischen Frühphase des Autors. Damit wären auch zwei grundsätzliche philosophische Haltungen skizziert: die nachträgliche begriffliche Analyse, die Hegels Eule der Minerva verkörpert – und das Denken auf eine offene „Zukunft" hin, für die Zarathustras Adler stehen wird. Bei aller Auseinandersetzung mit der Skepsis in *Scherz, List und Rache* und in der *Fröhlichen Wissenschaft* insgesamt bleibt kein Zweifel, auf welche Seite der Verfasser sich schlägt. *Scherz, List und Rache* muss deshalb und aufgrund zahlreicher weiterer Anspielungen auf die Motivik des *Zarathustra* als Vorspiel nicht nur des ihm folgenden Bandes, sondern einer ganz neuen Art des Philosophierens aufgefasst werden, als wahrhaftes Incipit, mit dem die Erstausgabe denn auch so donnerhaft schloss. Durch die Musikalität des Denkens im Medium der Poesie und der rhythmischen Prosa hat Nietzsche endlich ein Muster für seinen „musiktreibenden Sokrates" (GT 15; KSA 1, 102) gefunden.

So wie dieses auf den ersten Blick wohl etwas albern wirkende Epigramm verstecken fast alle Verse in *Scherz, List und Rache* hinter dem leichten Ton die schwere Frage nach Sinn und Ausrichtung der eigenen Autorschaft, ja nach Autorschaft überhaupt. Sie münden in die Selbstbefragung eines denkenden und schreibenden Ich, sei es in der Introspektion oder im Dialog mit sich selbst oder von ihm geschaffenen Figuren. Sogar die eingangs behandelte „Einladung" schlägt dieses Thema schon an, wie sich in der Rückschau nach Lektüre des gesamten Zyklus leicht erkennen lässt. Es war Augustinus, der die so eindrückliche wie einflussreiche Metapher vom „Magen der Seele" (*venter animi*) zur Kennzeichnung des Gedächtnisses (*memoria*) prägte (Aug. Lib. X 21 ff., in: Augustinus 2004, 452 ff.). Erinnerungen werden nicht einfach abgelegt oder säuberlich klassifiziert weggeschlossen, sondern vermengen sich im Prozess ihrer Aneignung. Das Erinnern selbst entspricht laut Augustinus einer Art Wiederkäuen, in der sich bereits sedimentierte Erfahrung willkürlich oder unwillkürlich wieder meldet. Schon in der zweiten *Unzeitgemässen* hatte Nietzsche ein Hohelied auf das Vergessen und gegen das Wiederkäuen als ständige Präsenz des historisch Erinnerten gesungen. Leben heißt Vergessen, weil die plastische Kraft, Einverleibtes zu Eigenem zu machen, für Menschen und Kulturen begrenzt ist (UB II 1; KSA 1, 250 f.). Es sei daran erinnert, dass der Begriff der Anamnese in der neuzeitlichen Medizin zur Krankheitsgeschichte des Einzelnen wird. Im „Zwiegespräch" (№ 4) greift Nietzsche Gedanken auf, die zur Phase des ‚Arztes der Kultur' gehören, zu dem er sich im Frühwerk stilisiert hatte.

    A.   War ich krank? Bin ich genesen?
          Und wer ist mein Arzt gewesen?
          Wie vergass ich alles Das!
    B.   Jetzt erst glaub ich dich genesen:
          Denn gesund ist, wer vergass.

Die Aufspaltung der lyrischen Stimme in A und B macht aus dem Selbstgespräch einen Dialog, der kennzeichnend für Nietzsches Schreiben seit *Der Wanderer und sein Schatten* wird. Im konkreten Fall steckt dahinter allerdings auch Notwendigkeit. Nur in der Aufspaltung kann sich das Vergessen an sich selbst erinnern, kann die Selbstbefragung Symptom der Gesundung werden. Der Dialog ist eine Reflexionsfigur, die ausspricht, was dem nur Vergessenden zu denken und auszudrücken versagt bleibt. Der „Arzt", dem die Genesung zu verdanken ist, bleibt genauso dunkel wie die Natur der Krankheit. Damit wird die augustinische Perspektive aber in ihr Gegenteil verkehrt. Nicht auf die Erinnerung, sondern auf das Vergessen kommt es an, damit der Magen der Seele zum physiologischen Gesamtwohl beiträgt. Entsprechende diätetische Anweisungen durchziehen das gesamte „Vorspiel" (vgl. z. B. № 39). Das Wiederkäuen erscheint dagegen hier wie auch in anderen Werken Nietzsches als Dyspepsie, ein Lieblingsbild Nietzsches, das metaphorisch auf die verschiedensten Bereiche angewandt wird.

Dyspeptisch aufgestoßen bzw. erinnert wird das nicht völlig Einverleibte. Auf das Schreiben übertragen eröffnet sich hier eine entscheidende Perspektive, die leicht zu Missverständnissen führen könnte, weil die Metaphorik des Verdauens eng mit der idealistischen Ästhetik verbunden war, von der sich Nietzsche doch eigentlich lösen wollte. In einer berühmten Formulierung der *Ästhetischen Briefe* spricht Schiller davon, den Stoff durch die Form zu vertilgen (Schiller 2004, Bd. 5, 639); bei Hegel wird umgekehrt die inhaltliche Ausgestaltung so umfassend als Einverleibung gedacht, dass die Form qua Form (d. h. wenn sie auf sich als Form aufmerksam macht) nur irrelevanter, aufzuhebender Störfaktor ist. Künstlerische Dyspepsie wäre, metaphysisch gesprochen, das Scheitern an der Symbiose aus Stoff (*hylê*) und Form (*eidos*), in dessen Verlauf sich die unverdauten Elemente zurückmelden. Der Unterschied zu Nietzsche liegt nun allerdings darin, dass dieser am allerwenigsten am Resultat der Verdauung interessiert ist. Ihn fasziniert vielmehr der nie abreißende Prozess der Einverleibung selbst. Die Dyspepsie ist lediglich negatives Pendant des an sich uninteressanten Resultats. Der Diätetik geht es nicht um Gesunderhaltung, sondern um das Gesunden, d. h. um das Werden. Der Organismus hat neue Herausforderungen immer wieder nötig. Die Dyspepsie ist Symptom dafür, dass er sie nicht mehr annimmt. Daraus erst entstehen Pessimismus und Nihilismus. Als „Pessimisten-Arznei" und zur Überwindung der „Dyspepsei" empfiehlt № 24 deshalb: „Folg mir, mein Freund! Entschliess dich frei, / Ein fettes Krötchen zu verschlucken, / Geschwind und ohne hinzugucken!" Die sprichwörtliche Kröte setzt die Volksmedizin ihrer toxischen Eigenschaften wegen ein. Nietzsches Rezept gegen Verdauungsbeschwerden – in übertragener Bedeutung – lautet nicht auf Askese, sondern auf Schocktherapie und Gegengift. In diese Kategorie gehört auch № 35.

> Eis.
> Ja! Mitunter mach' ich Eis:
> Nützlich ist Eis zum Verdauen!
> Hättet ihr viel zu verdauen,
> Oh wie liebtet ihr mein Eis!

Diese Trochäen sind von bemerkenswerter Hässlichkeit: semantisch wichtige Silben stehen an unbetonter Stelle, hinzu kommen identische Reime. Gegenüber den eingängigeren Versen im Umfeld wirken sie verstörend, wie eine unerwartete eiskalte Dusche. Sie lösen performativ ein, worum es Nietzsche an dieser Stelle geht, nämlich um den *Verlauf* des Verdauens, nicht aber den *Zustand* der zufriedenen Sättigung. Die Herstellung von Eis ist „mitunter", d.h. periodisch angezeigt, dann nämlich, wenn der Prozess der Einverleibung vor besonderen Herausforderungen steht. Die kalte Strenge, die sich Nietzsche als Aphorist seit *Menschliches, Allzumenschliches* verordnet hatte, war nötig, um die kunstreligiöse Emphase der Tragödienschrift abzukühlen. Sie führt noch in die eisigen Bergzüge, in denen Zarathustra wohl nicht zuletzt deshalb zuhause ist, damit eine Verwechslung mit Nietzsches ‚heißer' Frühzeit ausgeschlossen werden kann.

Die Prozessualisierung des Verdauens und Vergessens schärft schließlich noch einmal den Blick für die schon erwähnte Temporalisierung und Selbsthistorisierung der Autorschaft. Im Unterschied zur Metaphysik von Stoff und Form, die an den bildenden, oder, wie sie schon im Altertum hießen: den apotelestischen Künsten entwickelt worden war, orientiert sich Nietzsche an den praktischen oder musischen Künsten der Bewegung und Handlung, zu denen neben Musik und Poesie traditionell immer auch die Tanzkunst gehörte (vgl. Westphal 1863, 7). Sie sind per definitionem nie abgeschlossen und verlangen zudem nach Aufführung, um überhaupt wahrgenommen zu werden. Die Umsetzung der Philosophie in Poesie ist vor allem die Inszenierung eines beweglichen, sich ständig transformierenden Denkens, das nicht nur von einem interpretierenden Publikum, sondern auch von einem sich selbst interpretierendem Urheber abhängig ist, der seine eigene Komposition aufführt. Das verdauungsfördernde Eis kommt in diesem Sinne noch in ganz anderer Funktion zum Tragen, als Unterlage „Für Den, der gut zu tanzen weiss", wie es in „Für Tänzer" (N° 13) heißt.[8]

Zahlreich sind die Bewegungsformen im gesamten Korpus von *Scherz, List und Rache*, auffällig die Fortbewegungs-, Aufbruchs- und Reisebildlichkeit, die ihm einen dynamischen, ja rastlosen Charakter verleiht. Es wird nicht nur getanzt, sondern auch in See gestochen, es wird gesucht und gefunden, gegraben

---

[8] Unter dem Begriff der „Orchestikologie" interpretativ fruchtbar gemacht hat diese Zusammenhänge (wenn auch nicht mit Blick auf *Scherz, List und Rache*) Axel Pichler (2010).

und gestiegen, gefolgt und gefallen, gekrochen und gerollt. Im bedeutenden Aphorismus FW 343 („Was es mit unserer Heiterkeit auf sich hat."), der das 5. Buch einleitet und den Tod Gottes aufgreift, der in der Parabel vom tollen Menschen (Aphorismus FW 125) direkt erwähnt wurde (s. aber auch den zu Unrecht weniger beachteten Aphorismus FW 108), ist das offene Meer, in das endlich „unsre Schiffe wieder auslaufen" dürfen, Allegorie eines neuen Möglichkeitssinns der Erkenntnis als der Befreiung eines Denkens, das, der alten „Sonne" entledigt, noch einmal von vorn, mit einer neuen „Morgenröthe" einsetzen kann (FW 343, 573 f.). Damit einher geht auch eine Befreiung der philosophischen Sprache, deren Bedeutsamkeit für das Selbstbewusstsein von Nietzsches philosophischer ‚Fröhlichkeit' bzw. ‚Heiterkeit' gar nicht hoch genug eingeschätzt werden kann. Das berühmte „Schickt eure Schiffe in unerforschte Meere!" des Aphorismus FW 283 (526 f.) als Echo auf „Mein Glück" (№ 2), in dem das lyrische Ich „mit allen Winden" davonsegelt, enthält eine Poetologie, die schon gegen Ende von *Scherz, List und Rache* (№ 52) ausbuchstabiert wird:

> Mit dem Fusse schreiben.
> Ich schreib nicht mit der Hand allein:
> Der Fuss will stets mit Schreiber sein.
> Fest, frei und tapfer läuft er mir
> Bald durch das Feld, bald durchs Papier.

Nietzsche schildert das Schreiben als motorische Tätigkeit, die den ganzen Leib ergreift. Sie ist nicht mehr von einer zentralen Instanz gesteuert. Die einzelnen Teile des Leibes verselbständigen sich und heben die scharfe Trennung zwischen geistigem und körperlichem Handeln auf, die den Unterschied von Innen und Außen genauso hinter sich lässt wie von freiem oder unfreiem Willen, Bewusstsein und Unterbewusstsein, semiotischem Prozess und semiotischer Repräsentation. Wie an vielen anderen Stellen seiner ‚deutschen Reime' nimmt Nietzsche den volkstümlichen Sprachschatz der idiomatischen Wendungen beim geflügelten Wort: Sein Schreiben soll Hand und Fuß in mehr als einer Hinsicht haben.

Eine spezifische Bedeutung, auf die Nietzsche anspielt, steckt namentlich in der Mehrdeutigkeit des Wortes „Fuß", der nicht nur den Körperteil oder – pars pro toto – den gesamten Leib oder den verstetigten Wandel bezeichnet, sondern auf die „Füße" des Verses bzw. des Prosarhythmus verweist, die für Nietzsches Kompositionen spätestens seit der *Fröhlichen Wissenschaft* immer wichtiger werden. Die rhythmische Formgebung schlägt zwei Fliegen mit einer Klappe. Einerseits bildet sie durch die Temporalisierung das Prozesshafte von Nietzsches Philosophieauffassung ab. Andererseits ergibt sie sich der Zeit nicht kampflos, sondern gestaltet sie mit. Der Rhythmus des Denkens, Sprechens und Schreibens ist das Missing Link zum Leib, besser: Ausdruck ihrer leiblichen Konfiguration.

Im Aphorismus „Der Gang" aus dem 4. Buch der *Fröhlichen Wissenschaft* wird der Brückenschlag zwischen physischer Fortbewegung und Periodenbau beschrieben (FW 282, 525 f.). Im Anschluss an die fein beobachtete Kritik von Napoleons unsouveräner Gangart verspottet er die Schriftsteller, „welche die faltigen Gewänder der Periode um sich rauschen machen: sie wollen so ihre Füsse verdecken." (FW 282, 525 f.) Dieser letzte Satz des Aphorismus bedient sich ironischerweise zugleich des alten rhetorischen Mittels der Klausel, der rhythmisierten Endsequenz von Perioden – hier des (verbreiteten) *cursus planus* (x́xx x́x), den Nietzsche bevorzugte (vgl. Benne 2013, 305–322). Er stellt also seine Füße aus, statt sie zu verdecken. Nietzsches Schreiben distanziert sich auf größtmögliche Weise von der Tradition einer rein an Auge und Verstand gerichteten philosophischen Syntax wie sie für die Philosophie der Neuzeit maßgeblich geworden war. Über die ‚Füße' einer am Ohr geschulten Rhythmik soll das Denken selbst wieder lebendiger, persönlicher – und souveräner werden.

Der Rhythmus des Deutschen mit seinem Wechsel der Hebungen und Senkungen und der ihm entsprechenden sprachmelodischen Verlaufsform des Auf und Ab steht mittelbar auch Pate für eine der auffälligsten Metaphoriken in Nietzsches mittlerem und spätem Werk: dem Auf- und Abstieg bzw. dem Auf- und Niedergang. Die üblichen Konnotationen werden dabei in ihr Gegenteil verkehrt. Der Abstieg ist, wie in Zarathustras Rückkehr aus den Bergen, wie im Lauf der Sonne, nur als physische Ortsveränderung ein Untergang: eine optische Täuschung, wenn sie als Verfall gedeutet wird. Tatsächlich ist der Niedergehende, wie Zarathustra lehren wird, der Überreiche und sich Verschenkende, so freigiebig wie die Sonne mit ihrem Licht. In „Niedergang" (N<u>o</u> 47) heißt es: „‚Er sinkt, er fällt jetzt' – höhnt ihr hin und wieder; / Die Wahrheit ist: er steigt zu euch hernieder!" Noch pointierter die N<u>o</u> 60:

> Höhere Menschen.
> Der steigt empor – ihn soll man loben!
> Doch Jener kommt allzeit von Oben!
> Der lebt dem Lobe selbst enthoben,
> Der ist von Droben!

Höherer Mensch zu sein ist relativ nicht zur gesellschaftlichen Stellung, sondern im Gegenteil zur Unabhängigkeit von gesellschaftlichen Kategorien. Der alliterierende, um die Hälfte verkürzte letzte Vers wirkt umso wuchtiger als die Hervorhebung der schlichten Kopula sich als überraschende Pointe erweist. Vom „Lobe" frei zu sein, so der sich daraus ergebende Umkehrschluss, ist Symptom des höheren Menschen. Von daher erklärt sich nicht nur der Reim „enthoben/Droben", der die ‚Höhe' vom ‚Entheben' herleitet, sondern auch die syntaktische Ambiguität des Wortes „selbst". Es lässt sich sowohl als verstärkende, auf das vorhergehende Nomen bezogene Partikel lesen – oder reflexiv auf das Verb beziehen: d. h. entweder lebt der höhere Mensch aufgrund seiner Eigenschaft als höherer Mensch dem Lobe enthoben – oder aber er hat sich selbst dem Lobe enthoben. Weil er gleichsam ontologisch auf das Resultat festgelegt ist (er *ist* von droben), kann dies freilich gleichgültig sein. Ihn dafür zu loben wäre deshalb widersinnig, weil es sich beim enthoben um keine moralische Verhaltensweise handelt, sondern um seine conditio sine qua non.

Kein Niedergang ohne vorherigen Aufstieg. Seine Notwendigkeit, aber auch seine Gefährlichkeit, Härte und Rücksichtslosigkeit sind Thema verschiedener Epigramme (z. B. № 26: „Meine Härte" und № 27: „Der Wanderer"). Es wird kontrastiert mit dem diametral entgegengesetzten Modell des lebensklugen Äquilibriums, das stark an die Tradition der barocken (spanischen) und aufklärerischen (französischen) Moralistik erinnert, die Nietzsche zuerst durch Schopenhauer kennengelernt und die seine Schriften seit *Menschliches, Allzumenschliches* stark inspiriert hatte. In diese Kategorie gehört die Warnung „Gegen die Hoffahrt" (№ 21) genauso wie der Rat, sich der Extreme zu enthalten:

> Welt-Klugheit.
> Bleib nicht auf ebnem Feld!
> Steig nicht zu hoch hinaus!
> Am schönsten sieht die Welt
> Von halber Höhe aus.

Dieses Epigramm erscheint an sechster Stelle, also recht früh. Vor dem Hintergrund des soeben Ausgeführten lässt es sich indes nur ironisch lesen, bestenfalls als Persiflage auf die Selbstzufriedenheit eines Juste Milieu, das weder die Mühen des Aufstiegs noch die schenkende Freude des Untergangs kennt.[9] Damit öffnet sich freilich eine wahrhafte Büchse der Pandora. Dann wäre das Epigramm auf die höheren Menschen potentiell in dieselbe Ironie getaucht. Sogar sämtliche Aussagen des lyrischen Ich über sich selbst, gerne als Selbstaussagen Nietzsches missverstanden, befänden sich nun in ihrem Skopus. In „Meine Rosen" (№ 9) verrät das lyrische Ich zudem seine Vorliebe für das „Necken" und die „Tücken". Seine „Rosen" sind nur für jene zu pflücken, die sich spielerisch darauf einlassen. Sein „Glück" ist nicht verallgemeinerbar: Jeder, so ein Topos des gesamten Zyklus, muss seinen ihm ganz eigenen Weg finden, auch und gerade dann, wenn man ihm folgen wolle (s. z. B. № 7. „Vademecum — Vadetecum").

Der an Goethe erinnernde Ton von „Meine Rosen" gibt schließlich einen Fingerzeig. Goethe ist nicht nur aufgrund des Titels ständig im Hintergrund

---

[9] Vgl. aber v.a. die Lektüre von Renate Reschke (1997, 239–259).

präsent, sondern auch motivisch, rhetorisch, metrisch und reimtechnisch. Nietzsche parodiert ihn nicht in spöttischer oder aggressiver Absicht, sondern anverwandelnd. Die Ironie, die allenthalben durchscheint, dient nur der Abwehr allzu eilfertiger Identifikationen mit dem einen oder dem anderen Modell. Durch sie gewinnt das lyrische Ich Abstand zu sich selbst. In der Präsentation alternativer Perspektiven, zwischen denen zu entscheiden Aufgabe des Lesers wäre, entspricht *Scherz, List und Rache* der experimentellen Versuchsanordnung auch der aphoristischen Bücher. Sie erklärt die zahlreichen Gedichte, die schon im Titel eine Personifizierung philosophischer Haltungen oder Lebensentwürfe tragen, darunter der „Spruch des Gewaltmenschen" (N° 17), „Der verkappte Heilige" (N° 31), „Der Unfreie" (N° 32), „Der Einsame" (N° 33), „Der Fromme spricht" (N° 38), „Der Gründliche" (N° 44) oder „Der Weise spricht" (N° 44). Zu diesem Bereich zählen sogar die Epigramme auf Liebe, Freundschaft und das Verhältnis zwischen Mann und Frau, die Themen antizipieren, wie sie namentlich im 2. Buch zur Sprache kommen. Mag auch gelegentlich die Versuchung groß sein, ihnen autobiographische Anspielungen auf das komplizierte Dreierverhältnis zwischen Nietzsche, Paul Rée und Lou von Salomé zu entnehmen, so sind Fragen nach ihrer Anlehnung an die Tradition der Moralistik ungleich fruchtbarer (z. B. N° 19: „Der unfreiwillige Verführer", N° 22: „Mann und Weib"). Noch einmal und mit Nachdruck gesagt: Hier äußert sich nicht Nietzsche in eigenem Namen, und zwar noch weniger als in den Aphorismen. Vielmehr schlüpft er in verschiedene Rollen, spricht, auch rhythmisch, in verschiedenen Zungen.

Der bemerkenswerteste Beitrag dieser Abteilung, auch in formaler Hinsicht, ist die N° 61, in der Nietzsche die Problematik der Skepsis, ein zentrales Thema der *Fröhlichen Wissenschaft*, gleichsam von innen ausleuchtet:

> Der Skeptiker spricht.
> Halb ist dein Leben um,
> Der Zeiger rückt, die Seele schaudert dir!
> Lang schweift sie schon herum
> Und sucht und fand nicht – und sie zaudert hier?
> Halb ist dein Leben um:
> Schmerz war's und Irrthum, Stund' um Stund' dahier!
> Was suchst du noch? Warum? – –
> Diess eben such' ich – Grund um Grund dafür!

Ein altes Motiv: die Lebensbilanz. Der strenge Wechsel von drei- und fünfhebigen Jamben sowie die Anredeform scheinen auf einen Dialog des Skeptikers mit einem nicht näher bezeichneten Gesprächspartner hindeuten, doch könnte es sich auch um ein Selbstgespräch handeln. In einer Vorstufe trug das Gedicht noch den Titel „In media vita" – er taucht als Titel des Aphorismus FW 324 im 4. Buch wieder auf. Dieser Aphorismus feiert das „Leben" als „ein Experiment des Erkennenden" – Erkenntnis solle eben kein „Ruhebett" sein, sondern „eine Welt der Gefahren und Siege" – so wird das Leben, wie es in einer Klimax heißt, selbst zum „Mittel der Erkenntniss" (FW 324, 552f.). Versammelt sind alle wesentlichen Motive der Skepsis: die pyrrhonische Ataraxie (im „Ruhebett" des Aphorismus), die *epochê* (das Zaudern im Gedicht), schön hervorgehoben durch binäre Muster bzw. Zäsuren auf semantischer, syntaktischer, phonetischer, ja orthographischer Ebene, die weit über den regelmäßigen Wechsel der unterschiedlichen Verslängen hinausgehen – sie verweisen auf das Schwanken zwischen Variante A und B. Die Suche nach dem „Grund um Grund dafür" spielt auf den agrippinischen infiniten Regress an, in dem noch jede Wissenschaft endet, die den Dingen vermeintlich objektiv und interesselos auf den Grund zu gehen versucht. Das Ende der Skepsis im Nihilismus ist abzusehen.

Nietzsche findet aber doch noch einen Ausweg. Der Skeptiker *spricht*. Das ist fast ein Selbstwiderspruch, denn normalerweise stellt der Skeptiker die Fragen (das hat er mit Sokrates gemein, den der frühe Nietzsche bisweilen der Skepsis zugeschlagen hatte). Obwohl er also spricht, legt er sich auf keine Aussage fest, sondern thematisiert sein Fragen als ein unendliches. Nächster Schritt: Der Autor spricht *als Skeptiker*. In der Form des Gedichts wird die Suche nach dem „warum" schöpferisch. Die Suche – „Schmerz" und „Irrthum" (bzw. trial and error) – ist das Experiment mit dem eigenen Leben, das, trotz skeptischen Offenhaltens des Ausgangs, schließlich doch zur Erkenntnis, also zur Überwindung der Skepsis führt, die freilich im Resultat aufgehoben bleibt ohne negiert worden zu sein. In der literarischen Form wird das eigene Leben bearbeitbar ohne jemals endgültige Gestalt zu gewinnen. Indem der Autor als Skeptiker das Gedicht sprechen lässt, ist er kein Skeptiker mehr – ohne die Skepsis verraten zu haben. Das ist der Sinn des experimentellen Ansatzes, in dem die Kunst – bezeichnen wir sie mit Nietzsche nun als Artistik – keine religiöse oder metaphysische Kompensationsleistung mehr darstellt, die für die harmonische Balance und Synthese von allem und jedem sorgt, sondern das genuine Medium des ergebnisoffenen Selbstversuchs, kurz: „Kunst der Transfiguration" (FW Vorrede 3, 349). Die Ungewissheit, das Suchende der Skepsis bleibt als ihr Bestes erhalten; allein darauf festlegen lässt sich der Artist aber auch hier nicht. In diesem Sinne ist es nur konsequent, wenn Nietzsche das Epigramm selbst zu Wort kommen lässt (№ 11):

> Das Sprüchwort spricht.
> Scharf und milde, grob und fein,
> Vertraut und seltsam, schmutzig und rein,
> Der Narren und Weisen Stelldichein:
> Diess Alles bin ich, will ich sein,
> Taube zugleich, Schlange und Schwein!

Die Tiersymbolik Nietzsches ist ein Kapitel für sich. Es genüge der Hinweis auf das Spiel mit der mehrfachen Personifizierung: Das selbst schon personifizierte „Sprüchwort" zerfällt nochmals in die mehrfach konnotierten Tiergestalten. Die artistische Darstellung vermag die widersprüchlichsten Tendenzen einzufassen ohne sie einzuebnen. Diese polemische Einheit, die das Ganze als sich ständig wandelnde Komposition aus nicht ineinander aufhebbaren Gegensätzen begreift, ist ein eminent heraklitischer Gedanke, wie er für Nietzsche schon früh zentral geworden war. In № 41 trifft er auf die Freundschaftsthematik:

> Heraklitismus.
> Alles Glück auf Erden,
> Freunde, giebt der Kampf!
> Ja, um Freund zu werden,
> Braucht es Pulverdampf!
> Eins in Drei'n sind Freunde:
> Brüder vor der Noth,
> Gleiche vor dem Feinde,
> Freie – vor dem Tod!

Was hier ein wenig nach den drei Musketieren klingt, ist in Wahrheit eine hintergründige Inversion der Ideale der Französischen Revolution samt ihrem Glücksversprechen – dem Versprechen aller säkularen Erlösungsmodelle. Ihre Losung – *liberté, égalité, fraternité* – wird nicht nur ihrer Reihenfolge, sondern auch ihrer Stoßrichtung nach ins Gegenteil verkehrt. Glück ist nicht ein (durch Kampf) zu erreichender Zustand, sondern der Kampf selbst. Über diesen Kampf ist das Glück nun freilich an den Begriff der Freundschaft gebunden, an eine Vorstellung von Gemeinschaft um ihrer selbst willen. Es ist offenbar kein individuelles Glück: so wie ja auch Freundschaft nicht individuell erfahrbar ist.

Die Anrede der „Freunde" gehört zu den charakteristischsten Ausdrücken Nietzsches; um das Thema der Freundschaft kreisen auch viele seiner Briefe. Kampf und Freundschaft haben nicht nur die Relativität gemeinsam, weil sie sich immer aus einer konkreten Situation und Allianz ergeben, sondern vor allen Dingen die Relationalität: sie bedürfen eines Anderen. Das bekannte, Heraklit zugeschriebene Wort vom Krieg als dem Vater aller Dinge, das den Titel des Gedichts inspirierte, verwendet Nietzsche in der *Fröhlichen Wissenschaft* an anderer Stelle noch einmal, und zwar zur Kennzeichnung seines schriftstellerischen Anspruchs: Gute Prosa sei immer das Resultat des Krieges zwischen den Prinzipen der Prosa und der Poesie (FW 92, 447f.). Von diesem Gedanken lässt sich der Bogen zu den Freunden zurückschlagen. Der *philos* Nietzsches ist zugleich der *philologos*, der sich mit Hingabe um sein Wort bemüht, aber deshalb nicht notwendig mit Aufgabe bzw. Selbstaufgabe. Die Freunde, die Nietzsche sich als ideale Leser imaginiert, lassen sich von ihm zu eigener Stimme und eigenem Weg anregen. Sie können durchaus in Widerspruch zu ihm treten. Sie müssen es vielleicht sogar, wenn sie „Freunde" bleiben wollen. Das lyrische Ich bedarf des Freundes nämlich auch, um sich in der Differenz überhaupt selbst zu erfahren.

Im unmittelbaren Anschluss an den Einblick in das Dilemma der Skepsis folgt das wohl bekannteste Gedicht von *Scherz, List und Rache* (№ 62). Es ist ein Höhepunkt von Nietzsches Anverwandlungskunst, das seine Popularität wohl auch seiner durch allerlei Binnenalliterationen unterstützten Melodik, seinen hellen, gleichsam lodernden Vokalen sowie seiner Verwendung des Romanzenverses verdankt, der beim spätromantischen Publikum (das im Bereich der Lyrik bis heute dominiert) auf dankbare Abnehmer stieß. Kein Wunder, dass es zu Nietzsches am häufigsten anthologisiertem Gedicht avancierte:

> Ecce homo.
> Ja! Ich weiss, woher ich stamme!
> Ungesättigt gleich der Flamme
> Glühe und verzehr' ich mich.
> Licht wird Alles, was ich fasse,
> Kohle Alles, was ich lasse:
> Flamme bin ich sicherlich.

Inhaltlich, auch dies ein zentraler Popularitätsfaktor, sind die schlichten Verse gerne als tragische, bekenntnishafte Identifikation Nietzsches mit dem Jesus der Kreuzigungsszene gelesen worden, die das Spätwerk antizipiert. Abgesehen davon, dass diese Identifikation selbst in den sogenannten Wahnsinnszetteln nur im Spannungsverhältnis zur Figur des Dionysos zu lesen ist („Dionysos gegen den Gekreuzigten")[10] dürfte dem Autor nichts ferner gelegen haben als dies. Das Gedicht ist um Längen durchtriebener; seine ‚Tücken' mitnichten aufgehoben. Insbesondere der Bezug zur Skepsis, den Nietzsche nicht zuletzt durch die Stellung im Text herstellt, darf in der Lektüre nicht verloren gehen.

Titel und erster Vers spielen auf das 19. Kapitel des Johannesevangelium an: „Sehet, welch ein Mensch!" kommentiert Pilatus den Träger der Dornenkrone (Joh. 19.5). „Woher bist du?" fragt er ihn (Joh. 19.9). Die Begegnung des vermeintlichen Königs der Juden mit dem römischen Statthalter lebt vom Gegensatz der äußersten Selbstgewissheit des einen und dem skeptischen Schwanken des anderen. Jesu Herkunft – „Ich weiss, woher ich stamme!" heißt es in Nietzsches Gedicht – begründet seine Selbstgewissheit: „Auch wenn ich von mir selbst zeuge, so ist mein Zeugnis wahr; denn ich weiß, woher ich gekommen bin und wohin ich gehe" (Joh. 8.14). Pontius Pilatus dagegen dient Nietzsche als redlich-

---

10 Dazu Heinrich Detering (2010).

skeptische Gegenfolie. Noch im *Antichrist* bezeichnet er seine Replik „Was ist Wahrheit?" (Joh. 18.38) als einziges wertvolles Wort des Neuen Testaments (AC 46; KSA 6, 225). Bei Nietzsches Gedicht handelt es sich um eine seiner ersten Erkundungen zur psychologischen Divination des ‚Typus' des Erlösers als dem diametralen Gegensatz zum Skeptiker.

Das lyrische Ich in „Ecce homo" stellt keine Fragen wie der Skeptiker, es tritt in keinen inneren und äußeren Dialog. „Ich bin das Licht der Welt." (Joh. 8.12): Im Bild der Flamme legt Nietzsche die Ansprache an die Pharisäer wortwörtlich aus und verrätselt sie zugleich. Die Flamme ist einerseits nur substanzlose optische Begleiterscheinung an sich schon ablaufender Prozesse ewiger Veränderung. Andererseits interpretiert sie sich selbst als Agens dieser Prozesse und stilisiert ihre Rolle darin sogar zu einer Art Aufopferung („verzehr' ich mich"). Anders gesagt: Die Handlungsweisen, die zu ihrer Natur gehören, werden von der Flamme moralisch interpretiert und bewertet, obwohl es absurd wäre, aus ihnen Anweisungen für andere abzuleiten, die keine Flamme sind. Aus dem bloßen Gleichnis wird eine ontologische Aussage, die durch die Modalpartikel „sicherlich" die anfängliche Selbstgewissheit eher wieder zurückzunehmen oder zumindest zu relativieren scheint: als hätte das lyrische Ich doch noch leichte Zweifel. Auf der anderen Seite könnte der Doppelpunkt andeuten, dass der letzte Vers ein Schlussverfahren aus dem vorletzten beschreibt, im bekannten Fehlschluss des *post hoc ergo propter hoc*. Kein Rauch ohne Feuer, keine Kohle ohne Flamme. Aus den verkohlten Überresten schließt Jesus auf seine eigene Wirkung – und interpretiert sich dergestalt als Teil eines semiotischen Prozesses, ja als Zeichen selbst. Das Gedicht, darin besteht seine Kunst, bewertet dieses Schlussverfahren nicht, sondern stellt es – das ist Nietzsches wahre Christo-Logie – als Logik des Erlösertypus lediglich aus.

Die Vorrede zur Neuauflage bestätigt zwar einerseits das Philosophieren als Verstellung und Einnahme verschiedener Standpunkte – „ein Philosoph", heißt es da, „der den Gang durch viele Gesundheiten gemacht hat und immer wieder macht, ist auch durch ebensoviele Philosophien hindurchgegangen" (FW Vorrede 3, 349). Andererseits fügt sie an derselben Stelle der christologischen Lesart von „Ecce homo" ein Irritationsmoment bei: „Leben — das heisst für uns Alles, was wir sind, beständig in Licht und Flamme verwandeln, auch Alles, was uns trifft, wir k ö n n e n gar nicht anders." (FW Vorrede 3, 349f.)[11] Wer ist dieses „Wir", das sich im Nachhinein mit dem Ich des Gedichts identifiziert? Es bezeichnet offensichtlich nicht eine diffuse Gruppe noch näher zu bestimmender Philosophen, sondern die Pluralität selbst, aus der jeder einzelne Philosoph besteht.

---

11 Den Hinweis auf die Verbindung dieser Stelle zu „Ecce homo" verdanke ich Nicola Nicodemo.

Diese Pluralität der vielen „Philosophien" wird nun ihrerseits der Temporalisierung und (Auto-)Genealogie unterworfen, d. h. als Abfolge gedacht. „Nietzsche" als der exemplarische Autor einer fröhlichen Wissenschaft offenbart sich als intimer Kenner des lyrischen Schmerzes von „Ecce homo", weil er selber sein Ich verkörpert hat. So erklärt sich auch die spätere Identifikation mit dem Gekreuzigten: als Voraussetzung nämlich für dessen Überwindung im Zeichen des Dionysos. Der „grosse Schmerz", so heißt es in der Vorrede, „ist der letzte Befreier des Geistes, als der Lehrmeister des grossen Verdachtes, der aus jedem U ein X macht, ein ächtes rechtes X, das heisst den vorletzten Buchstaben vor dem letzten ..." (FW Vorrede 3, 350). Das X steht nicht nur für die Crux als „Reiz alles Problematischen" (FW Vorrede 3, 350), ohne den es keine Philosophie gäbe, sondern auch für das Kreuz, also das Leiden. Der letzte Buchstabe aber ist schon die Initiale Zarathustras. Er erst befreit die Zeichen aus ihrer gewaltsamen Umdeutung.

„Ecce homo" steht in unverkennbarem Zusammenhang mit dem Abschluss von *Scherz, List und Rache*; tatsächlich steigern sich die letzten Gedichte auf sorgfältig angeordnete Weise bis hin zur № 63, der zusätzlich die Bürde eines programmatischen Schlussakzents zuwächst:

> Sternen-Moral.
>
> Vorausbestimmt zur Sternenbahn,
> Was geht dich, Stern, das Dunkel an?
>
> Roll' selig hin durch diese Zeit!
> Ihr Elend sei dir fremd und weit!
>
> Der fernsten Welt gehört dein Schein:
> Mitleid soll Sünde für dich sein!
>
> Nur Ein Gebot gilt dir: sei rein!

Wie in „Ecce homo" geht es auch hier um die Gegensätze von Determination und Moral, Licht und Dunkel, Erkenntnis und Leid. Diesmal wird der leuchtende Stern aber nicht von innen, sondern von außen betrachtet. Noch deutlicher als bei anderen Gedichten sind die formalen wie motivischen Anleihen bei Goethe. Wichtige Aspekte von Nietzsches „Stern", etwa seine Unabhängigkeit von der Umwelt und seine Ferne von den Sorgen der gewöhnlichen „Zeit", finden sich bei Goethe in ähnlichen Kontexten und identischem Versmaß. In den *Zahmen Xenien* heißt es: „Das Leben wohnt in jedem Sterne: / Er wandelt mit den andern gerne / Die selbsterwählte reine Bahn" (Goethe 2006, Bd. 13.1, 226) – der „Stern" ist schon bei Goethe eine personifizierende Allegorie, dessen „reine Bahn" Nietzsche allerdings auf den ersten und letzten Vers in seinem eigenen Gedicht verteilt hat. Die Reinheit scheint mit der Selbsterwähltheit zusammenzuhängen, die dann auch Voraussetzung des Wandels mit anderen Sternen ist, die ebenfalls ihre eigene Bahn ziehen und ihre eigene Leuchtkraft entfalten. In „Trost in Tränen" schreibt Goethe: „Die Sterne, die begehrt man nicht, / Man freut sich ihrer Pracht, / Und mit Entzücken blickt man auf / In jeder heitern Nacht." (Goethe 2006, Bd. 6.1, 82) Der „Stern der schönsten Höhe" ist Goethes Bild für Shakespeare; ihm verdanke es u. a., so das lyrische Ich im Gedicht „Zwischen beiden Welten", was es selber sei (Goethe 2006, Bd. 13.1, 33). Nietzsche kannte diese Verse gut und spielte auf sie schon in *Menschliches, Allzumenschliches* an. Im Aphorismus „Cultus des Genius' aus Eitelkeit" wird die Strategie kritisiert, andere zu unerreichbaren Genies zu deklarieren, um eigene Unzulänglichkeiten zu entschuldigen. Alternativ wird eine Ästhetik entworfen, die in jeder Tätigkeit Genie und Intuition anerkennt und „alles Werdende", das Machen und Herstellen, gegenüber dem Fertigen und vorgeblich Vollkommenen herausstreicht (MAI 162; KSA 2, 152.).

Aus der goethischen Perspektive schält sich langsam heraus, was die Sternen-Moral von der Unsicherheit des Skeptikers und der allzu großen Sicherheit des Erlösers unterscheidet. Der „Stern" ist nicht nur „von droben" wie es kurz zuvor in „Höhere Menschen" (s. o.) hieß, sondern auch jenseits alltäglicher (menschlicher) Kategorien angesiedelt. Er hat es nicht nötig, sich selbst zu interpretieren oder sich eine direkte oder indirekte Moral zuzuschreiben. Die Zuschreibung erfolgt, wie im Gedicht, von außen. Was aber ist dann die Quelle dieser „Sternen-Moral"? Es wirkt einigermaßen paradox, dass für den Stern überhaupt ein Gebot gelten soll, und dazu angeblich nur ein einziges, obwohl das Gedicht doch im dritten, vierten und sechsten Vers mindestens drei weitere Gebote bzw. Imperative formuliert. Es könnte sein, dass sie alle aus dem letzten Gebot folgen, so wie im Protestantismus alles aus dem wahren Glauben fließt und Gebote im Prinzip gar nicht mehr nötig sind. Das Gedicht würde uns dann zu Demonstrationszwecken die eigene Redundanz vorführen. Der letzte Vers stünde isoliert, weil mit ihm eigentlich alles schon gesagt ist; Nietzsche illustrierte, wie Verknappung funktioniert.

An einer Feinheit für Kenner, dem Verwirrspiel um die Betonung im vorletzten Vers, zeigt sich indes, dass Nietzsche den Appell ans ‚Ohr' ernst meint. Jedenfalls verkompliziert sie diese Lesart um einiges. Das metrische Schema verlangt die Betonung auf der zweiten Silbe des Wortes „Mitleid", während der normale Wortakzent auf der ersten Silbe liegt. Es ist das Leiden, das Nietzsche am Mitleid ablehnt, nicht die Empathie. Ihrer muss sich der Stern offenbar sogar erwehren, sonst müsste man ihn nicht so insistierend auffordern, das „Dunkel" und das „Elend" zu ignorieren. Fremdes Leid vermag ihn am Ende vielleicht doch noch aus der Bahn zu drängen und damit die „Reinheit" zu gefährden. Auf sie allein kann der Stern Einfluss nehmen, sonst müsste man sie gar nicht erst zum Gebot erheben. Vorausbestimmt ist dem Stern lediglich, dass er eine Bahn ziehe, nicht aber ihr konkreter Verlauf; Sterne können kollidieren, erlöschen, zu Staub zerfallen.

Reinheit meint in der Tradition philosophischer Sprache häufig die Freiheit von Kontingenz oder Okkasionalismus, von Sprache, Empirie, Geschichte. Bei Nietzsche verschafft sich, wenn man die Entwicklung der Begriffsverwendung durch sein Werk verfolgt, hingegen durchgehend ihre ästhetisch-künstlerische Dimension Geltung. Reinheit besagt soviel wie einheitliches stilistisches Gepräge, persönliche und wiedererkennbare Ausformung. Seit Nietzsches großem Umbruchjahr 1876 ist sie – als ästhetisches Phänomen – explizit gegen das Metaphysische gerichtet (NL 1879 17 [78]; KSA 8, 309), gegen die „ewige Vernunft-Spinne und -Spinnennetze" (Z III Sonnen-Aufgang; KSA 4, 209). Sie bedarf nicht der begrifflichen Bestimmung oder Ableitung, sondern der Wahrnehmung und Deutung. Die mit ihr verbundenen Interpretationsschwierigkeiten werden deshalb durch jenes Gedicht abgemildert, das die Interpretation selbst im Titel trägt (№ 23):

> Interpretation.
> Leg ich mich aus, so leg ich mich hinein:
> Ich kann nicht selbst mein Interprete sein.
> Doch wer nur steigt auf seiner eignen Bahn,
> Trägt auch mein Bild zu hellerm Licht hinan.

Die Interpretation steht im Kosmos des gesamten Zyklus in enger Verbindung zur „Bahn" des Sterns. Aus seinem Auf- und Absteigen, seinem Licht und Dunkel entsteht am Ende ein Mosaik, dessen Konturen ungefähr folgendermaßen beschrieben werden können. Der Stern bedarf der Interpreten, jener, denen er leuchtet. Doch nur wenn er seine „Reinheit" bewahrt bzw. die Stilgebung seiner eigenen Bahn zu finden vermag, wird er „Freunde" für sich gewinnen, die ebenfalls ihre eigene Bahn ziehen. Wer sich von seinem Glanz blenden und abbringen lässt, tut sich selbst und ihm keinen Gefallen. Der Freund unterwirft sich dem Stern nicht, missbraucht ihn aber auch nicht für eigene Zwecke, lässt sich von ihm anregen und fördern, ohne sich selbst aufzugeben – und ohne ihm seinen Eigensinn zu nehmen. Erst im ewigen Rhythmus des Auf- und Niedergehens, in der Bahnen eine Weile parallel verlaufen, um sich dann irgendwann doch zu kreuzen, erfüllt sich die Vorausbestimmung, von der in „Sternen-Moral" die Rede ist. Interpretation in diesem emphatischen Sinne wäre das Verhältnis Goethes zu Shakespeares, Nietzsches zu Goethes, der „Freunde" zu Nietzsche, unser eigenes zu Nietzsche: ein exemplarisches. Nietzsches „Sternen-Moral" beschreibt eine Ethik des Perfektionismus im Sinne Stanley Cavells.[12] Gedichte entstehen dabei gleichsam komplementär und unter der Hand, als Begleiterscheinung kongenialer Aufnahme, als eigentliches, zugleich dichterisches wie philosophisches Medium des Perfektionismus. Genau dazu lädt Nietzsche in *Scherz, List und Rache* ein, genau hier schließt sich der Bogen von der „Sternen-Moral" zur „Einladung" des Anfangs.[13]

Nietzsche präsentiert die Epigramme von *Scherz, List und Rache* nicht nur deshalb als Präludium oder Ouvertüre der *Fröhlichen Wissenschaft*, um uns die generellen Schwierigkeiten bei der Lektüre seiner Texte vor Augen zu führen, nicht nur, um im Sinne der Opernkunst schon einmal die wichtigsten Motive und Charaktere der folgenden Akte einzuführen und komplex zueinander in Beziehung zu setzen, sondern um uns zu „Freunden" in diesem spezifischen Sinne zu machen, d. h. zu Lesern, die trotz aller philologischen Aufmerksamkeit am Ende auch ihre eigene Antwort auf das „Warum?" des Skeptikers geben können. Das ist der eigentliche Grund, warum die meisten Gedichte das Problem des Lesens und Interpretierens direkt oder indirekt behandeln. In der bedeutenden № 59 („Die Feder kritzelt"), in der sich das Schreibwerkzeug verselbständigt und dem Verständnis materialen Widerstand entgegensetzt,[14] gesteht das lyrische Ich, dass seiner Schrift die „Deutlichkeit" fehle: „Was thut's? Wer liest denn, was ich schreibe?" In Nietzsches Leseanweisung geht es längst nicht mehr um das Wie des Lesens. Dieses ergibt sich vielmehr aus dem Wer. Der Aphorismus „Der Wille zum Leiden und die Mitleidigen" vom Ende der Erstausgabe der *Fröhlichen Wissenschaft* (FW 338) beschreibt diesen Zusammenhang schließlich auch als ethischen. Nur wer den eigenen Weg gefunden hat, wird „auch helfen wollen" – jenen „F r e u n d e n" nämlich, denen man sich weder unterwirft noch sie zu beherrschen sucht, und sei es nur durch die subtile Macht des Mitleidens. In *Scherz, List und Rache* werden verschiedene Gruppen von Lesern unterschieden, subtile wie unsubtile, die je ihre spezifischen Nachteile haben: jene, die für alles denselben groben Zugang wählen und hoffen, dass ihr Dietrich in jedes Schlüsselloch passe (№ 51: „Fromme Wünsche") – und jene „Allzufeinen", die selbst bei offenen Türen lieber durch das Schlüsselloch schlüpfen (№ 42: „Grundsatz der Allzufeinen"). Wer sich auf Nietzsches Anspielungen und Bilderwelten, auf den

---

[12] S. Stanley Cavell (1990) sowie insbesondere James Conant (2000, 182–257).
[13] Vgl. auch den schönen Aphorismus „S t e r n e n - F r e u n d s c h a f t" (FW 279, 523).
[14] Die ‚materialen' Umstände bei der Entstehung der Epigramme von *Scherz, List und Rache* sind bisher noch überhaupt nicht Gegenstand von Analysen geworden, etwa der Umstand, dass sie in die Zeit von Nietzsches Schreibmaschinenexperimenten fallen. Nicht nur angesichts der Bedeutung der Prozessualität des Denkens und Schreibens für Nietzsche eröffnet sich hier ein reiches Betätigungsfeld zukünftiger Forschung.

Klang der Verse und das Feuerwerk der rhetorischen Figuren nicht einlassen will, wird ihm so wenig gerecht wie jene, die ihn ganz in Zitate, Quellen, Paradoxien oder Klänge auflösen ohne jeden Versuch zu unternehmen, eine eigene Bahn zu beschreiben.

Literatur

Augustinus 2004: Confessiones. Bekenntnisse (Lat./Dt.), Düsseldorf/Zürich.
Benne, Christian 2013: „ihr meine geschriebenen und gemalten Gedanken!": Synästhetische Lektüre von Jenseits von Gut und Böse 296, in: Marcus Born/Axel Pichler (Hrsg.): Texturen des Denkens. Nietzsches Inszenierung der Philosophie in „Jenseits von Gut und Böse", Berlin/New York, S. 305–322.
Brusotti, Marco 1997: Die Leidenschaft der Erkenntnis. Philosophie und ästhetische Lebensgestaltung bei Nietzsche von Morgenröthe bis Also sprach Zarathustra, Berlin/New York.
Cavell, Stanley 1990: Conditions Handsome and Unhandsome, Chicago.
Conant, James 2000: Nietzsche's Perfectionism: A Reading of Schopenhauer as Educator, in: Richard Schacht (Hrsg.): Nietzsche's Postmoralism, Cambridge, S. 182–257.
Detering, Heinrich 2010: Der Antichrist und der Gekreuzigte. Friedrich Nietzsches letzte Texte, Göttingen.
Goethe, Johann Wolfgang von 2006: Sämtliche Werke nach Epochen seines Schaffens, München.
Grundlehner, Philipp 1986: The Poetry of Friedrich Nietzsche, Oxford/New York.
Higgins, Kathleen Marie 2000: Comic Relief. Nietzsche's Gay Science, Oxford/New York.
Piazzesi, Chiara/Campioni, Giuliano/Wotling, Patrick (Hrsg.) 2010: Letture della Gaia scienza. Lectures du Gai savoir, Pisa.
Pichler, Axel, 2010: Nietzsche, die Orchestikologie und das dissipative Denken, Wien.
Reschke, Renate 1997: „Welt-Klugheit". Nietzsches Konzept vom Wert des Mediokren und der Mitte. Kulturkritische Überlegungen des Philosophen im Umkreis seiner „Fröhlichen Wissenschaft", in: Nietzsche-Studien 26, S. 239–259.
Schiller, Friedrich 2004: Sämtliche Werke, hrsg. v. Peter-André Alt/Albert Meier/Wolfgang Riedel, München.
Tongeren, Paul van 2012: „‚Ich' bin darin […] ego ipsissimus […], ego ipsissimum". Nietzsches philosophische Experimente mit der literarischen Form der Vorrede, in: Nietzsche-Studien 41, S. 1–16.
Westphal, Rudolf 1863: Harmonik und Melopöie der Griechen, Leipzig.

Claus Zittel

„eine unaufhaltsam rollende Maschine im Kopfe"

Das unfröhliche „erste Buch" der *Fröhlichen Wissenschaft*

Die Vorgabe der Buchreihe *Klassiker Auslegen*, Kapitel für Kapitel eines Werkes vorzustellen, scheint angesichts der im Falle Nietzsches üblichen Lektürepraxis zunächst unangemessen, da die Interpreten seine Schriften normalerweise nicht sukzessive lesen, sondern je nach Laune querfeldein von Abschnitt zu Abschnitt springen. Somit eröffnet das Konzept der Reihe die Chance, das erste Buch der FW einmal *als erstes* Buch zu lesen, als ihren Anfang. Im Flackerlicht der Deutungen blieb das erste Buch der FW weitgehend unbeachtet und so nimmt es nicht wunder, dass es bislang kaum eine Studie gibt, die seine 57 Unterkapitel im Zusammenhang betrachtet hätte, ohne dabei die internen Spannungen, Stimmungswechsel, Irritationen und unterschiedlichen Darstellungsformen zu ignorieren.

1 Das Problem der Form

Im ersten Buch der FW beanspruchen einzelne Texte häufiger mehr Raum als in den folgenden Büchern. Gleich der Eröffnungstext erstreckt sich über vier Seiten, in den frühen Drucken von 1882 und 1887 nahm er sogar über fünfeinhalb Seiten ein. Mit ihm geht nach dem „Vorspiel in deutschen Reimen ‚Scherz, List und Rache'" ein frappanter Wechsel in Tonart und Darstellungsform einher. Die Gedanken werden hier nicht einfach als aphoristische Perlen hingestreut, sondern analysiert und entfaltet. Ist ein Thema einmal angeschlagen, zieht es sich durch das ganze Buch hindurch, wo es unterschiedlich beleuchtet wird, jedoch nicht immer aus einander widersprechenden Perspektiven, sondern es ergibt sich ein erstaunlich dichter und streckenweise konsistenter Argumentationszusammenhang. Auch das spricht dafür, diese Schrift versuchsweise einmal kontinuierlich zu lesen. Viele Texte aus der FW sind eher vergleichbar mit den Abschnitten der drei Abhandlungen aus GM, sie versammeln sich also nicht zu einem „Aphorismen-Buch" und taugen kaum als Exempel für Nietzsches „aphoristisches Denken" (siehe dazu treffend Figal 2000, 314 f.). Solche aus Konvention und Verlegenheit um einen besseren Ausdruck vorgenommenen Charakterisierungen nivellieren die Vielfalt der in Nietzsches Büchern anzutreffenden Darstellungsformen und verleiten dazu, diese generell wegen ihrer vermeintlichen Kürze als Exempel für ein offenes, perspektivisches Denken aufzufassen. Zahlreiche Reflexionen, Parabeln und Kurzessays der FW sind zudem formal wie inhaltlich unselbständig – und auch deshalb keine Aphorismen. Schon der erste Text von Buch 1 der FW verweigert seine Rubrizierung als aphoristisches Schreiben und entzieht sich Lesarten, die in der Aphoristik die adäquate philosophische Darstellungsform eines „Denkens in Brüchen" erkannten, das ein „offenes, entfesseltes Denken" fördere und „ein Stück erfahrener Freiheit" offeriere (Adorno 1988, 7–9). Die FW demonstriert in ihrem ersten Buch vielmehr ein Denken und Schreiben über die Brüche hinweg: Die Abschnitte unterteilen, rhythmisieren, gestalten, doch sie zerschneiden nicht. Doch auch wenn man die FW kontinuierlich lesen kann, wird sie dadurch noch nicht, wie Figal provokant vorschlug, zu einem philosophischen Roman,[1] denn bei aller Freiheit und Offenheit für das Inkorporieren von philosophischen Reflexionen, die der Gattung Roman etwa bei Musil oder Peter Weiss zukommt, bedürfte es bei solchen Grenzfällen zumindest formaler Indizien oder einer Selbst-Deklaration, damit wir bereitwillig nach narrativen Erzählmustern suchen. Festzustellen ist vielmehr, dass es keine einheitliche formale Bestimmung für die Komposition der in der FW versammelten Texte gibt.

Mit der das erste Buch eröffnenden Leseranrede stellt sich die FW zumindest jedoch in die Tradition des *discours*, der Unterredung oder dem Gespräch, durch die Wahl der Themen und die an anschaulichen Beispielen vorgetragene konzise Argumentation in die der französischen und spanischen Moralistik: Fontenelle und Montaigne werden auch explizit genannt (FW 3, FW 22), später auch Chamfort (FW 95). Stilistisch lässt sich eine Nähe zu den geschliffenen Maximen La Rochefoucaults erkennen, jedoch auch die Tendenz, den jeweiligen Gedanken detaillierter auszuspinnen und mit ihm Netze zu weben. Es sind keine Aphorismen, sondern Essays, Reflexionen, Gedanken-Sammlungen (Pensées) oder Betrachtungen, auch die Leser oder fiktive Zuhörer explizit einbeziehende Dialoge (FW 16), Traumerzählungen (FW 22), aber meist keine Sentenzen oder Aphorismen. Auch thematisch ist der Bezug zu den Lieblingsgegenständen der französischen Moralistik evident: Es geht im ersten Buch der FW primär um die Beschreibung und Analyse menschlicher Leidenschaften und Empfindungen (und dabei

---

[1] Vgl.: „Der Roman, jene in der Vielfalt heterogener Momente und Darstellungsformen das Ganze suchende und zu verstehen gebende Gattung der Literatur ist von Nietzsche ins Philosophische zurückübersetzt worden […]. Die *Fröhliche Wissenschaft* ist […] die philosophische Fassung eines Romans – Philosophie, die als solche über die Literatur hinausreicht, in literarischer, auf die Philosophie hin transparenter Form. Die Form des Buches gibt vor, wie es zu lesen ist: eben wie ein Roman, im Zusammenhang, mit Aufmerksamkeit auf seine Komposition und nicht als mehr oder weniger beliebige Sammlung geistvoller Bemerkungen" (Figal 2000, 314).

um das Verhältnis von Gattung und Selbsterhaltung, Skepsis und Wissen, Leben und Tod, Geschmack und Leidenschaften, Sitten und Tugenden, Lob und Tadel, Lehren und Gewohnheiten, Schmerz und Lust, Tragödie und Komödie, Muße und Arbeit, Langeweile und Rhythmus, Leib und Geist). Neu ist jedoch, dass nun aber auch Überlegungen darüber angestellt werden, wie die jeweilige Art, wie man Leidenschaften beschreibt und konzeptualisiert, auf diese zurückwirkt und sie verändert, wie sekundäre Leidenschaften entstehen und welche Folgen sie zeitigen. Das erste Buch enthält daher Variationen über die Begriffe Glück, Zweck, „Noth", Kraft, Geschmack, Leidenschaft, Bedürfnis, Gewöhnung, Schmerz vor dem Hintergrund einer Diskussion des Verhältnisses von notwendigem Irrtum, Maskeraden und Möglichkeiten der Erkenntnis, und ihrer Nützlichkeit oder Schädlichkeit.

Wie die Moralisten der Romania versinnlicht Nietzsche die Bilder und folgt dabei den Winken der Sprache, er bevorzugt Verben der körperlichen Bewegung, des Sehens und Empfindens, kaum je begnügt sich ein Satz mit unanschaulichen Verben – dabei regiert aufmerksame Bildtreue, auf das „Stillestehen" folgt der Gedanke, der kommt – „auf einem oder zwei Beinen" (FW 6, 378), diejenigen, welche „die alten Gedanken in die Tiefe graben und mit ihnen Frucht tragen", sind die „Ackerbauer des Geistes" (FW 4, 376). Ein von Einfallsreichtum geführter spontaner Stil, der Linien lässig zu kühnen Reliefs auszieht, in denen sich die Souveränität der freien Betrachtung spiegelt, weit mehr als virtuose Formspielerei – diese Sätze erfüllen zugleich ihr ästhetisches Ideal – von Klangfiguren beherrschte Satzteile, dazu geschaffen, um gesprochen, gehört zu werden, lange, nie langweilige Sätze als artikulierte Gefüge, die ihre eigene Anschaulichkeit nicht nur thematisieren, sondern ausstellen (FW 8, FW 9). So werden beispielsweise die verborgenen Eigenschaften eines Menschen, die sich „vor dem Auge des feineren Beobachters verbergen", verglichen mit den „Skulpturen auf den Schuppen von Reptilien", die man erst mit „dem Mikroskop" sehe, die mit „göttlichem Mikroskope Vergnügen machen könnten", indes für die eigenen, für „unsere Reptilien-Schuppen [...] das Mikroskop noch nicht erfunden" sei (FW 8, 380). Zugleich blicken wir Leser vermöge dieser anschaulichen Vergleiche mit Vergnügen durch jenes göttliche Mikroskop auf die verborgenen „Linien und Feinheiten und Skulpturen" (FW 8, 380). Das ist womöglich ein Aspekt einer „fröhlichen Wissenschaft", die ansonsten im ersten Buch schwer zu greifen und schon gar nicht eindeutig zu bestimmen ist.

2 Die „fröhliche Wissenschaft" als Problem

Es hieße die Geduld einer Leserin oder eines Lesers allzu sehr zu strapazieren, wenn Fingerzeige, wie ein rätselhafter Titel einer Schrift zu verstehen sei, erst am Ende eines Werkes gegeben werden. Was bedeutet nun der merkwürdige Titel „Fröhliche Wissenschaft", wenn wir ihn im Lichte des ersten Buches betrachten? Ist hier Wissenschaft mit Philosophie gleichzusetzen? Soll eine fröhliche Wissenschaft einer ernsten oder melancholischen Wissenschaft entgegengestellt werden? Wird hier eine Trennung zwischen einer wissenschaftlichen und einer ästhetischen Wissenschaft eingeführt? Tritt der Begriff der „Wissenschaft" in kritische Opposition zu dem der „Lehre"? Eine Antwort auf diese Fragen muss das Verhältnis zwischen den im Buch 1 der FW vorfindlichen Aussagen über Wissenschaft und der Art und Weise, wie die „fröhliche Wissenschaft" im Text ins Werk gesetzt und somit praktiziert wird, berücksichtigen. Wie kontrovers der Titel der Schrift ausgelegt wurde, von einer Losung, die Wissenschaft solle fröhlich werden oder fröhlich machen bis hin zur Erholung von der Wissenschaft, hat Stegmaier (2012, 47–49) dokumentiert, und alle wichtigen Quellen und Kontextstellen aufgeboten, um seinerseits die Vieldeutigkeit des Titels vorzuführen.[2] Stegmaier hat gewiss recht, wenn er meint, es käme weniger darauf an, wie „Fröhlichkeit" bezeichnet werde, sondern wie sie sich im Text manifestiere, wobei sie in seinen Augen als eine Stimmung aufzufassen ist, die „sich am reifsten im V. Buch der FW" (2012, 46) zeige. Wenn sich diese Stimmung „am reifsten" im später hinzugefügten fünften Buch zeigt, dann – so darf man Stegmaier hier verstehen – ist sie in den früheren Büchern nur im unreifen oder gar embryonischen Stadium anzutreffen, und in der Tat: Lesen wir in das erste Buch hinein, so begegnet uns nichts Fröhliches, vielmehr stoßen wir – wie wir gleich noch näher sehen wer-

---

[2] Stegmaier (2012, 30–51) gibt einen souveränen kritischen Überblick über die Forschungen zur FW und eine subtile Analyse der unterschiedlichen Bedeutungsnuancen einer möglichen „Fröhlichen Wissenschaft". Was die Quellen anbelangt, wartet Stegmaier mit einem Fund auf, den ich für wichtiger einschätze als alle üblicherweise genannten: „Herder hatte auf der Suche nach dem Ursprung bedeutsamer europäischer Literatursprachen aus dem Provençalischen in seinen Briefen zur Beförderung der Humanität die ‚fröhliche Wißenschaft (gay saber, gaya ciencia)' wiederentdeckt und sie als ‚ersten Stral der neueren poetischen Morgenröthe in Europa' gepriesen. Ihr Zweck sei nicht nur ‚fröhliche angenehme Unterhaltung', sondern auch die ‚Freiheit der Gedanken' gewesen. Die ‚Ausbildung der Provenzalsprache' habe ‚für ganz Europa Freiheit der Gedanken bewirkt': ‚Mit großem Muth ging sie den Aergernißen der Klerisei entgegen, und hat wie den poetischen Lorbeerkranz, so auch unsäglicher Verfolgungen wegen die Märtyrerkrone der Wahrheit für ganz Europa verdient.' [Herder, Briefe zur Beförderung der Humanität, 472, 474, 484.] Das klingt geradezu nach einem Programm für Nietzsches ‚fröhliche Wissenschaft'." (Stegmaier 2012, 39)

den – zunächst auf lange, gründliche Analysen, auf mühevolle Wissenschaft, auf düstere Einsichten, auf die Darstellung von genealogischen Zwängen, historischen, physiologischen, kulturellen Abhängigkeiten, die die Einzelnen in unlösbare Konfliktsituationen verstricken. Kurzum: Das, was sich im fünften Buch als fröhliche Wissenschaft zeigen mag, zeigt sich keineswegs so im ersten. Allerdings hat eine solche teleologische Lektüre ihre Tücken, denn wir können auch eine Änderung konstatieren, ohne dass mit ihr zugleich eine Reifung zum Ausdruck kommen muss. Die Gefahr besteht, dass wir so im Nachhinein Spuren zu Fährten umdeuten, die auf das spätere hinführen, statt die Eindrücke zunächst an ihrem Ort aufzusuchen und auszuwerten.

Gleich die Eingangssequenz legt das weitere Analyse-Verfahren offen: „Ich mag nun mit gutem oder bösem Blicke auf die Menschen sehen" (FW 1, 369). Hier wird keine fixe Ausgangsthese gesetzt, sondern eine Option zwischen zwei möglichen Betrachtungsweisen eingeführt, die mit gegensätzlichen Wertungen einhergehen. Was im ersten Buch der FW in unterschiedlichen Anläufen daher vor allem versucht wird, ist: den Zusammenhang zwischen einer bestimmten Optik und aus ihr resultierender Wertungen an historischen Beispielen aufzuzeigen und die Folgen bis in die Gegenwart bestimmen, also nicht eine richtige Wertung gegen falsche der Tradition zu stellen, sondern standpunktgebunden die jeweilige Konstellation von Affekten, Trieben und Wertungen sowie deren Gradationen, Funktionen und Folgen zu untersuchen. Leitend ist dabei die Frage, wie unterschiedliche einzelne und kollektive Sichtweisen und Zwecksetzungen entstehen – „(wesshalb leuchtet hier diese Sonne eines moralischen Grundurtheils und Hauptwerthmessers — und dort jene?)" (FW 7, 379) – und wie sie sich auf die Erhaltung der Gattung Mensch auswirken – wie wir zu unseren Maßstäben kommen, wie diese habituell werden und was sie dadurch anrichten.

Betrachten wir gemäß der hier gewählten Selbstbeschränkung zunächst einmal nur, wie ein Leser der ersten Ausgabe den Titel „*Die Fröhliche Wissenschaft*" verstehen konnte, der, wenn er im ersten Buch der FW nach Auskunft suchte, nur in Abschnitt 1 explizite Hinweise erhielt, die somit für ihn richtungsweisend sein mussten:

> Ich weiss nicht mehr, ob du, mein lieber Mitmensch und Nächster, überhaupt zu Ungunsten der Art, also ‚unvernünftig' und ‚schlecht' leben kannst; Das, was der Art hätte schaden können, ist vielleicht seit vielen Jahrtausenden schon ausgestorben und gehört jetzt zu den Dingen, die selbst bei Gott nicht mehr möglich sind. Hänge deinen besten oder deinen schlechtesten Begierden nach und vor Allem: geh' zu Grunde! — in Beidem bist du wahrscheinlich immer noch irgendwie der Förderer und Wohlthäter der Menschheit und darfst dir daraufhin deine Lobredner halten — und ebenso deine Spötter! Aber du wirst nie den finden, der dich, den Einzelnen, auch in deinem Besten ganz zu verspotten verstünde, der deine grenzenlose Fliegen- und Frosch-Armseligkeit dir so genügend, wie es sich mit der Wahrheit vertrüge, zu Gemüthe führen könnte! Ueber sich selber lachen, wie man lachen

müsste, um *aus der ganzen Wahrheit heraus* zu lachen, — dazu hatten bisher die Besten nicht genug Wahrheitssinn und die Begabtesten viel zu wenig Genie! Es giebt vielleicht auch für das Lachen noch eine Zukunft! Dann, wenn der Satz ‚die Art ist Alles, Einer ist immer Keiner' — sich der Menschheit einverleibt hat und Jedem jederzeit der Zugang zu dieser letzten Befreiung und Unverantwortlichkeit offen steht. Vielleicht wird sich dann das Lachen mit der Weisheit verbündet haben, vielleicht giebt es dann nur noch ‚fröhliche Wissenschaft'. Einstweilen ist es noch ganz anders, einstweilen ist die Komödie des Daseins sich selber noch nicht ‚bewusst geworden', einstweilen ist es immer noch die Zeit der Tragödie, die Zeit der Moralen und Religionen [...] (FW 1, 370)

Halten wir fest: In ferner Zukunft kommt es *vielleicht* zu einer Synthese „von Lachen und Weisheit" und *vielleicht* gebe es dann „nur noch fröhliche Wissenschaft". Für die Gegenwart ist dies ausgeschlossen, hier dominiere zwangsläufig noch das Tragische, offenbar weil die Lächerlichkeit des Daseins noch nicht durchschaut wurde. Doch selbst wenn dies künftig einmal geschehen sollte, ist dies keine positive Aussicht, da der Mensch ohne den Glauben an den Ernst nicht mehr leben könne, das Bedürfnis nach Zwecken sei ihm zur zweiten Natur geworden, ohne die er nicht zu existieren vermag, „kurz eben an ihrer Bewusstheit müsste die Menschheit zu Grunde gehen" (FW 11, 382). Die Vision einer fröhlichen Wissenschaft entpuppt sich als ein Menetekel, das dem „phantastischen Thiere" Mensch den Verlust seiner lebensnotwendigen Illusionen durch Verspotten verheißt. Das auf den heutigen tragischen Ernst folgende Lachen der Zukunft wird tödlich sein:[3]

> Aber bei alle diesem corrigirenden Lachen ist im Ganzen doch durch diess immer neue Erscheinen jener Lehrer vom Zweck des Daseins die menschliche Natur verändert worden, — sie hat jetzt ein Bedürfniss mehr, eben das Bedürfniss nach dem immer neuen Erscheinen solcher Lehrer und Lehren vom ‚Zweck'. Der Mensch ist allmählich zu einem phantastischen Thiere geworden, welches eine Existenz-Bedingung mehr, als jedes andere Thier, zu erfüllen hat: der Mensch muss von Zeit zu Zeit glauben, zu wissen, warum er existirt, seine Gattung kann nicht gedeihen ohne ein periodisches Zutrauen zu dem Leben! Ohne Glauben an die V e r n u n f t i m L e b e n ! Und immer wieder wird von Zeit zu Zeit das menschliche Geschlecht decretiren: ‚es giebt Etwas, über das absolut nicht mehr gelacht werden darf!' Und der vorsichtigste Menschenfreund wird hinzufügen: ‚nicht nur das Lachen und die fröhliche Weisheit, sondern auch das Tragische mit all seiner erhabenen Unvernunft gehört unter die Mittel und Nothwendigkeiten der Arterhaltung!' — Und folglich! Folglich! Folglich! Oh

---

[3] Figal hingegen vertritt die Auffassung: „Das ist fröhliche Wissenschaft: Gelassenheit des Erkennens aus der Einsicht, daß die Ernsthaftigkeit zum Erkennen gehört und zugleich immer wieder beschränkt. Fröhliche Wissenschaft ist Erkenntnis, die sich darum keiner einzelnen Perspektive mehr verbindlich und vorbehaltlos unterstellt, sondern das in den vielen Perspektiven gemeinte Ganze sieht." (Figal 2000, 317f.) Aus der Sicht von FW 1 kommt diese Charakteristik einer Verharmlosung gleich.

versteht ihr mich, meine Brüder? Versteht ihr dieses neue Gesetz der Ebbe und Fluth? Auch wir haben unsere Zeit! (FW 1, 372)

Was folgt hier?

Ein „Ich" meldet sich zu Wort, das zuerst zu seinen „Mitmenschen und Nächsten" (FW 1, 370), später zu „seinen Brüdern" (ebd.) oder direkt zu einem „Du" (FW 15, 388) spricht, um unliebsame, ja existenzbedrohende Wahrheiten mitzuteilen, und das sich schließlich am Ende des ersten Buches bei „seinen Freunden" (FW 56, 419) dafür entschuldigt, sein eigenes Glück an die Wand gemalt zu haben. Doch welches Glück? Das Glück des Erkennenden, das jenem zuteilwird, der noch ein „intellectuales Gewissen, ein Gewissen hinter dem Gewissen" (FW 2, 373) besitzt, dem sich die Erkenntnis zur Leidenschaft verwandelt hat, während bei den anderen es dazu kam, dass sie erschlafften (FW 23)?

In mehreren längeren Diskussionen um den Beitrag des einzelnen Menschen zur Arterhaltung (FW 1, FW 3, FW 4, FW 19, FW 21) wird der eingangs benannte Konflikt weiter herauspräpariert: Die Menschheit hat ein Bedürfnis mehr, und „das Verlangen nach Gewissheit" als „höchste Begierde und tiefste Noth" zeichnet den höheren Menschen aus, er hat die „Aufgabe, das Wissen sich einzuverleiben und instinktiv zu machen" (FW 11, 383). Dies führt dazu, dass nun auch die instinktgewordene Wissenschaft an der Ausbildung einer zweiten Natur mitarbeitet.

Es ist gleich, was der Einzelne tut, es ist nicht abzuschätzen, was schadet und was nicht, vermutlich sei jedoch vieles bereits ausgestorben, was der Art nütze. Denn auch das intellectuale Gewissen des Einzelnen ermöglicht keinen sicheren Maßstab, sondern ist seinerseits eingebunden und Faktor und „Anzeichen der Corruption. —" (FW 23, 398). Zu einer tragischen Situation kommt es also, wenn der instinktgewordene Trieb zur Erkenntnis, die Leidenschaft der Vernunft, das Verlangen nach Gewissheit die totale Ungewissheit zur Folge hat, doch das ist auch komisch, weil auch das Tragische sich ad absurdum führt als eine Haltung, die noch ernst nimmt, was nur sinnlos ist. Wenn das Dasein keinen Zweck hat, wenn die Möglichkeit einer objektiven Erkenntnis der Welt preisgegeben ist, kann Wissenschaft auch nicht mehr auf Moral gegründet werden. Die Natur kennt weder Zwecke noch Gesetze, diese werden in sie nur hineinokuliert. Welche Art von Wissenschaft ist dann noch möglich? Warum sollte man überhaupt noch Wissenschaft betreiben wollen? Oder anders gefragt: was treibt trotz der allgemeinen Sinnlosigkeit einen Menschen zum Erkennen-Wollen? Muss eine fröhliche Wissenschaft „notwendig *ästhetische* Wissenschaft sein" (Abel 1986, 18f.) oder – was nicht notwendig ein Gegensatz dazu ist: eine aufklärerisch desillusionierende Wissenschaft?

Im ersten Buch der FW stellt Nietzsche indes die höchst reale Wirkmacht fiktiver Betrachtungen, unbewusster normativer Schätzungen und subjektiver Perspektiven (FW 2) heraus, genauer: die wirklichkeitstragende und wirklichkeitsstiftende Kraft von erfundenen und eingebildeten Wertungen, erdichteten Zwecken und anerzogenen Bedürfnissen (FW 1), trügerischen Benennungen (FW 14), erlogener Gründe (FW 29), der untergeschobenen und dennoch „geglaubten Motive" (FW 44, 410 f.), des „Phantasiren[s] mit offenen Augen" (FW 11, 382), der phantasierten „Idealbilder" (NL 1881, 11 [18]; KSA 9, 448): „Was ist mir jetzt ‚Schein'! Wahrlich nicht der Gegensatz irgendeines Wesens [...] Schein ist für mich das Wirkende und Lebende selber" (FW 54, 417). Die erkenntnisskeptische Position führt indes nicht zu einem beliebigen Relativismus, sondern zu einer funktionsanalytischen Untersuchung (FW 4) der Wirkweise einverleibter und zu Lehren erstarrter Irrtümer. Die fröhliche Wissenschaft tritt daher an gegen alle Verkünder von Lehren, namentlich gegen „Die Lehrer vom Zwecke des Daseins" (FW 1), und die „Lehrer der Selbstlosigkeit" (FW 21), aber auch gegen die „Lehre vom Machtgefühl" (FW 13). Eine Serie bilden daher Überlegungen, die die einfache Oppositionen von Gut und Böse, Nützlich-Schädlich hinterfragen und vorführen, wie etwa kurzfristig schädliche Handlungen Einzelner sich auf lange Sicht nützlich auswirken und vice versa (FW 1, FW 3, FW 4, FW 14, FW 19, FW 21, FW 23, FW 24, FW 27, FW 28, FW 35–37, FW 49, 56). Zugleich wird gezeigt, wie diese Oppositionen als notwendige Widersprüche aus den Konflikten zwischen Einzelnen und der Gattung, kurzfristigen und langfristigen Interessen erwachsen, und es Phasen gibt, „dieses neue Gesetz der Ebbe und Fluth" (FW 1, 372), die die Möglichkeiten des Individuums einschränken und allenfalls in ferner Zukunft das tragische Heldentum erlauben, das eigene Leben als Experiment der Wissenschaft zu opfern (FW 7).

3 Die „fröhliche Wissenschaft" als Passion

Wenn wir mit der Analyse der „Fröhlichkeit" nicht recht weiter kommen, so bleibt noch die Chance, dass die an verschiedenen Stellen des ersten Buches auftauchenden Gedanken zur „Wissenschaft" näheren Aufschluss zu geben vermögen. Doch hier stoßen wir wiederum auf einen zweifach überraschenden Befund, denn die Wissenschaft wird nun nicht mehr mit Fröhlichkeit und Freiheit assoziiert, sondern mit dem Schmerz und mit Sicherheit in Verbindung gebracht: Zwar könne Wissenschaft sowohl Lust wie Unlust (im Sinne von Schmerzlosigkeit) schaffen, doch schule sie insgesamt das Misstrauen (FW 33) selbst dann, wenn man sie aufgrund irrtümlicher positiver Zuschreibungen gefördert hatte (FW 37). Der Schmerz führt zum Wissen-Wollen, durch ihn verwandelt sich die Erkenntnis in eine Leidenschaft, während die heutige übertriebene Furcht vor dem Schmerz den Pessimismus befördere. Dennoch läge angesichts der „Unsicherheit und Phantasterei unserer Urteile" und des „ewigen Wandel[s] aller menschlichen Gesetze und Begriffe" erstaunlicherweise „ein tiefes und gründliches Glück darin, dass die Wissenschaft Dinge ermittelt, die Stand halten und die immer wieder den Grund zu anderen Ermittlungen abgeben: – es könnte ja anders sein!" (FW 46, 411f.) Diese Glückseligkeit ist gerade nicht jene vielbeschworene des wagemutigen Entdeckers und Seefahrers, der zu neuen Meeren aufbricht, sondern gleiche „der des Schiffbrüchigen [...], der an's Land gestiegen ist" und zu seinem Erstaunen unter seinen Füßen festen Boden spürt (FW 46, 412). Sie könne jedoch auch als „grosse Schmerzbringerin" (FW 12, 384) fungieren, um so größere Freuden zu ermöglichen, doch das sei gegenwärtig noch eine Utopie. Doch sollen wir die „fröhliche Wissenschaft" so verstehen? Als masochistische Verschlingung von Schmerz und Freude?

Man könnte nun einwenden, es sei just der Sinn des perspektivischen Verfahrens, dass Nietzsche uns gegensätzliche Standpunkte präsentiert und daher gehe der fehl, der einzelne Stellen über Gebühr gewichte. Wir müssen also wieder auf die Frage zurückkommen, ob die FW aus Aphorismen besteht, deren Heterogenität einen permanenten Wechsel von Perspektiven erzwingt und so ein Sehen mit vielen Augen vorführt, in dem ein anderes Verständnis von Wissenschaft zum Ausdruck gelange.

Ich habe oben bereits darauf hingewiesen, dass Nietzsches Leser in der Regel seine Schrift nicht in einem Zuge durchlesen. Sie können sich hierbei auf mehrere Leseanweisungen Nietzsches berufen, diese sind jedoch meist vieldeutig. So hat er in einem geplanten „Gespräch über den Leser" zwar konstatiert, dass man „Gedanken-Sammlungen" nicht schnell und in einem Zug durchlesen solle,[4] doch es bleibt die Frage, welche Folgen die verweilende Versenkung in einzelne Gedanken zeitigt. Das erste Buch der FW präsentiert sehr viele unterschiedliche Standpunkte und Optiken, also auch solche, die einem Leser fremd, suspekt oder verhasst sind. Wir können uns die anderen Standpunkte und Wertungen nur klarmachen, wenn wir uns in sie hineinversetzen. Dies ermöglicht Nietzsches lebendiger, anschaulicher Darstellungsstil. Doch warum sollen wir uns die verschiedenen Standpunkte, ihre Wertungen und deren Folgen klarmachen? Eine

---

[4] Vgl. „Beachten Sie wie schnell er liest, wie er die Seiten umschlägt – genau nach der gleichen Sekundenzahl Seite für Seite. Nehmen Sie die Uhr zur Hand. Es sind lauter einzelne wohlüberdenkbare Gedanken schwerere leichtere – und er hat für alle Einen Genuß! Er liest sie durch, der Unglückliche, als ob man je Gedanken-Sammlungen durchlesen dürfte!" (NL 1879, 47[7]; KSA 8, 619)

Möglichkeit wäre, die Beliebigkeit der Standpunkte mit Feyerabend als fröhliches „anything goes" zu feiern und die fröhliche Wissenschaft als Wissenschaft wider den Methodenzwang als Kunst zu propagieren, eine andere, einen Metastandpunkt anzuvisieren, von dem aus alle Perspektiven wieder überschaut werden können. Nun findet sich im zeitnahen Nachlass eine erstaunliche Aufzeichnung, die sich wie ein Metakommentar zu FW 1 liest und die jenseits von subjektiver Beliebigkeit und olympischem Blick den Perspektivismus als affektfreie Wissenschaft beschreibt:

> Das Erkennenwollen der Dinge, wie sie sind — das allein ist der gute Hang: nicht das Hinsehen nach Anderen und das Sehen mit anderen Augen — das wäre ja nur ein Ortswechsel des egoistischen Sehens! Wir wollen uns von der großen Grundverrücktheit heilen, alles nach uns zu messen: Selbstliebe ist ein falscher zu enger Ausdruck; Selbsthaß und alle Affekte sind fortwährend thätig mit diesem kurzen Sprunge; als ob alles zu uns hinstrebe. Man geht durch die Gassen und meint, jedes Auge gelte uns: und was wäre es, wenn ein Auge und ein Wort uns wirklich gilt! — nicht mehr, als es uns angeht, wenn der Blick und das Wort einem Zweiten gilt — wir sollten persönlich eben so gleichgültig sein können! Vermehrung der Gleichgültigkeit! Und dazu Übung, mit anderen Augen sehen: Übung, ohne menschliche Beziehungen, also sachlich zu sehen! Den Menschen-Größenwahn kuriren! Woher kommt er? Von der Furcht: alle geistige Kraft mußte immer schnell zum persönlich-Sehen. zurückspringen. Es ist schon das thierische Leiden. Die höchste Selbstsucht hat ihren Gegensatz nicht in der Liebe zum Andern!! Sondern im neutralen sachlichen Sehen! Die Leidenschaft für das trotz allen Personen-Rücksichten, trotz allem ‚Angenehmen' und Unangenehmen ‚Wahre' ist die höchste — darum Seltenste bisher! (NL 1881, 11[10]; KSA 9, 443f.)

Diese in der Nietzscheforschung bislang kaum je herangezogene Lobrede auf das neutrale, sachliche Sehen ist bemerkenswert, da sie eine andere Möglichkeit, Nietzsches Perspektivismus zu verstehen, einräumt.[5] Denn weder wird ein bloßer Perspektivenwechsel empfohlen, noch ist ein überlegener Metastandpunkt angestrebt, von dem aus die unterschiedlichen Wertschätzungen überschaut und abgewogen werden können, sondern, und das eben ist just das Wissenschaftlichkeit beanspruchende Verfahren, es sollen in vergleichender Betrachtung die unterschiedlichen Antriebe und Mechanismen der Überzeugungsbildung erkannt, schmerzhaft offengelegt, nüchtern beschrieben und funktional analysiert werden. Genau dies jedoch wird im ersten Buch der FW praktiziert. Und im Lichte

---

5 Diese Nüchternheit steht auch im Gegensatz zum vielzitierten Passus aus GM, in dem gerade der Anteil des Affekts beim perspektivischen Sehen betont wird: „Es giebt nur ein perspektivisches Sehen, nur ein perspektivisches ‚Erkennen'; und je mehr Affekte wir über eine Sache zu Worte kommen lassen, je mehr Augen, verschiedne Augen wir uns für dieselbe Sache einzusetzen wissen, um so vollständiger wird unser ‚Begriff' dieser Sache, unsre ‚Objektivität' sein." (GM III 12; KSA 5, 364f.)

dieser unbestechlichen Analysen diverser Standpunkte zeigt sich, dass bei aller Vielfalt der Wertungen doch eines gleich bleibt, nämlich dass der Mensch stets alles auf sich selbst bezieht. Als Prinzip hinter allen Illusionsbildungen regiert der Anthropozentrismus, es herrscht Selbstbezogenheit anstelle von Selbsterkenntnis.[6]

4 Die „fröhliche Wissenschaft" als Programm einer „Durcharbeitung aller Passionen"[7]

Kehren wir so „wissenschaftlich ernüchtert" zum Thema des Glücks der wissenschaftlichen Erkenntnis zurück. Gegen Ende des ersten Buches wird das Motiv des Glücks zum Leitmotiv (FW 40, FW 42, FW 43, FW 44, FW 45, FW 46). Wir sehen nun auch, dass die Zustände der Würde und Muße (FW 6), des epikuräischen Glücks „des Nachmittags des Alterthums" (FW 45, 411), Zeiten attestiert werden, die unwiederbringlich vergangen sind oder in utopischer Zukunft liegen. Das bedeutet jedoch, dass die im Text unternommenen Versuche, eine fröhliche Wissenschaft zu praktizieren in der Gegenwart angesiedelt sind und daher ihrerseits nicht nur nicht frei, sondern Ausdruck jener neuen Hast und Arbeitswut sind, die das eigene Zeitalter prägen: „Wir denken zu rasch und

---

6 Die Idee einer Überwindung egoistischer Perspektiven gipfelt in einem Nachlaßnotat in der Vision eines ‚kosmischen' Empfindens: „Hauptgedanke! Nicht die Natur täuscht uns, die Individuen und fördert ihre Zwecke durch unsre Hintergehung: sondern die Individuen legen sich alles Dasein nach individuellen d. h. falschen Maaßen zurecht; wir wollen damit Recht haben und folglich muß die ‚Natur' als Betrügerin erscheinen. In Wahrheit giebt es keine individuellen Wahrheiten, sondern lauter individuelle Irrthümer — das Individuum selber ist ein Irrthum. Alles was in uns vorgeht, ist an sich etwas Anderes, was wir nicht wissen: wir legen die Absicht und die Hintergehung und die Moral erst in die Natur hinein. — Ich unterscheide aber: die eingebildeten Individuen und die wahren ‚Lebens-systeme', deren jeder von uns eins ist — man wirft beides in eins, während ‚das Individuum' nur eine Summe von bewußten Empfindungen und Urtheilen und Irrthümern ist, ein Glaube, ein Stückchen vom wahren Lebenssystem oder viele Stückchen zusammengedacht und zusammengefabelt, eine ‚Einheit', die nicht Stand hält. Wir sind Knospen an Einem Baume — was wissen wir von dem, was im Interesse des Baumes aus uns werden kann! Aber wir haben ein Bewußtsein, als ob wir Alles sein wollten und sollten, ein Phantasterei von ‚Ich' und allem ‚Nicht-Ich'. Aufhören, sich als solches phantastisches ego zu fühlen! Schrittweise lernen, das vermeintliche Individuum abzuwerfen! Die Irrthümer des ego entdecken! Den Egoismus als Irrthum einsehen! Als Gegensatz ja nicht Altruismus zu verstehen! Das wäre die Liebe zu den anderen vermeintlichen Individuen! Nein! Über ‚mich' und ‚dich' **hinaus! Kosmisch empfinden!**" (NL 1881, 11[7]; KSA 9, 442f.)
7 Vs zu FW 7; KSA 14, 239.

unterwegs, und mitten im Gehen, mitten in Geschäften aller Art [...] – es ist, als ob wir eine unaufhaltsam rollende Maschine im Kopfe" (FW 6, 378) herumtrügen. Liest man – gegenläufig zu Mattenklotts (1997) inspirierter Deutung – das hier sich artikulierende „wir" nicht nur als Objekt der Kritik im Namen eines ehedem langsamer getakteten Geistes, sondern als Selbstcharakteristik, so lässt sich thematisch der Anschluss an den direkt folgenden Text FW 7 herstellen, der mit seinem Motto „Etwas für Arbeitsame" verspricht. Und allein an diesem Text wird ersichtlich, worin die eminente Bedeutung des ersten Buches der FW zu sehen ist: Es ist das Gründungsmanifest der Kulturwissenschaften und insbesondere der baconianisch anmutende, fulminante Essay FW 7 (378–380) dürfte in keinem *Reader* zu deren Geschichte fehlen, denn er enthält ihr zukünftiges Programm *in nuce* und entfaltet es bereits zu einem staunenswerten Spektrum von Aufgaben:

> Etwas für Arbeitsame. — Wer jetzt aus den moralischen Dingen ein Studium machen will, eröffnet sich ein ungeheures Feld der Arbeit. Alle Arten Passionen müssen einzeln durchdacht, einzeln durch Zeiten, Völker, grosse und kleine Einzelne verfolgt werden; ihre ganze Vernunft und alle ihre Werthschätzungen und Beleuchtungen der Dinge sollen an's Licht hinaus! Bisher hat alles Das, was dem Dasein Farbe gegeben hat, noch keine Geschichte: oder wo gäbe es eine Geschichte der Liebe, der Habsucht, des Neides, des Gewissens, der Pietät, der Grausamkeit? Selbst eine vergleichende Geschichte des Rechtes, oder auch nur der Strafe, fehlt bisher vollständig. Hat man schon die verschiedene Eintheilung des Tages, die Folgen einer regelmässigen Festsetzung von Arbeit, Fest und Ruhe zum Gegenstand der Forschung gemacht? Kennt man die moralischen Wirkungen der Nahrungsmittel? Giebt es eine Philosophie der Ernährung? [...] Sind die Erfahrungen über das Zusammenleben, zum Beispiel die Erfahrungen der Klöster, schon gesammelt? Ist die Dialektik der Ehe und Freundschaft schon dargestellt? Die Sitten der Gelehrten, der Kaufleute, Künstler, Handwerker, — haben sie schon ihre Denker gefunden? Es ist so viel daran zu denken! Alles, was bis jetzt die Menschen als ihre ‚Existenz-Bedingungen' betrachtet haben, und alle Vernunft, Leidenschaft und Aberglauben an dieser Betrachtung, — ist diess schon zu Ende erforscht? Allein die Beobachtung des verschiedenen Wachsthums, welches die menschlichen Triebe je nach dem verschiedenen moralischen Klima gehabt haben und noch haben könnten, giebt schon zu viel der Arbeit für den Arbeitsamsten; es bedarf ganzer Geschlechter und planmässig zusammen arbeitender Geschlechter von Gelehrten, um hier die Gesichtspuncte und das Material zu erschöpfen. Das Selbe gilt von der Nachweisung der Gründe für die Verschiedenheit des moralischen Klimas (‚wesshalb leuchtet hier diese Sonne eines moralischen Grundurtheils und Hauptwerthmessers — und dort jene?'). Und wieder eine neue Arbeit ist es, welche die Irrthümlichkeit aller dieser Gründe und das ganze Wesen des bisherigen moralischen Urtheils feststellt. (FW 7, 378 f.)

Die FW liefert nur erste Ansätze zu diesem kollektiven Forschungsprogramm, blickt aber in die Zukunft voraus, um ein Szenario für die Zeit nach Vollendung des kulturkritischen Geschäfts zu entwerfen. So schließt der Text mit einer grundsätzlichen Überlegung:

> Gesetzt, alle diese Arbeiten seien gethan, so träte die heikeligste aller Fragen in den Vordergrund, ob die Wissenschaft im Stande sei, Ziele des Handelns zu geben, nachdem sie bewiesen hat, dass sie solche nehmen und vernichten kann – und dann würde ein Experimentiren am Platze sein, an dem jede Art von Heroismus sich befriedigen könnte, ein Jahrhunderte langes Experimentiren, welches alle grossen Arbeiten und Aufopferungen der bisherigen Geschichte in Schatten stellen könnte. Bisher hat die Wissenschaft ihre Cyklopen-Bauten noch nicht gebaut; auch dafür wird die Zeit kommen. (FW 7, 379f.)

Kurze Zeit später, in FW 12, wird dann diese Reflexion über Sinn und Zweck der Wissenschaft zum Leitthema: „Vom Ziele der Wissenschaft" (FW 12). Dieses Ziel wurde oben bereits angesprochen, eine Vision der Zukunft der Wissenschaft lässt es am Horizont aufscheinen, es ist die Wissenschaft als „grosse Schmerzbringerin" (FW 12, 384)! Wer also auf der Grundlage der ersten Ausgabe der FW bestimmen will, was die zukünftige „fröhliche Wissenschaft" charakterisiert, wird sich mit diesen Ausführungen auseinandersetzen müssen.

Führen wir die Linien zusammen: *Die Fröhliche Wissenschaft* ist *auch* eine Philosophie des Schmerzes (FW 12, FW 13, FW 48, FW 56), im Idealfall gar ist sie eine „grosse Schmerzbringerin". Ihre Erkenntnis ist primär eine „Kenntnis der Noth", welche die Vorteile der inzwischen verloren gegangenen „reiche[n] Schule körperlicher Qualen" und „freiwillige[n] Uebung des Schmerzes" durchaus zu beziffern weiß (FW 48, 413).

5 Beschluss: Perspektiven der „Fröhlichen Wissenschaft"

Oftmals wurde betont, dass Nietzsche erst durch seine fünf Jahre später zur zweiten Ausgabe der FW hinzugefügten Teile: Vorrede, Motto und ein fünftes Buch, klargestellt habe, was unter einer „fröhlichen" Wissenschaft zu verstehen sei. Auch hatte Nietzsche selbst sich im Nachhinein entschlossen, die Lektüre der FW stärker zu steuern: „[D]iesem Buche thut vielleicht nicht nur eine Vorrede noth" (FW Vorrede 1, 345) erklärt er nun und stellt gleich fünf Vorreden voran (denn wie anders soll der Eingangssatz verstanden werden?), um die Rezeption seiner Schrift auf ein neues Gleis zu lenken: „Das ganze Buch ist eben Nichts als Lustbarkeit, das Frohlocken der wiederkehrenden Kraft, des neu erwachten Glaubens an ein Morgen und Übermorgen, des plötzlichen Gefühls und Vorgefühls von Zukunft, von nahen Abenteuern, von wieder offenen Meeren" (FW Vorrede 1, 346). Mitgerissen von dem uns in der späteren *Vorrede* laut soufflierten zukunftstrunkenen Optimismus haben wir es womöglich allzu bereitwillig unterlassen, uns zunächst unbefangen die Sichtweise der ersten Ausgabe zu vergegenwärtigen.

Die Forschung hat die FW jedenfalls zumeist im Lichte der *Vorrede* und der anderen retrospektiven Selbstcharakteristiken (z. B.: EH FW und KSB 6, 496) betrachtet und sie ausgehend von den vermeintlichen Höhepunkten im 4. (Heidegger 1961) und 5. Buch (Stegmaier 2012) vom Ende her gedeutet, im Vorgriff auf *Also sprach Zarathustra* und mit Blick auf den Themenkreis der Ewigen Wiederkunft.[8] Daher gilt FW gemeinhin als Nietzsches Buch des Übergangs von einer skeptischen Phase der „Freigeisterei" hin zu einer Philosophie der Bejahung und neuen Lehren (Brusotti 1988, 1997a, 1997b, Salaquarda 1997, siehe zur nachträglichen Uminterpretation: Groddeck 1997).

Das erste Buch legt sich jedoch quer zu den üblichen Gesamteinschätzungen der FW, denn es erscheint keineswegs als Ausdruck einer einzigen „Lustbarkeit" (FW Vorrede 1, 346) oder einer Renaissance der provenzalischen Troubadour- und Abenteuerlust, deren Motive die zweite Ausgabe der FW prägen (siehe dazu: Borsche 1994, Mancini 2009, Stegmaier 2012, 37–43). Schon gar nicht markiert es einen ersten Schritt oder ein Vorspiel zu neuen Lehren, sondern das erste Buch tritt auf als Kritik an jeder Art von Lehre, es dominieren die zersetzenden Analysen und niederschmetternden Diagnosen, die zynische Ironie, die Emphase des Schmerzes, die Krise des Vertrauens zum Leben, die Aporie, der Konflikt ohne Lösung, die Korruption und Herbstzeiten der Kultur, das Nachtwandeln ohne Erwachen, das schleichende Gift – Auswege sind hier noch nicht in Sicht. Was dies für die Gesamtinterpretation bedeutet, kann hier nicht erwogen werden, doch es wird deutlich, dass die bisherigen Lesarten, die das Achtergewicht der FW betonen, dadurch selbst eine starke Schlagseite erkennen lassen. Die hier angestellten Überlegungen möchten daher zu Lektüren ermuntern, die das Gewicht der einzelnen Bücher mehr austarieren.

---

8 Von den schillernden Themen der FW angezogen, verfolgten die Interpreten entlang dem „Leitfaden des Leibes" (Pippin 2000, Müller 2010) Nietzsches Ausführungen zu Kunst und Künstlertum und zur ästhetischen Selbstgestaltung (Buch 2 und FW 290), wobei die einen eher dem Schaffenspathos in „Hoch auf die Physik" (FW 355) und dem sich mit der Columbus-Metaphorik bahnbrechenden Optimismus zuneigten, während die andern in den Endzeitvisionen des tollen Menschen (Heidegger 1980 [1946] zu FW 125) und den Einflüsterungen des nächtlichen Dämons (Salaquarda 1989 zu FW 341) düstere Schatten erkannten, die ein „Incipit tragoedia" (FW 342, 571) ankündigen. Man zog es vor, einzelne Motive (Reschke 1997, Mattenklott 1997, Hufnagel 2008) zu verfolgen oder einen der sogenannten Aphorismen gesondert herauszugreifen (Benne 2013 zu FW 59, Benoit 2003 zu FW 301, Bräutigam 1977 zu FW 107, Reschke 1992 zu FW 23, Poljiakowa 2010 zu FW 2, Venturelli 2010 zu FW 377, Dorschel 1988 zu FW 345).

Literatur

Abel, Günter 1986: Wissenschaft und Kunst, in: Mihailo Djuric/Josef Simon (Hrsg.): Kunst und Wissenschaft bei Nietzsche, Würzburg, S. 9–25.

Adorno, Theodor W. 1988: Einführung, in: Heinz Krüger: Über den Aphorismus als philosophische Form, Frankfurt, S. 7–9.

Benne, Christian 2013: Natur und Natürlichkeit. Eine Lektüre von Friedrich Nietzsches „Wir Künstler" (FW 59), in: A. Paulsen/A. Sandberg (Hrsg.): Natur und Moderne um 1900, Bielefeld, S. 237–246.

Benoit, Blaise 2003: Le quatrième livre du Gai Savoir et l'éternel retour, in: Nietzsche-Studien 32, S. 1–28.

Borsche, Tilman 1994: Vom romantischen Traum einer fröhlichen Wissenschaft. Nietzsche, Nostradamus und die Inquisition, in: Nietzsche-Studien 23, S. 175–199.

Bräutigam, Bernd 1977: Verwegene Kunststücke. Nietzsches ironischer Perspektivismus als schriftstellerisches Verfahren, in: Nietzsche-Studien 6, S. 45–63.

Brusotti, Marco 1988: Die fröhliche Wissenschaft, in: Kindlers Neues Literaturlexikon, München, Bd. 12, S.425–427.

Brusotti, Marco 1997a: Die Leidenschaft der Erkenntnis. Philosophische und ästhetische Lebensgestaltung bei Nietzsche von Morgenröthe bis Also sprach Zarathustra, Berlin.

Brusotti, Marco 1997b: Erkenntnis als Passion. Nietzsches Denkweg zwischen Morgenröthe und der Fröhlichen Wissenschaft, in: Nietzsche-Studien 26, S. 199–225.

Dorschel, Andreas 2008: Moral als Problem. Friedrich Nietzsche: Fröhliche Wissenschaft § 345, in: Zeitschrift für Didaktik der Philosophie und Ethik 30/1, S. 56–61.

Figal, Günter 2000: Nachwort, in: Friedrich Nietzsche: Die Fröhliche Wissenschaft, Stuttgart, S. 313–325.

Groddeck, Wolfram 1997: Die „Neue Ausgabe" der „Fröhlichen Wissenschaft". Überlegungen zu Paratextualität und Werkkomposition in Nietzsches Schriften nach „Zarathustra", in: Nietzsche-Studien 26, S. 184–198.

Heidegger, Martin 1961: Nietzsche, 2 Bde., Tübingen.

Heidegger, Martin 1980 [1943]: Nietzsches Wort „Gott ist tot", in: Martin Heidegger: Holzwege, Frankfurt, S. 205–264.

Hufnagel, Henning 2008: „Nun Schifflein! sieh' dich vor!" – Meerfahrt mit Nietzsche. Zu einem Motiv der Fröhlichen Wissenschaft, in: Nietzsche-Studien 37, S. 143–159.

Mancini, Mario 2009: Die fröhliche Wissenschaft der Trobadours, Würzburg.

Mattenklott, Gert 1997: Der Taktschlag des langsamen Geistes. Tempi in der „Fröhlichen Wissenschaft", in: Nietzsche-Studien 26, S. 226–238.

Müller, Enrico 2010: „Auslegungen des Leibes". Physiologie als fröhliche Wissenschaft, in: Chiara Piazzesi/Giuliano Campioni/Patrick Wotling (Hrsg.): Letture della Gaia scienza. Lectures du Gai savoir, Pisa, S. 309–324.

Pippin, Robert 2000: Gay Science and Corporal Knowledge, in: Nietzsche-Studien 29, S. 136–152.

Poljakova, Ekaterina 2010: „Das intellectuale Gewissen" und die Ungerechtigkeit des Erkennenden. Eine Interpretation des Aphorismus Nr. 2 der Fröhlichen Wissenschaft, in: Nietzsche-Studien 39, S. 120–144.

Reschke, Renate 1992: „KORRUPTION". Ein kulturkritischer Begriff Friedrich Nietzsches zwischen Geschichtsphilosophie und Ästhetik, in: Nietzsche-Studien 21, S. 137–162.

Reschke, Renate 1997: „Welt-Klugheit" – Nietzsches Konzept vom Wert des Mediokren und der Mitte. Kulturkritische Überlegungen des Philosophen im Umkreis seiner „Fröhlichen Wissenschaft", in: Nietzsche-Studien 26, S. 239–259.

Salaquarda, Jörg 1989: Der ungeheure Augenblick, in: Nietzsche-Studien 18, S. 317–337.

Salaquarda, Jörg 1997: Die Fröhliche Wissenschaft zwischen Freigeisterei und neuer „Lehre", in: Nietzsche-Studien 26, S. 165–183.

Stegmaier, Werner 2004: „Philosophischer Idealismus" und die „Musik des Lebens". Zu Nietzsches Umgang mit Paradoxien. Eine kontextuelle Interpretation des Aphorismus Nr. 372 der Fröhlichen Wissenschaft, in: Nietzsche-Studien 33, S. 90–128.

Stegmaier, Werner 2010: Fröhliche Wissenschaft als Kunst der Philosophie, in: Hubertus Busche/Anton Schmitt (Hrsg.): Kant als Bezugspunkt philosophischen Denkens. Festschrift Peter Baumanns zum 75. Geburtstag, Würzburg, S. 295–312.

Stegmaier, Werner 2012: Nietzsches Befreiung der Philosophie: Kontextuelle Interpretation des V. Buchs der „Fröhlichen Wissenschaft": Kontextuelle Interpretation des V. Buchs der „Fröhlichen Wissenschaft", Berlin.

Venturelli, Aldo 2010: Die gaya scienza der „guten Europäer". Einige Anmerkungen zum Aphorismus 377 des V. Buchs der Fröhlichen Wissenschaft, Nietzsche-Studien 39, S. 180–200.

Vivetta Vivarelli
Der „gute Wille zum Scheine"
Die fröhliche Wissenschaft, II. Buch

Das zweite Buch der *Fröhlichen Wissenschaft* ist eine Art Vorspiel zu den eigentlich zarathustrischen Themen und Perspektiven (die „grosse Vernunft" des Leibes, der Übermensch, die Ewige Wiederkunft des Gleichen etc.) der folgenden Bücher und handelt in erster Linie von der Kunst und deren Beziehung zur Wahrheit und zum Schein. Die thematische Gliederung des Buches ist leicht zu erkennen, da mehrere Stränge Aphorismengruppen bilden, die aber keinesfalls scharf abzugrenzen sind und schematisch folgendermaßen beschrieben werden können:
1) Der Schein, der Schleier und der Mensch als „verliebter Künstler".
2) Die Frauen (mit dem Bereich des Scheines und der Kunst verwandt).
3) Die Griechen, besonders in ihrer Beziehung zur Kunst und im Vergleich mit anderen Kulturen.
4) Theater, Kunst und Künstler, Stil und Literatur.
5) Französische Moralisten und Aufklärer; *esprit, noblesse* und höfische Kultur.
6) Auseinandersetzung mit Wagner.

In den Aphorismen 68 und 106, treten „ein weiser Mann" und „ein Neuerer" auf, die in den Vorstufen „Zarathustra" hießen. In zwei Genueser Heften vom Herbst 1881 wird Zarathustra zum Protagonisten einiger Anekdoten, die schon in dieser Zeit epische und literarische Projekte ankündigen. In dieser Hinsicht ist auch der Hinweis Nietzsches aus einem Brief an Overbeck (vom 7. 4. 1884) zu verstehen, dass *Morgenröthe* und *Die Fröhliche Wissenschaft* als „Einleitung, Vorbereitung und Kommentar" zu *Zarathustra* gelesen werden sollten und er den Kommentar vor dem Text geschrieben habe (KSB 6, 496).

Die 51 Aphorismen des zweiten Buches beschreiben gleichsam eine kreisförmige Bahn: im ersten werden „die Realisten" (FW 57, 421) als unbewusste Künstler dargestellt, während der letzte den Titel „Unsere letzte Dankbarkeit gegen die Kunst. –" (FW 107) trägt. Die Kunst spielt also im zweiten Buch eine entscheidende Rolle: „Wenn doch die Künstler wüßten, was für Phantasie jede größere Erkenntniß zur Voraussetzung hat [...]!", schrieb Nietzsche im Sommer 1880, um die Verwandtschaft zwischen Weisheit und Kunst hervorzuheben (NL 1880, 4 [213]; KSA 9, 153). Nietzsche geht es darum, die traditionelle Entgegensetzung beider Sphären zu überwinden, wie schon der Titel *fröhliche Wissenschaft* verrät. Im vierten Buch trifft Nietzsches Spott das Vorurteil der „ernsten Bestie" Mensch gegen „alle fröhliche Wissenschaft", denn meistens werde das Denken mit dem Ernst und dem Verlust der guten Laune gleichgesetzt: „wo Lachen und Fröhlichkeit ist, da taugt das Denken Nichts" (FW 327, 555). Dagegen schließt die Dankbarkeit der „schwere[n] und ernsthafte[n]" Denker gegenüber der Kunst und dem Narren den letzten Aphorismus des zweiten Buches ab (FW 107, 465).

Die Spannung zwischen „Zucht des Kopfes" und „Lust am Irrsinn" (FW 76, 431f.) tritt im Aphorismus 76, der im Mittelpunkt des zweiten Buches steht, in den Vordergrund; ein Thema, das Nietzsche vor allem seit dem Sommer 1881 zu beschäftigen scheint, als er die Leidenschaft der Erkenntnis mit dem Irren verbindet: „Wir müssen das Irren lieben und pflegen, es ist der Mutterschooß des Erkennens. Die Kunst als die Pflege des Wahnes – unser Cultus." Gleich darauf wird der enge Zusammenhang zwischen der Kunst und der Aufgabe des Philosophen im Hinblick auf die Leidenschaft der Erkenntnis erklärt: „Dem Dasein eine ästhetische Bedeutung geben, unseren Geschmack an ihm mehren, ist Grundbedingung aller Leidenschaft der Erkenntnis." (NL 1881, 11 [162]; KSA 9, 504). Genau um die Leidenschaft, „unsre Leidenschaft", kreisen der erste (FW 57) und der letzte Aphorismus (FW 107) des zweiten Buches. In den ersten Aphorismen werden die Erkennenden wiederholt als trunkene Verliebte geschildert. „Die Unruhe des Entdeckens und Errathens ist uns so reizvoll und unentbehrlich geworden, wie die unglückliche Liebe dem Liebenden wird", hatte Nietzsche in der *Morgenröthe* geschrieben (M 429; KSA 3, 264). Das Pathos der Erkenntnis wird vor allem gegen die schopenhauerische Auffassung eines reinen, willenlosen Erkennens ausgespielt. Offensichtlich geht es Nietzsche darum, zwei Glaubenssätze der Philosophie und Ästhetik seiner Zeit in Frage zu stellen: nicht nur den des „reinen willenlosen Subjekts des Erkennens" von Schopenhauer, sondern auch den berühmten, in der *Kritik der Urteilskraft* formulierten Grundsatz Kants, der ästhetische Genuss sei ein „interesseloses Wohlgefallen". Letzteren weist Nietzsche im Aphorismus 84 zurück, wenn er bedeutende Ergebnisse der Philologie verwendet, um gerade die Nützlichkeit und Zweckmäßigkeit des Rhythmus als Ursprung der Dichtung zu beweisen. Später wird er sich Stendhals Meinung anschließen, das Schöne sei „une promesse de bonheur". Es „verspricht Glück", d.h. es erregt den Willen statt ihn zu beruhigen. (NL 1884, 25 [154]; KSA 11, 54 und GM III 6; KSA 5, 347 ff.)

Die ersten Aphorismen wiederholen und variieren das Motiv des Menschen als eines unbewussten und verliebten Künstlers, aber der Schwerpunkt verschiebt sich allmählich auf eine Auffassung und Darstellung der Kunst als stilistischer Zwang und schöner Unnatur, deren antiwagnerische Stoßrichtung besonders in den letzten Aphorismen unverkennbar ist.

Wagner mit seinem *Parsifal* erscheint im Hintergrund dieses Buches, das in vieler Hinsicht eine Abrechnung mit dessen Kunst sein will – wie auch die Briefe vom Juli 1882 bezeugen – oder auch als eine Palinodie von Nietzsches früheren Perspektiven. Der Bezug zu Wagner prägt indirekt mehrere Aphorismen über die Kunst. Denn Nietzsche scheint immer an den Musiker zu denken, wenn er vom Theater spricht – wie z. B. im Aphorismus 86, in dem die echte Leidenschaft den „Narcotica" und dem „Haschisch-Rauchen" (FW 86, 444) einer opiatischen Kunst entgegengesetzt wird –, obwohl er sich dezidiert mit ihm nur in den Aphorismen 87 und 99 beschäftigt. Im ersten, der die größte Anerkennung der wagnerschen Kunst enthält und teilweise im ersten Abschnitt von *Nietzsche contra Wagner* wiederaufgenommen wird, erwähnt er nicht einmal seinen Namen; im zweiten reiht er ihn unter die „Anhänger Schopenhauer's" ein. Das Wort „Anhänger" hat hier ein besonderes Gewicht, da Wagner in diesem Buch vor allem im Zusammenhang mit dem Problem der Geistesfreiheit betrachtet wird. Wagner, der ehemalige Freigeist, der Feuerbachianer der 1840er Jahre ist inzwischen ein gebundener Geist geworden und der *Parsifal* scheint diese Umwandlung zu besiegeln. Mit dem Hinweis auf die Freiheit des Geistes und besonders auf *Richard Wagner in Bayreuth* schließt der Aphorismus 99. Nicht zufällig steht ein Held der Unabhängigkeit der Seele, der shakespearische Brutus, im Mittelpunkt des Aphorismus 98, während im darauffolgenden Aphorismus die geistige Unfreiheit Wagners bewiesen wird. An Lou, die bald wie Elisabeth nach Bayreuth zu den „Parsifal-Festspielen" fahren wird, schreibt Nietzsche am 16 Juli: „Ich möchte, daß Sie vorher noch meine kleine Schrift ‚Richard Wagner in Bayreuth' lesen." (KSB 6, 228) Im elften und letzten Paragraphen dieser Schrift kommen die Wörter „frei", „Freiheit", „Unfreiheit" mindestens zehnmal vor. Nach Mazzino Montinari hielt Nietzsche in seiner vierten „Unzeitgemäßen Betrachtung", die im Grunde eine feine Collage aus Wagner-Zitaten ist, Wagner gleichsam einen Spiegel vor, als wollte er ihm sagen: „bist Du noch der damalige Freigeist? Erkennst du dich noch in ihm?" (Montinari 1982b, 45 f., vgl. auch Montinari 1985, 146 f.) Diese Frage und der Hinweis auf *Richard Wagner in Bayreuth* gewann deswegen gerade damals, vor der Parsifal-Aufführung in Bayreuth, eine ganz besondere Bedeutung. Auch nach MA hielt Nietzsche weiter am Ideal des freien Geistes fest. Wie aus dem Briefwechsel hervorgeht, war Chamfort, dem Nietzsche den langen Aphorismus 95 widmet, ein weiteres Leitbild geistiger Unabhängigkeit: „auch über Chamfort **gleich** zu fühlen, soll eine Ehrensache für uns Beide sein", schreibt er Köselitz in einem Brief vom 5. Dezember 1881, in dem er den französischen Moralisten unmittelbar nach einer Bemerkung über Wagner erwähnt (KSB 6, 145). In seinem Brief an Nietzsche vom 20. November hatte Köselitz „die Emphase seines (d. h. Chamforts) Freiheitsdurst[es]" als vorbildlich gepriesen und einprägsame Bekenntnisse Chamforts zitiert, mit denen die zwei einsamen Freunde sich leicht identifizieren konnten: „la nature ne m'a point dit: Ne sois point pauvre; encore moins: sois riche, ma elle me crie: sois independent!"; „Le philosophe, se portant pour un être qui ne donne aux hommes que leur valeur véritable, il est fort simple que cette manière de juger ne plaise à personne" (KGB III/2, 195). Außerdem erschien Chamfort Nietzsche in MA II, Aph. 214, neben anderen französischen Moralisten, als einer der Schriftsteller, deren „Helligkeit und zierliche Bestimmtheit" der Gedanken dem „Dunkle[n], Uebertriebene[n] und gelegentlich wieder Klapperdürre[n]" der Deutschen entgegensteht (MA II 214; KSA 2, 647).

Der Aphorismus über Brutus ist zwischen zwei Aphorismen gesetzt, die ebenfalls mit Wagner zu tun haben. Auch im Aphorismus 97 denkt Nietzsche insgeheim an Wagner, wenn er von „einer Geschwätzigkeit hämischer Naturen" (FW 97, 451) spricht. Dass er damit „die Schriften E. Dührings und R. Wagners" meint, geht nur aus der Vorstufe hervor (KSA 14, 250). Dieser Aphorismus beschließt eine Reihe von Aphorismen über Kunst, Theater, Literatur und Stil, welche die eigentliche Auseinandersetzung mit Wagner vorbereiten und eine vor allem im Gegensatz zu diesem entwickelte Stilauffassung erkennen lassen: Leopardi, Mérimée, Emerson und Landor, aber auch Alfieri, Fontenelle und Chamfort sind allesamt Meister einer Prosa, die sich beständig mit der Poesie misst und im Streit mit ihr entsteht, also das genaue Gegenteil von Geschwätzigkeit ist. Nietzsche frönt dem stilistischen Zwang vor allem in Frontstellung gegen den Revolutionär in der Musik, dessen Musikstil sich gegen jede Gesetzmäßigkeit sperrt. Hauptthema der genannten Reihe ist die unterdrückte Leidenschaft, bzw. der Gegensatz zwischen einer echten Leidenschaft, die sich immer wieder bezwingen muss, und einer erkünstelten, die sich dagegen preisgibt und zur Schau stellt (siehe vor allem die Aphorismen 86, 91, 92, 93 96). Dieser Gegensatz ist besonders bedeutsam, insofern er Nietzsches eigene Gesinnung und Lebensstil betrifft: „Andere haben in der Leidenschaft erst ihren Geist ganz: ich in der unterdrückten und bekämpften", schrieb Nietzsche im Winter 1880 (NL 1880, 8 [91]; KSA 9, 401). Genau dies ist die Haltung von einem der beiden Redner im Aphorismus 96: „Aber er ist auf der Höhe seiner Kraft, wenn er dem andringenden Sturme seiner Empfindung widersteht und ihn gleichsam verhöhnt […]." (FW 96, 451)

Genau besehen, beginnt eine noch verborgenere Auseinandersetzung mit Wagner schon in den Aphorismen über die Griechen. Darin versucht Nietzsche eine Deutung der griechischen Tragödie, die seiner in GT dargelegten Auffassung widerspricht und vor allem Wagners Überzeugung, er sei der eigentliche Erbe des griechischen Dramas, angreift. Auf die Verwandtschaft zwischen Wagner und Aeschylus hatte Nietzsche im vierten Paragraph von WB im Übrigen selbst hingewiesen.

Mit der antiwagnerischen Auffassung und Verherrlichung einer „übermüthige[n], schwebende[n], tanzende[n], spottende[n]" (FW 107, 465) und heiteren Kunst, die auch den Narren kennt, schließt das zweite Buch (FW 107). Es handelt sich um eine erst bei der letzten Korrektur hinzugefügte Fortsetzung des Aphorismus, die eine bedeutende Gewichtsverlagerung in der Konzeption des Buches darstellt.

1 Schleier/Entschleierung

Zu Beginn des zweiten Buches finden sich drei Aphorismen über den Schein, in denen Nietzsche auf traditionelle Bilder zurückgreift. Der Aphorismus 57 kreist um die Metapher des Schleiers, 58 um die des Kleides und 59 um die der Haut. Alle drei verweisen auf die Spannung zwischen Oberfläche (Schein)/Wesen, Haut/Körper. Die „nüchternen Menschen" des ersten Aphorismus (57) fühlen sich „gegen Leidenschaft und Phantasterei gewappnet" (FW 57, 421). Nietzsche spielt hier mit dem paradoxen Bild der „Trunkenheit" (ebd.) der „nüchternen Menschen". Noch befremdlicher wirkt die Bezeichnung der Realisten als Bilder von Saïs: Gerade diejenigen, die sich für entschleiert halten, sind verschleiert wie das berühmte ägyptische Bild, weil sie die eigene unaufhörliche künstlerische Tätigkeit, also den Prozess ihrer kreativen Weltaneignung übersehen.

Schwerpunkt des Aphorismus, der mit einem aus Goethes *Werther* entlehnten Angriff gegen die „nüchternen", also der „Trunkenheit" der Leidenschaft abholden Menschen anhebt (Goethe 2006, Bd. 1.2, 234; KSA 14, 245), ist also die Metapher des Schleiers. Aber indirekt kommt dabei ein weiterer Topos zur Sprache; das von der Wissenschaft geliebte Bild der „nuda veritas", der nackten Wahrheit. Diese Antithese hatte er schon in der GT vorgebildet:

> Wenn nämlich der Künstler bei jeder Enthüllung der Wahrheit immer nur mit verzückten Blicken an dem hängen bleibt, was auch jetzt, nach der Enthüllung, noch Hülle bleibt, geniesst und befriedigt sich der theoretische Mensch an der abgeworfenen Hülle [...]. Es gäbe keine Wissenschaft, wenn ihr nur um jene eine nackte Göttin und um nichts Anderes zu thun wäre. (GT 15; KSA 1, 98)

Daraus erklärt sich Nietzsches Vorliebe für eine Wahrheit, die sich verschleiert und infolgedessen in JGB als ein Weib dargestellt wird, das sich nicht „einnehmen" lässt (JGB Vorrede; KSA 5, 11). Als Stichwort hierfür diente Nietzsche wahrscheinlich die eben zitierte Stelle aus GT, in der er die Auffassung Lessings, die Suche nach der Wahrheit sei dem Besitz derselben vorzuziehen, anführt. Allerdings werden „Enthüllungen" (FW 339, 569) im vierten Buch eher mit einmaligen Offenbarungen des Lebens verglichen, denn das Leben selbst ist ein Weib (Vita femina. – FW 339), wie Zarathustra genau weiß. Einen weiteren Bezugspunkt findet die Verknüpfung von Schleier und Schein in dem berühmten schopenhauerischen Bild von dem über die Augen der Sterblichen geworfenen Schleier der Maja, der diese daran hindert, die Erscheinungswelt als solche zu erkennen. Aus dem Blickwinkel der Vedanta-Philosophie glich für Schopenhauer die Erscheinungswelt dem Traume. Schleier, Traum, Illusion: Die Perspektive ist anscheinend immer noch die der GT, aber inzwischen hat sich daneben die Sichtweise Emersons durchgesetzt, wonach wir die traumhafte Schönheit der wirklichen Welt, die wir ihr freigiebig schenken, selbst gebildet haben.

2 Der Mensch als unbewusster Künstler: ein Thema Emersons

Nachdem der Schein in der GT verherrlicht und in MA im Namen der Wissenschaft herabgesetzt wurde, erfährt er nun eine erneute Aufwertung. Doch ist es nicht mehr der schöne Schein, das Apollinische der GT, auch wenn das Motiv des Traumes immer noch eine wesentliche Rolle spielt. Nietzsche fragt sich nun, wie die Welt des Scheines entstanden und wie ihre Beziehung zum Wesen der Dinge ist. Schein ist jetzt die Frucht einer uralten „Vorschule" des Sehens (FW 57, 422), d.h. die schöpferischen und verklärenden Perspektiven, die wir von der Vergangenheit geerbt haben, und die uns selber zu Künstlern machen. Dieses Thema kommt in einem Essay (*Geistige Gesetze*) von Ralph Waldo Emerson vor, dessen *Versuche* Nietzsche zwischen Herbst 1881 und Anfang 1882 erneut las, wie verschiedene Aufzeichnungen am Rande seines Emerson-Exemplars und eine Reihe von Exzerpten bezeugen: „Nicht in der Natur, sondern im Menschen liegt alles das Schöne und Vortreffliche, was er erblickt. Die Welt ist sehr leer, und ist dieser Glanz verleihenden, erhöhenden Seele, für alle ihre Pracht verschuldet." (Emerson 1858, 109) Das emersonsche Motiv taucht in einer Aufzeichnung vom Herbst 1881 wieder auf: „Alles was der Mensch aus sich heraus gelegt hat, in die Außenwelt, hat er dadurch sich fremd gemacht [...]. ‚Natur'. So hat er sich erniedrigt und verarmt [...]." (NL 1881, 12[26]; KSA 9, 580)

Nietzsche sieht es also als seine antiromantische Aufgabe an, die künstlerische Gabe des Menschen zu rühmen, welcher „nicht wissen will, daß er schuf, was er bewundert. –" (NL 1881, 12[34]; KSA 9, 582).

Diese von Emerson entlehnte Perspektive bietet Nietzsche ein neues Gefühl der Erhabenheit sowie die Möglichkeit, die schopenhauerische Auffassung der uns täuschenden Natur zu widerlegen: „Hauptgedanke! Nicht die Natur täuscht uns, die Individuen und fördert ihre Zwecke durch unsere Hintergehung:

sondern die Individuen legen sich alles Dasein nach individuellen d.h. falschen Maaßen zurecht; [...]." (NL 1881, 11 [7]; KSA 9, 442) Zugleich sind wir aber Gefangene unserer Perspektiven und unserer Ästhetik, die Nietzsche als „das Wesen einer Welt" begreift, „welche die Menschen allmählich geschaffen haben" (NL 1881, 12 [29]; KSA 9, 581). Aber wie kommt man über die Trunkenheit hinaus? (FW 57) Sicherlich genügt es nicht, „auf diese Nebelhülle des Wahnes hinzuweisen" (FW 58, 422). Im Grunde sind wir Gefangene einer von uns gebildeten Wirklichkeit, über die man nur hinausgehen kann, indem man „neue Namen und Schätzungen" schafft. Die Antwort lautet also: „Nur als Schaffende können wir vernichten!" (FW 58, 422) Emerson steht auch hier im Hintergrund. In *Schopenhauer als Erzieher* hatte Nietzsche durch ein Zitat Emersons die Zerstörungskraft gefahrbringender „grosser Denker" beschrieben (SE 8; KSA 1, 426). Doch das Gewicht hat sich inzwischen verschoben: Wir alle schaffen „von Geschlecht zu Geschlecht" Namen und Wertschätzungen als Kleider der Dinge, die dann im Laufe der Zeit zum „Leibe" und „zum Wesen" derselben werden (FW 58, 422). Was zuvor als das Werk seltener Individuen galt, erscheint jetzt als ein großartiges gemeinsames Unternehmen.

Emerson hat zudem eine geheime Verbindung zum Titel der FW. Im *Grablied* verdankt ihm Zarathustra „die fröhliche Weisheit" seiner Jugend, mit einer Anspielung auf das Motto der Erstausgabe dieses Werks: „,Alle Tage sollen mir heilig sein' – so redete einst die Weisheit meiner Jugend: wahrlich, einer fröhlichen Weisheit Rede!" (Z II Grablied; KSA 4, 143)

3 Der verwegene Nachtwandler Schopenhauers

Im Aphorismus 54 des ersten Buches von FW wird das fröhliche „Bewusstsein vom Scheine. –" angekündigt, der „nicht eine todte Maske" (FW 54, 416 f.) ist, welche „man einem unbekannten X aufsetzen und auch wohl abnehmen könnte". Das Bewusstsein, dass „unsere ganze Welt [...] die Asche unzähliger lebender Wesen" ist (NL 1881, 11 [84]; KSA 9, 472), bringt eine „neue Stellung zum Dasein" mit sich: „Ich entdeckte daß die alte Menschheit in mir fortträumt, fortleidet, forthandelt – ich erwache im Traume aus dem Träume" (Vs FW 54; KSA 14, 245). Deswegen wird der Mensch im zweiten Buch als ein verwegener Schlafwandler geschildert: „Es genügt, zu lieben, zu hassen, zu begehren, überhaupt zu empfinden, – sofort kommt der Geist und die Kraft des Traumes über uns, und wir steigen offenen Auges und kalt gegen alle Gefahr auf den gefährlichsten Wegen empor [...]." (FW 59 423). Jedem Liebenden sind die Natur, die Physiologie, der Mensch unter der Haut „ein Greuel" und „eine Gottes und – Liebeslästerung" [...]

(FW 59, 423). Nietzsche bezieht sich auch hier auf unsere Gabe, die nackte Wirklichkeit umzudeuten und schöpferisch zu verwandeln, um sie dann wie im Traum zu betrachten. Einprägsame und romantisch ironische Bilder aus dem Bereich des Traumes finden sich hier, wie z. B. die „Nachtwandler des Tages", die „offenen Auges" „hinauf auf die Dächer und Thürme der Phantasterei" steigen (FW 59, 423). Die markanteste Schilderung des Somnambulismus oder eines verwegenen „Nachtwandelns" hatte Nietzsche wohl bei Schopenhauer gelesen:

> Daß die von dieser Sucht Befallenen fest schlafen, und daß sie mit den Augen schlechterdings nicht sehen können, ist völlig gewiß: dennoch nehmen sie in ihrer nächsten Umgebung Alles wahr, vermeiden jedes Hinderniß, *gehen weite Wege, klettern an den gefährlichsten Abgründen hin, auf den schmalsten Stegen,* vollführen weite Sprünge, ohne ihr Ziel zu verfehlen. (Schopenhauer 1873/74, 256; Hervorhebung Vivarelli)

Das Bild eines „traumartigen Zustands", der uns die nackte und gemeine Wirklichkeit vergessen lässt, kommt in einem berühmten Passus aus Wagners Festschrift *Beethoven* (1870) vor, in dem der Musiker von Schopenhauers „zweitem Gesicht" (second sight) ausgeht.

> Den traumartigen Zustand, in welchen die bezeichneten Wirkungen durch das sympathische Gehör versetzen, und in welchem uns daher jene andere Welt aufgeht, aus welcher der Musiker zu uns spricht, erkennen wir sofort aus der einem jeden zugänglichen Erfahrung, daß durch die Wirkung der Musik auf uns das Gesicht in der Weise depontenziert wird, daß wir mit offenen Augen nicht mehr intensiv sehen. Wir erfahren dies in jedem Konzertsaal während der Anhörung eines uns wahrhaft ergreifenden Tonstücks, wo das Allerzerstreuendste und an sich Häßlichste vor unseren Augen vorgeht, [...] nämlich, außer dem sehr trivial berührenden Anblicke der Zuhörerschaft, die mechanischen Bewegungen der Musiker, der ganze sonderbar sich bewegende Hilfsapparat einer orchestralen Produktion. Daß dieser Anblick, welcher den nicht von der Musik Ergriffenen einzig beschäftigt, den von ihr Gefesselten endlich gar nicht mehr stört, zeigt uns deutlich, daß wir ihn nicht mehr mit Bewußtsein gewahr werden, dagegen nun *mit offenen Augen in den Zustand geraten, welcher mit dem des somnambulen Hellsehens eine wesentliche Ähnlichkeit hat.* (Wagner 1870, 15 f.;[1] Hervorhebung Vivarelli)

Derselbe Zustand wird in GT beschrieben: „die Kraft dieser Vision ist stark genug, um gegen den Eindruck der ‚Realität' [...] den Blick dumpf und unempfindlich zu machen" (GT 8; KSA 1, 60).

Schopenhauer hatte in den *Parerga und Paralipomena* das Nachtwandeln und den Somnambulismus mit dem „Hellsehen" verbunden, Nietzsche dagegen in der FW mit der Verdunkelung und Verleugnung des Körpers und der Naturgesetze.

---

[1] Dazu Barbera 1992, 131 ff.

4 Die Frauen

Im Sommer 1882 notierte Nietzsche einige Rubriken zur FW, die unter anderem folgende Titel umfassen: „Weib Gott und Sünde" (NL 1882, 19[11]) und „2. Über Künstler und Frauen" (NL 1882, 19 [12]; KSA 9, 678). Im zweiten Titel sind die beiden Themen, die auch in JGB nebeneinandergestellt werden, also miteinander verknüpft sind, wahrscheinlich, weil sie eng mit dem Bereich des Scheines zusammenhängen. In verschiedenen Aphorismen dieser Gruppe kommt der häufig heuchlerische Schein als Anstand, soziale Maske, tugendhafte Haltung, also Verachtung des Leibes vor. Von den Frauen ist insbesondere in den Aphorismen 60–75 die Rede, aber eigentlich stehen sie auch im Mittelpunkt des Aphorismus 59: „Wir Künstler. –" (FW 59, 422)

Auf den Schein, die „Wirkung in die Ferne" (FW 60, 425), verweist vor allem der erste Aphorismus über die Frauen, der Aph. 60, der als Bindeglied zwischen den Aphorismen über den Schein und denjenigen über die Frauen fungiert. Wahrscheinlich greift Nietzsche ein weiteres Stichwort Emersons auf, der die „schöne Seele des Mädchens, das jede Vermittlung zurückweist" als ein Segelschiff dargestellt hatte: „niemals streiche das Segel vor einer Furcht [...]. Laufe stolz in den Hafen ein, oder durchschiffe mit Gott die Seen. Nicht vergebens lebst du, denn jedes Auge, das vorübergehend an dir hängt, wird durch solche Erscheinung erfreut und veredelt" (Emerson 1858, 192). Das faszinierende Bild von Emerson hat sich bei Nietzsche säkularisiert und hält einen ironischen Hintergedanken fest, denn diese Wirkung ist nur eine Selbsttäuschung des Zuschauers, also nur Schein. Die ironisch-skeptische Haltung des hypothetischen Beobachters ist im Grunde dieselbe wie im vorangehenden Aphorismus; und wie im Aphorismus 59 ist ein Schwärmer der Zuschauer der traumhaften Vision, sodass die Aphorismen 59 und 60 mit ähnlichen Bildern ausklingen.

Der kurze Aphorismus 64 über den weisen Skeptizismus der altgewordenen Frauen zeigt, dass das Leben der Frauen von dem Widerspruch Schein/Wirklichkeit geprägt ist. Dieses Thema bildet den Schwerpunkt des Aphorismus 71 „Von der weiblichen Keuschheit. –", in dem Nietzsche auf „die letzte Philosophie und Skepsis des Weibes" (FW 71, 429) hinweist. Anhand psychologischer und anthropologischer Perspektiven erhellt Nietzsche das Verhältnis zwischen Mann und Frau und zeigt das Paradoxe in der Erziehung der vornehmen Frauen auf, die „in eroticis so unwissend wie möglich" sein sollten (FW 71, 429). Unter den 16 Aphorismen über die Frauen findet sich einer „Zu Ehren der Freundschaft. –" (FW 61), in dem Frauen nicht genannt werden, doch wurde die Freundschaft schon in MA II; KSA 2, 378 und 406 als die beste Grundlage einer Ehe betrachtet.

Der Aphorismus 72 enthüllt die Verwandtschaft zwischen den Frauen und den „männlichen Müttern", nämlich den „Contemplativen" und schöpferischen Naturen (FW 72, 430). Die Furchtsamkeit begleitet auch „die geistige Schwangerschaft" wie Nietzsche in einer Aufzeichnung erklärt (NL 1882, 21[11]; KSA 9, 686f.). Die Mutterliebe wird insbesondere mit der „Liebe des Künstlers zu seinem Werke" verglichen (FW 72, 430). Denn „von Grund aus liebt man nur sein Kind und Werk" (Z III; Von der Seligkeit wider Willen, KSA 4, 204) wie es später bei *Zarathustra* heißt.

Thema des Aphorismus 73 ist dagegen die „Heilige Grausamkeit", die an die „Unmenschlichkeit des Weisen" im Aphorismus 469 der *Morgenröthe* erinnert (M, KSA 3, 469). Der Heilige, hinter dem sich vielleicht Zarathustra verbirgt, scheint dem Gefühl des Mitleids die alten Bräuche der Spartaner oder des Tarpejischen Felsens entgegenzusetzen. Dieser und der Aphorismus 75 weisen auf unzeitgemäße griechische Sichtweisen zurück, die den Abschnitt über die Griechen vorbereiten.

5 Die Ausnahme und die Regel. Das fröhliche Tempo des Irrsinns

Unmittelbar nach den Aphorismen über die Frauen wird „„de[r] gesunde Menschenverstand [...]'" noch einmal dem „Phantasieren und Ausschweifen des Denkens" (FW 76, 431) gegenübergestellt. Um die Spannung zwischen „Zucht" und „Zuchtlosigkeit" (FW 76, 431) des Kopfes, also zwischen Wissenschaft und schöpferischem Irrsinn, kreist der Aphorismus 76, der ein bedeutendes Bindeglied zu den folgenden Aphorismen über die Kunst darstellt. Die Suche nach neuen, unerforschten und gefährlichen Wegen hat wiederum mit der Leidenschaft der Erkenntnis zu tun, die sich dem Ethos und der vertrauten Gewohnheit als Pathos entgegensetzt. In der Vorstufe eines Aphorismus aus dem vierten Buch wird der autobiographische Hintergrund dieser Gedanken deutlich, die Nietzsche in einem Rückblick mit dem ersten Winter in Genua verbindet:

> ich bin des eigentlichen Pathos jeder Lebensperiode nie als eines solchen bewußt gewesen, sondern meinte immer, es sei [...] durchaus Ethos, nicht Pathos, mit den Griechen zu reden und zu trennen. – [...] dieses höchst einsiedlerische sparsame Leben war ganz und gar Pathos [...] – ja es war die Seele des Colombo in mir (KSA 14, 269)

Ähnliche Überlegungen kehren im Aphorismus 334 des vierten Buches wieder, doch bilden sie wahrscheinlich auch den Hintergrund des Aphorismus 76 über die Ausnahme und die Regel, in dem Nietzsche den Gegensatz zwischen Pathos und Ethos, Lust am Irrsinn und wissenschaftlicher Zucht sowie zwischen dem langsamen Tempo der Norm, des „Gesammtglaubens" (FW 76, 432), und dem fröhlichen Tempo des Irrsinns zu erklären sucht. Letzteres ist das der Künstler und Dichter und so auch der Vertreter der *Fröhlichen Wissenschaft*: „Wir Andern sind die Ausnahme und die Gefahr [...]" (FW 76, 432).

Mit Bagehot hatte Nietzsche schon lange festgestellt, dass die abweichenden, gefahrbringenden Geister, die sich von der Norm und den Gesetzen der geschlossenen Gemeinde entfernen, meistens zugrunde gehen. Die Hauptfrage von MA war wie das Neue entsteht. Lecky hatte in seiner *Geschichte der Aufklärung* gezeigt, dass die Suche nach neuen Perspektiven unaufhörlich gegen die Gewalt der Meinungen angeht (Lecky 1873). Nach Nietzsche sah Lecky jedoch das Problem, ohne es zu lösen (NL 1881, 11[85]; KSA 9, 473). Neue Anregungen lieferte nun der Psychiater Maudsley, der den Irrsinn als ein Hauptmerkmal der Abweichung erklärte und Nietzsche darauf brachte, das Irren mit der Suche nach neuen Wegen zu verbinden. Diese neue Perspektive vertieft den aus Pascal entnommenen Gegensatz zwischen den gebundenen Geistern und den nach neuen Wegen suchenden Einzelgängern. Aus einem anderen Blickwinkel hatte Nietzsche am Ende des ersten Buches (Aph. 55) von „Ausnahmen" und Regel gesprochen: „Der Anwalt der Regel werden – das könnte vielleicht die letzte Form und Feinheit sein, in welcher der Edelsinn auf Erden sich offenbart." (FW 55, 418).

6 Die Griechen

In diesem Abschnitt finden sich zwei der wohl bedeutendsten Aphorismen des zweiten Buches, nämlich der über „Kunst und Natur" (FW 80) und „Vom Ursprunge der Poesie" (FW 84). Für den ersten zog Nietzsche höchstwahrscheinlich zwei verschiedene Quellen heran: Goethe und Anselm Joseph Feuerbach, den Bruder des Philosophen, bei denen ähnliche Betrachtungen über die Vorliebe der Athener für Helden, die gut reden, zu finden sind. In *Das Griechische Musikdrama* hatte Nietzsche einen langen Passus aus Feuerbachs Darstellung des griechischen Theaters in der Absicht zitiert, die Nähe der griechischen Tragödie zum Gesamtkunstwerk Wagners zu beweisen. In seiner archäologisch-ästhetischen Abhandlung *Der vatikanische Apollo*, die besonders in Kapitel XIV mehrere Hinweise auf die griechische Bühne enthält, hob Feuerbach hervor, dass „Leidenschaft und Affect in der griechischen Tragödie den weitesten und freiesten Spielraum" (Feuerbach 1855, 286) haben. Aber es handelte sich um eine Leidenschaft, die paradoxerweise imstande ist, ausführlich zu reden und sich selbst zu beschreiben:

> Die eigentlichste Seele aber der leidenschaftlichen Scene besteht in einem gewissen Schwanken zwischen einer stricten Naturnachahmung und rein ideeller Kunstumbildung. Der Affect ringt mit der Strenge der Kunstform, er strebt ihre Schranken zu durchbrechen, um seine Gewalt in ihrer ganzen natürlichen Stärke geltend zu machen. Dagegen bietet die Kunst ihre verdoppelte Kraft auf. Kaum dass der Schmerz in jenen wilderen unmittelbaren Ausbrüchen sein Dasein kund gegeben hat, so berührt sie ihn mit ihrem Zauberstabe, und was in der Wirklichkeit sich mit der Regellosigkeit eines convulsischen Pulses folgt, wird zum Tacte rhythmischer Bewegung; ein symmetrischer Strophenbau drängt die einzelnen Stadien der Empfindung auseinander, und *aus der lakonischen Kürze jener Schmerzenslaute, die nur hier und dort noch wieder zum Durchbruch kommen*, geht die schöne Fülle einer kunstvoll verschränkten periodischen Sprache hervor. Ein unerschöpflicher Reichthum klarer, festgezeichneter Bilder vereinigt sich endlich noch mit einer *Breite und Stetigkeit der Ausführung*, deren natürliches Resultat kein anderes sein kann, als ein festhingestelltes, vollständiges Bild des Affectes. (Feuerbach 1855, 287; Hervorhebung Vivarelli)

Nietzsche bemerkt seinerseits: „Man macht mit Recht dem dramatischen Dichter einen Vorwurf daraus, wenn er nicht Alles in Vernunft und Wort verwandelt [...] – so wie man mit dem Musiker der Oper unzufrieden ist, der für den höchsten Affekt nicht eine Melodie, *sondern nur ein affektvolles ‚naürliches' Stammeln und Schreien* zu finden weiss." (FW 80, 436; Hervorhebung Vivarelli)

Darin besteht nach Nietzsche der Hauptunterschied zwischen Wagner und den Griechen: Zurzeit von GT hatte Nietzsche, genau wie Wagner, die „Kultur der Oper", „namentlich die Forderung recht unmusikalischer Zuhörer, dass man vor Allem das Wort verstehen müsse", scharf kritisiert, ebenso die „verstandesmäßige Wort- und Tonrhetorik der Leidenschaft". Jetzt hat sich seine Denkweise demgegenüber wesentlich verändert (GT 19; KSA 1, 123).

> Die Griechen (oder wenigstens die Athener) hörten gerne gut reden: ja sie hatten einen gierigen Hang danach, der sie mehr als alles andere von den Nicht-Griechen unterscheidet. Und so verlangten sie selbst von der Leidenschaft auf der Bühne, daß sie gut rede, und ließen die Unnatürlichkeit des dramatischen Verses mit Wonne über sich ergehen – in der Natur ist ja die Leidenschaft so wortkarg! so stumm und verlegen! [...] Nun haben wir uns alle, dank den Griechen, an diese Unnatur auf der Bühne gewöhnt, wie wir jene andere Unnatur, die singende Leidenschaft ertragen und gerne ertragen, dank den Italiänern. (FW 80, 435).

Nietzsche schlägt hier also eine Brücke zwischen dem griechischen Drama und der Wagner verhassten italienischen Oper und wahrscheinlich lieferte wiederum Feuerbach das Stichwort zu diesem Vergleich. In einer Fußnote seiner Abhandlung (S. 288) bemerkte er: „Recitation und Gesang waren die Grundelemente des antiken tragischen Vortrags. [...] Doch darf auch die Recitation nicht im Sinne unseres dramatischen Gesprächtones genommen werden. Sie verhält sich gewiss zu dem eigentlichen Gesänge wie unser Recitativ zur Arie etc." (Feuerbach 1855, 288) Genauso sieht Nietzsche die Halbmusik des Rezitativs als Ruhepause von der von Wagner verachteten Melodie: „(die Ruhe von der Melodie, als dem sublimsten und desshalb auch anstrengendsten Genusse dieser Kunst)" (FW 80, 437).

Derselbe Hang, der die Italiener im Theater mit den Griechen verbindet, wurde auch von Goethe in einem Passus aus der *Italienischen Reise* erkannt und geschildert:

> Erstlich habe ich gehört, wie die Italiener ihre elfsilbigen Jamben behandeln und deklamieren. [...] Das ist das eigentliche Schauspiel für dieses Volk [...] es freut sich nur, wenn der Held gut spricht. [...] Ich verstehe auch jetzt besser die langen Reden und das Dissertieren pro und contra in den griechischen Trauerspielen. Die Athenienser hörten noch lieber reden und verstanden sich noch besser darauf als die Italiener. (Goethe 2006, Bd. 15, 96)

In der Vorstufe des Aphorismus 80 war die Bezugnahme auf Wagner noch deutlicher: „Auch Wagner's Dichtungen, von denen noch niemand im Theater etwas gehört hat, sind für Leser, nicht für Hörer geschrieben, und auch sie zeigen das Widerstreben aller Operncomponisten verstanden werden zu wollen – es soll ihnen nicht auf's Wort, sondern auf den Ton geglaubt werden." (KSA 14, 248)

In diesem Aphorismus ist Nietzsches Bosheit gegen Wagner offensichtlich, da er ihn ausgerechnet mit Rossini indirekt vergleicht, dessen Musik Wagner tief empörte (FW 80, 437).

Überdies hatte Feuerbach in seiner Abhandlung auf den „wenig vertieften Hintergrund" des griechischen Theaters im Gegensatz zu den „perspektivischen Fernsichten" des modernen Theaters hingewiesen (Feuerbach 1855, 296 f.). Nietzsche schrieb seinerseits: „Wie sie [die Griechen] die Bühne so schmal wie möglich bilden und alle Wirkung durch tiefe Hintergründe sich verbieten" (FW 80, 436). Doch ging es ihm in erster Linie um die Deutung dieses Winks in einem übertragenen Sinn: „so haben sie auch der Leidenschaft selber den tiefen Hintergrund genommen" (FW 80, 436), d.h. sie stellen alles in den Vordergrund. Erst das schlechte Gewissen des Christentums hat Nietzsche zufolge die psychologische Tiefe und die Hintergründe der Seele des Menschen geschaffen. Im Aphorismus 77 wird durch den Hinweis auf die „Scham", die sich mit dem schlechten Gewissen verbindet, der tiefe Unterschied zwischen Wagner und der antiken Welt noch deutlicher. Nietzsche schreibt hier: „Dagegen beleidigt mich eine gemeine Wendung in nordischen Werken, zum Beispiel in deutscher Musik, unsäglich. Hier ist Scham dabei [...]" (FW 77, 433),[2] während er in einem nachgelassenen Fragment

---

[2] Bei Stendhal findet sich ebenfalls das Motiv der Scham und der Kunst als Lüge: „Sich vor sich selber schämen, wie die Figuren W. Scott's. Stendhal. Dies ist christlich und sehr stark vererbt!" (NL 1880, 7[153]; KSA 9, 348)

festhält: „Wenn ich sage, die Griechen waren doch sittlicher als die modernen Menschen: was heisst das? Die ganze Sichtbarkeit der Seele im Handeln zeigt schon, daß sie ohne Scham waren; sie hatten kein schlechtes Gewissen." (NL 1875, 3 [49]; KSA 8, 27)

Im Vergleich zur GT werden die Griechen und ihr Drama jetzt mit einem nüchternen und distanzierten Blick und aus einer psychologischen und anthropologischen Perspektive betrachtet. Im zweiten Buch spielt Nietzsche sie in verschiedener Hinsicht gegen Wagner aus:

1) Sie lieben das Wort und die Leidenschaft, die gut zu reden weiß.
2) Sie sind „logisch und schlicht" und möchten am liebsten alles beweisen; sie kennen nicht die Hintergründe, die erst das schlechte Gewissen des Christentums geöffnet hat.
3) Sie bedürfen wie die Alten und der Süden Europas des Gemeinen, des Lachens, des schlechten Geschmacks und der Maske wie eines stärkenden Bades und kennen keine Scham.

In diesem Zusammenhang erklärt sich auch die rätselhafte Rolle der orphischen Figur Baubo als Bild einer sich grotesk und schamlos enthüllenden Wahrheit in der Vorrede zur FW aus dem Jahr 1886 (FW Vorrede 4, 352). Außerdem weist Baubo auf die heilende und beinahe magische Wirkung des Lachens hin, dass die Verzweiflung (in diesem Fall von Demeter) bannt. Durch die enge Beziehung zwischen Lachen und Verzweiflung wird der tiefere Sinn des Aphorismus 95 über Chamfort verständlich: „ein Denker, der das Lachen als Heilmittel gegen das Leben nöthig fand" und deswegen eher als Italiener, wie Dante oder Leopardi, denn als Franzose angesehen wird (FW 95, 450). Zarathustra selbst wird durch ein „tausendfältiges Gelächter" jede „Todesmüdigkeit" und „röchelnde Todestille" wegzaubern (Z II Wahrsager; KSA 4, 174–175).

7 Rhythmus als Zwang

Nach Nietzsche strebt Wagners unendliche Melodie danach, „alle mathematischen Zeit- und Kraft-Ebenmässigkeit zu brechen" und verdirbt deswegen das rhythmische Gefühl (MA II 134; KSA 2, 434 f.). Dem Rhythmus widmet Nietzsche den langen Aphorismus 84 der FW „Vom Ursprunge der Poesie. –", der seine Grundlage in Nietzsches Basler Vorlesungen hat, und zwar in der *Geschichte der griechischen Litteratur* III aus dem Jahr 1875/76, wo Nietzsche ausführt:

> Je erregbarer ein Mensch, je ursprüng.[licher] er ist, um so mehr wirkt der Rhythmus auf ihn wie ein Zwang: er erzeugt ein blinder Einstimmen in das rhythmisch bezeichnete u. weckt

> eine unbezwingl.[icher] Lust nachzugeben, nachzumachen. Der Mensch fühlt sich unfrei, bezwungen, überwältigt, daraus schließt er, daß man auch die Götter auf diese Weise zwingen könne [...]. Aber auch bei dem sog.[enannten] weltlichen Liede ist es dasselbe; die Voraussetzung ist, daß der Rhythm.[us] beim Rudern, Brunnenschöpfen u. s. w. keine natürliche, sondern eine *magische* Kraft habe; [...] Das Zauberlied, die Besprechung scheint die primitive Gestalt aller Poesie zu sein. (KGW II/5, 284 ff.)

Nietzsche bezieht sich auf seinen ehemaligen Lehrer Ritschl, der in seinen *Opuscula Philologica* eine lange Reihe von „Beschäftigungen des täglichen Lebens" nennt, die „ihre Lieder hervorriefen" (Ritschl 1866, 250–251). Aber was den Zwang des Rhythmus betrifft, hat er sich vor allem die Auffassungen eines Philologen Johann Adam Hartung zu eigen gemacht, den er in seinen Universitätsvorlesungen mehrfach heranzog. Die Dichtung und ihre Ursprünge werden somit in einen Rahmen gestellt, in dem der Zwang eine doppelte Funktion hat: Man zwingt und bindet sich selber, um auch die anderen, nämlich die Götter, zu bezwingen. Neben einer zwingenden Kraft hat der Rhythmus jedoch auch eine kathartische Wirkung, wie Nietzsche im Anschluss an Jacob Bernays sowohl in den Vorlesungen als auch im Aphorismus betont: Durch den Rhythmus kann man auch die eigene Seele von überwältigenden Affekten entladen. Aber Nietzsches feinsinnige Beweisführungen enthüllen eine Absicht, welche die gesamte Dichtung und Literatur mit einbezieht. Sie sind nicht nur mit dem „unpoetischen" Bereich des Nützlichen, sondern auch mit der Unwahrheit und der Lüge eng verbunden, obgleich die Philosophen ihre Gedanken allzu gerne mit dichterischen Sprüchen begleiten, die die Wahrheit bezeugen sollen (FW 84, 442).

Bekanntlich plädierte Wagner in den *Meistersingern* dagegen für eine Kunst, die „echt und deutsch", „deutsch und wahr" sein sollte. Die Forderung von Hans Sachs/Wagner richtete sich vor allem gegen den verderbenden Einfluss des „wälschen (d. h. italienischen) Dunst[s] mit wälschem Tand", d. h. gegen die leichte, falsche und spielerische Kunst z. B., eines Rossini (Wagner 1898a, 270).

Von Zwang und Lüge „als Despotismus gegen sich selber" (FW 91, 447) ist auch im Aphorismus 91 über Alfieri die Rede, einem von Stendhal sehr geschätzten Dramatiker, dessen Autobiographie Nietzsche in seiner Bibliothek besaß.[3] Es handelt sich um einen Schriftsteller, „der sich zum Dichter tyrannisirte" (FW 91, 447), also – wie auch im Aphorismus 92 – um eine Prosa, die im ständigen Wettkampf mit der Dichtung entstand. Selbstzwang und die Bindung kennzeichnen

---

3 Denkwürdigkeiten aus dem Leben Vittorio Alfieri's. Von ihm selbst geschrieben, 2 Bände, Köln 1812. Darüber schreibt Stendhal: „Un littérateur des plus savants de Rome ignorait qu'Alfieri eût écrit sa vie. C'est précisément le seul livre moderne italien que j'aie jamais vu traduit chez les libraires de Londres ou de Paris". Stendhal 1854b, 327 (14. März).

einen streng geregelten Stil, der wie ein „Kettentanz" erscheint und ein Pendant im Bereich der Musik hat. Als Zwang erschien das Apollinische in der GT, wie in der oben zitierten Textstelle von Anselm Feuerbach jede metrische Bindung, die „Strenge der Kunstform" (Feuerbach) als Zwang wirkt. Dieselbe Bezwingung ist auch in den erobernden Übersetzungen der Römer oder der „Franzosen Corneille's" zu finden, die in die eigene „Gegenwart hinein [übersetzten]" (FW 83, 438). Aber jeder stilistische Wille und jedes Diktat der Kunstform tyrannisiert und bezwingt im Grunde die Aufrichtigkeit und die Wahrheit selbst. Die Beziehung der Kunst zur Lüge und Wahrheit kommt noch in den Aphorismen 84, 88 und 91 vor: Nietzsche entwirft hier ein Ideal der Literatur als strenge Selbstbeschränkung, die jedem Rousseauschen Naturzustand der Kunst abhold ist (wie bekannt missbilligte Nietzsche die vermeintliche Wahrhaftigkeit der *Confessions*): „Seit Rousseau hat man die **Unmittelbarkeit des Gefühls** verherrlicht", schreibt er in einer Aufzeichnung (NL 1880, 4 [112]; KSA 9, 129). Deswegen sagt er in dem Alfieri gewidmeten Stück, dass er einer Autobiographie Platons ebenso wie den *Bekenntnissen* Rousseaus oder der *Vita Nova* Dantes keinen Glauben schenken würde. Nietzsche fand bei Stendhal, dessen lakonischen Stil er mehrmals als vorbildlich bezeichnet, denselben Widerwillen gegen die solipsistischen Naturen, die nur an sich selbst und an die eigene Wirkung auf die anderen denken: „Lord Byron Rousseau Richard Wagner waren das einzige Objekt ihrer eigenen Aufmerksamkeit – ‚diese schlechte Gewohnheit ist der Aussatz der Civilisation' sagt Stendhal." (NL 1880; KSA 9, 348)[4] Selbstverständlich wird Wagner nur von Nietzsche genannt. Vor allem galt seine Kritik jenen romantischen Naturen, die im Grunde – wie die modernen Menschen überhaupt – zu schwach und deswegen nicht imstande sind, sich künstlerisch zu beherrschen und zu bezwingen.

8 Die Auseinandersetzung mit Wagner

Im zweiten Buch versucht Nietzsche seine Einwände gegen Wagners Musik noch „unter ästhetische Formeln [zu; V.V.] verkleiden", während er sie im fünften (FW 368, 616) als „physiologisch" erkennen wird. Ohne Wagners Namen zu nennen, findet sich im Aphorismus 87 über die „**Eitelkeit der Künstler**" (FW 87, 444) das feinste Lob von dessen Kunst. Die Eitelkeit verbiete ihm zu erkennen, wo er wirklich groß sei: Er sei ein Meister des ganz Kleinen, der aber „die grossen

---

[4] Stendhal 1854a, 264 und 268: „L'âme de Lord Byron ressemblait beaucoup à celle de J. J. Rousseau, en ce sens qu'il était toujours constamment occupé de soi et de l'effet qu'il produisait sur les autres".

Wände" liebt; er habe Farben und Klänge für herbstliche Stimmungen oder „die Mitternächte der Seele" (FW 87, 445) gefunden, wie in Hagens Wachen, in dem die Musik das geheime Gefühl der „nox intem(pesta)" wachruft (NL 1881, 12[37]; KSA 9, 583). Nietzsche bezieht sich hier auf die zweite Szene des ersten Aufzugs der *Götterdämmerung*, in dem mindestens 15 Leitmotive nacheinander zu hören sind. Im vorangehenden Aphorismus 86 hatte Nietzsche geklärt, was er sich vom Theater wünscht: vor allem eine Musik, die ihre Zuhörer nicht „berauschen" will. Wer eine eigene Leidenschaft hat, braucht keine fremde: „Was braucht der Begeisterte den Wein!" (FW 86, 443) In *Morgenröthe* (KSA 3, 172, 216 und 217) hatte er mit Stendhal behauptet, die Musik sollte sich eigentlich an verliebte oder passionierte Menschen wenden. Wenn Nietzsche Theater und Musik als das „Haschisch-Rauchen [...] der Europäer" (FW 86, 444) bezeichnet, erinnert er sich wahrscheinlich an die Beobachtungen des Wiener Kritikers und Musikästhetikers Eduard Hanslick über „die Lust am Elementarischen der Musik". Dieser verglich die Wirkung der Musik auf „Hörer, die ohne alle Geistesbetätigung nur den Gefühlsniederschlag der Musik suchen", mit dem vom Schwefeläther verursachten „Rausch", der „nicht gemein wie das Weintrinken" sei (Hanslick 1922, 123).

Schon der Titel des Aphorismus 99 lässt auf Abhängigkeit des Denkens und Unfreiheit schließen. Gleich am Anfang wird die Berührung zwischen „Cultur-Völkern und Barbaren" (FW 99, 453) gewissermaßen aus einer anthropologischen Perspektive betrachtet. Die Entgegensetzung verweist boshaft auf die Beziehung zwischen Schopenhauer und Wagner. Ersterer ist in diesem Sinn die „überlegene Kultur", Letzterer der Barbar. Wie die barbarischen Kulturen zuallererst die „Laster, Schwächen und Ausschweifungen" (FW 99, 453) der höheren annehmen, so hat Wagner die entsprechenden Schattenseiten des Philosophen angenommen, also weder dessen „Reinlichkeit" im Denken noch seine voltaireschen Seiten, sondern vor allem die „mystischen Verlegenheiten und Ausflüchte" (FW 99, 453f.), wie z. B. den Judenhass oder den Eifer gegen die Verderbnis der deutschen Sprache (z. B. im Pamphlet: *Das Judenthum und die Musik*), die für Wagner „zur Sache des Glaubens" werden. Wagner weist nach Nietzsche eigentlich eine doppelte Abhängigkeit auf. Bis zur Mitte seines Lebens wurde er von Hegel irregeführt, während er nach der schopenhauerischen Wende sogar seine Helden, vor allem Siegfried (dem jedes Mitleidsgefühl wesentlich fremd ist) mit seiner „Unschuld der höchsten Selbstsucht" irgendwie verleugnet hat. Der Aphorismus schließt mit einer scheinbaren Huldigung der Kunst Wagners gegenüber, und bedeutsamerweise reiht Nietzsche selbst sich vorsichtig unter die „,Jünger'" (FW 99, 456) (also nicht die „Anhänger") Wagners ein.

Erst nach der letzten Korrektur taucht im Aphorismus 99 der Name „Cagliostro" (FW 99, 455) auf, der in den späteren Werken in Verbindung mit Wagner häufig vorkommt. Die „Cagliostricität" von Wagner und seinem *Parsifal* wird im Entwurf eines Briefes Nietzsches an Malwida von Meysenbug (vermutlich vom 13. Juli 1882) betont, in dem die Parsifal-Musik als „ein Beweis ungeheurer Prätension und Cagliostricität ihres Urhebers" bezeichnet wird (KSB 6, 224). Diese Bezeichnung wurde schon in einer Aufzeichnung von 1881 erklärt: „jeder kommende Hexenmeister und Cagliostro wird versuchen, mit Musik und Spiritismus zu wirken, und es sind Wiedererweckungen religiöser und sittlicher Instinkte auf diesem Wege möglich – vielleicht daß man dem christlichen Abendmahle wieder eine innere Gluth durch Musik zu geben versuchen wird." (NL 1881, 11 [261]; KSA 9, 540)

Der Vergleich mit dem italienischen Zauberer und Abenteurer, der auch Goethe und Schiller tief beeindruckte, wird in einem Brief an Köselitz vom 25. Juli wiederholt, in dem Nietzsche auch die eigene Verwandtschaft mit Wagner eingestehen muss:

> Sonntags war ich in Naumburg, um meine Schwester ein wenig noch auf den Parsifal vorzubereiten. Da gieng es mir seltsam genug! […] Ich gestehe: mit einem wahren Schrecken bin ich mir wieder bewußt geworden, wie nahe ich eigentlich mit W(agner) v e r w a n d t bin. […] Welche plötzliche decadence! Und welcher Cagliostricismus! – (KSB 6, 231)

Gerade das erschreckende Gefühl der Nähe ruft wahrscheinlich das Bedürfnis nach einer endgültigen Klärung wach. So werden die jeweiligen Kunstauffassungen im zweiten Buch, oft implizit, einander immer wieder gegenübergestellt.

Auch im Aphorismus 103 „V o n d e r d e u t s c h e n M u s i k" (FW 103, 459) spricht Nietzsche von Wagner, wiederum ohne ihn zu nennen. Er scheint vor allem an Beethoven zu denken, aber im Grunde interessiert ihn eine Reihe von Gegensätzen, die seine erneute Auseinandersetzung mit Wagner und dessen Kunst deutlich machen: Beethoven / Goethe; Wagner / italienische Oper; Volk / Adel (d.h. noblesse „als den Ausdruck einer höfischen, ritterlichen, alten, ihrer selbst sicheren Gesellschaft") (FW 103, 459); Erhabenheit / Grazie; Halbbarbarei / Cultur; Verachtung der Melodie und Verkümmerung des melodischen Sinnes / Melodie; das Ungeformte / das Gesetz.

Im zweiten Buch entwirft Nietzsche unterschwellig eine Geschichte der Musik, die das genaue Gegenteil derjenigen ist, die er im aus einer wagnerischen Perspektive geschriebenen Paragraph 19 der GT entworfen hatte. In der Kultur der Oper hatte er damals die Verherrlichung des rousseauschen guten Menschen gesehen; jetzt sind dagegen ganz andere Parameter im Spiel. Gegen Wagner wird die italienische Oper als eine aristokratische Kultur des Zwangs und der Unnatur aufgewertet, die sich mit der griechischen Kultur fruchtbar misst.

Im Paragraph 6 von WA wird Nietzsche alle Hauptmerkmale der wagnerschen Kunst zusammenfassen: vor allem die Verachtung der Melodie und der sinnlichen Schönheit sowie einer frivolen und erheiternden Musik wie der von Mozart. Deshalb besitzen der später hinzugefügte Schluss des Aphorismus 107 und die letzten Zusätze und Korrekturen im zweiten Buch, die die Abrechnung mit Wagner besiegeln, für Nietzsche eine ganz besondere Bedeutung, wie der Brief an Köselitz vom 20. August erhellt:

> die ‚fröhliche Wissenschaft' ist eingetroffen; ich sende Ihnen sofort das erste Exemplar. Mancherlei wird Ihnen neu sein: ich habe noch bei der letzten Correktur dies und jenes anders und Einiges hoffentlich besser gemacht. Lesen Sie z.B. die Schlüsse des 2ten und 3ten Buchs; auch über Schopenhauer habe ich ausdrücklicher geredet (auf ihn und auf Wagner werde ich vielleicht nie wieder zurückkommen, ich mußte jetzt mein Verhältniß feststellen, in Bezug auf meine früheren Meinungen – denn zuletzt bin ich ein Lehrer und habe die Pflicht, zu sagen, worin ich mir gleich bleibe und worin ich ein Andrer geworden bin) (KSB 6, 238)

Die Schlüsse des zweiten und dritten Buchs betonen vor allem das Motiv der Freiheit über den Dingen und der Moral (FW 107, 465) und, als „Siegel dieser Freiheit" und geistigen Unabhängigkeit den Vorsatz, man selbst zu werden und „sich nicht mehr vor sich selber" zu schämen (FW 270, 519). In *Richard Wagner in Bayreuth* (WB 11) wurde die ehemalige Überzeugung Wagners gepriesen, dass jede Freiheit erst mit eigenen Kräften erkämpft sein muss, da sie Niemandem von oben geschenkt wird.

So beschreibt der neue Schluss eine Kunst, die im Gegensatz zu Wagner eine erheiternde Funktion hat und die „Schelmenkappe" trägt.[5] Wagner hatte immer wieder betont, „die Kunst so ungemein ernst zu erfassen" (Wagner 1898b, 3f.; siehe auch KSA 14, 89f.). Nach Nietzsche dagegen gewährt uns das Kennzeichen des Narren eben jene „Freiheit über die Dinge", die Wagner nunmehr verlernt hat. Aber Nietzsche scheint auch eine Kunst zu fördern, die an das ehemals scharf missbilligte „Schellengeklingel" erinnert (vgl. die Widmung der GT an Wagner, KSA 1, 24). In einem dem ehemals „freiheit-dürst'ge[n] Geist" Wagner gewidmeten Gedichtentwurf ist „die Narrenkappe" ein Antidot gegen die „Weihrauch-Wolken" des Parsifal (NL1884, 28[48]; KSA 11, 319). Den Abschluss des zweiten Buches wird Nietzsche in der Vorrede zur Zweitausgabe der FW (1886) wiederaufgreifen, um noch einmal das Bedürfnis einer „andren", „spöttischen", „leichten", „flüchtigen" und „göttlich unbehelligten" Kunst auszudrücken (KSA 3, 351).

---

5 Die „Schellenkappe" findet sich in einem Gedicht aus Heines „Nordsee" (I, 11).

Der Held der Erkenntnis gesteht seine Vorliebe für den Narren ein, Columbus braucht Yorick als sein Gegengewicht.

Literatur

Barbera, S. 1992: Das Apollinische und das Dionysische. Einige nicht-antike Quellen bei Nietzsche, in: D.W. Conway, R. Rehn (Hrsg.), Nietzsche und die antike Philosophie, Trier.
Bernays, J. 1970: Grundzüge der verlorenen Abhandlung des Aristoteles über Wirkung der Tragödie, Hildesheim/New York.
Emerson, R. W. 1858: Versuche (Essays), aus dem Englischen von G. Fabricius, Hannover.
Feuerbach, A. J. 1855: Der vatikanische Apollo. Eine Reihe archäologisch-ästhetischer Betrachtungen, 2. Aufl., Stuttgart-Augsburg. (1. Aufl. Leipzig 1833)
Goethe J. W. von 2006: Sämtliche Werke nach Epochen seines Schaffens. Münchner Ausgabe, München.
Hanslick E. 1922 (131–5. Auflage): Vom Musikalisch-Schönen. Ein Beitrag zur Revision der Ästhetik der Tonkunst, Leipzig.
Lecky, W. E. H. 1873: Geschichte des Ursprungs und Einflusses der Aufklärung in Europa, aus dem Englischen von H. Jolowicz, 2. Aufl., Leipzig/Heidelberg.
Montinari, M. 1982a: Zarathustra vor Also sprach Zarathustra, in M. Montinari: Nietzsche lesen, Berlin/New York, S. 799–1
Montinari, M. 1982b: Nietzsche und Wagner vor hundert Jahren, in M. Montinari: Nietzsche lesen, Berlin/New York, S. 385–5.
Montinari, M. 1985: Die Entstehungsgeschichte von Nietzsches Vierter Unzeitgemäßer Betrachtung: Richard Wagner in Bayreuth, in: Carl Dahlhaus/Egon Voss (Hrsg.): Wagnerliteratur – Wagnerforschung, Mainz, S. 142–149.
Ritschl, F. 1866: Fridericii Ritschelii Opuscula Philologica, Bd. 1: Paragraph VII über das Volkslied der Griechen Leipzig.
Schopenhauer, A. 1873/74: Versuch über das Geistersehn und was damit zusammenhängt, in: A. Schopenhauer: Sämmtliche Werke, Bd. 5, Leipzig.
Stendhal 1854a: Racine et Shakespeare. Études sur le romantisme, Paris.
Stendhal 1854b: Rome, Naples et Florence, Paris.
Wagner, R. 1870: Beethoven, Leipzig.
Wagner, R. 1898a: Die Meistersinger von Nürnberg, in: R. Wagner: Gesammelte Schriften und Dichtungen, 3. Aufl., Bd. 7, Leipzig.
Wagner, R. 1898b: Über Staat und Religion, in: R. Wagner: Gesammelte Schriften und Dichtungen, 3. Aufl., Bd. 8, Leipzig.

Richard Schacht
Nietzsche Naturalizing

Drittes Buch

The third "Book" of *Die fröhliche Wissenschaft* is a crucially important text for the understanding of Nietzsche's philosophical enterprise and thinking. It opens with his first proclamation of the "death of God" – "Gott ist todt" – and his attendant announcement of the necessity of undertaking to confront and deal with its consequences: "Und wir – wir müssen auch noch seinen Schatten besiegen!" (FW 108, 467) That, Nietzsche is in effect telling us, is what he is going to be attempting to do in what follows – to carry out a thoroughgoing "Entgöttlichung" of "Natur" and rethinking of all aspects of human thought and life in which the shadows of that idea may remain and need to be banished. That is a task that can fairly be said to have become Nietzsche's fundamental preliminary project at this point, preparing the way for his larger evolving twofold project of *reinterpretation* and *revaluation*, of which he also offers hints in this work. I regard its third Book (to which I shall refer as "FW III" or "the third Book") as being of particular importance in this connection, because it shows what he chose to start with and to address – and how he sought to do so – as he undertook to pursue this preliminary project, and because those hints in it are significant ones.

I also consider FW III to be of great importance because of its bearing upon an issue that quite rightly has come to loom large in the interpretation of Nietzsche in recent years: namely, that of Nietzsche and "naturalism." FW III is something like the (or at least a) *locus classicus* among his texts for this issue – or should be so regarded – because there is no other text in which he so clearly, explicitly and unambiguously associates himself with the idea of a "naturalizing" reinterpretation of human reality. And he does so in a very prominent place and way: in the concluding lines of the very next section of the Book (FW 109), as the culminating thought at the conclusion of a long and very striking discussion of how he suggests "the world" should not and should best be thought of.

> Wann werden uns alle diese Schatten Gottes nicht mehr verdunkeln? Wann werden wir die Natur ganz entgöttlicht haben! Wann werden wir anfangen dürfen, uns Menschen mit der reinen, neu gefundenen, neu erlösten Natur zu vernatürlichen! (FW 109, 469)

1 Entgöttlichung and Vernatürlichung

By construing "die Welt" as "die Natur" (to be "ganz entgöttlicht" (FW 109, 469) and then concluding this second section of the Book as he does with this final sentence, Nietzsche is expressly linking the task of a "naturalizing" reinterpretation of human reality with his opening points about the demise of the God-idea and the vanquishment of its "shadow" articulated in the previous section. In short: the "de-deification" of nature, for Nietzsche, requires a "naturalizing" reinterpretation of human reality. And I suggest that he shows and indicates what *he* means by "naturalizing" by providing examples of it in what follows. Indeed, I would go further: if Nietzsche is to be considered a "naturalistic" thinker, I would think that his "naturalism" should be understood along the lines of the kind of "naturalizing" that is on display in what follows in FW III. Or at any rate: his "naturalism" surely should be construed in such a manner that there is room in it for the kinds of things he says and does and evidently thinks in what follows, in this Book in particular.[1]

Nietzsche's Stichwort "Gott ist todt" can be construed very broadly; but it would seem that, in its initial appearance in FW 108, it is properly understood precisely as he glossed it when he used it again in the opening sentence of the added fifth Book of FW five years later: "Das grösste neuere Ereigniss, – dass 'Gott todt ist', dass der Glaube an den christlichen Gott unglaubwürdig geworden ist – beginnt bereits seine ersten Schatten über Europa zu werfen." (FW 343, 573) The "event" to which it refers is the demise of the believability of the idea of "the Christian God" – presumably including its religious and philosophical kin.

It is interesting – and may seem odd – that, in this subsequent invocation of the idea, what is said to cast a problematic "shadow" is not the God-idea (as in FW 108), but rather the very *demise of* that idea that Nietzsche is suggesting needs to be reckoned with. But that may have been deliberate, as a nice way of making the point that the two shadows are related, and that the "de-deification" process will not be complete until the absence of God itself has ceased to seem to matter. Nietzsche's question in the later passage is whether that point has yet really been reached; and his answer would seem to be that it is still too soon to tell – the surprising "cheerfulness" of which he goes on to speak notwithstanding.

In the later (1887) appearance of the idea of this "event," Nietzsche's focus would seem to be upon its consequences for "the whole of our European morality" – even though it soon turns out (in the very next section) that he considers much more than just "morality" to be at stake. In FW 108, on the other hand, he

---

[1] For an extended discussion of this matter, see Schacht 2012a.

would seem to be thinking primarily of its consequences for our understanding of the world of which we are a part, and of our human reality, both along with it and in relation to it; for it is to these consequences that he immediately turns, in FW 109. There are few if any passages in Nietzsche's writings that are comparable to the depiction he gives here of what he takes them to be, and the harshness of the aspect of this world when looked at with the sensibility of one accustomed to viewing it through the lenses of the God-idea. (It also is of no little interest that Nietzsche seems quite prepared here to consider himself in a position to be sure of the way the world actually is and is not, at least at this level of consideration. This is a Nietzsche who considers it possible as well as important to "tell it like it is.")

And yet Nietzsche takes this occasion to give another kind of signal, at the very end of the section, where he quite surprisingly does what seems to be an about-face, and refers to this same world almost glowingly. When our reinterpretation and reassessment of it has truly been "ganz entgöttlicht," and the shadow of the God-idea has been completely vanquished, he suggests that we will be able to reinterpret our human reality in terms of a world that will then be for us a "reinen, neu gefundenen, neu erlösten Natur" (FW 109, 469). What is most striking about this characterization is Nietzsche's reference to this "reinen, neu gefundenen" nature as also newly "erlösten." Its Entgöttlichung is to be its Erlösung – its redemption from the language that makes his characterization of this world in FW 109 prior to this sentence seems so harsh and dismaying. But for that transformation to be accomplished, a new *sensibility* will be needed as well – of the sort that Nietzsche envisions in the penultimate section (FW 341) of the fourth and final Book of the first edition of FW that features his parable of the Dämon and the idea of the eternal recurrence. (This is a point to which I will return.)

I thus mean to suggest that there is an arc in the structure of FW that connects the beginning of its third Book with the conclusion of that fourth Book – and so with the project of *Also sprach Zarathustra* (see Schacht 1995), as well as with the continuation of the project of FW in the fifth Book that was subsequently added to it. These are matters I cannot pursue here; but I mention them because I believe that they contribute to the understanding of the third Book (as well as of these other efforts), and of the moment it represents in the development and course of Nietzsche's thinking.

Having broached the idea of a "naturalizing" reinterpretation of human reality at the conclusion of FW 109, Nietzsche makes it clear that his answer to the question of "Wann werden wir anfangen dürfen" (FW 109, 469) to undertake this task is: here and now, in this very Book. For that is precisely what he immediately proceeds to do, in the set of sections that follows. He actually was not doing so for the first time here; for he had long been given to reflection on how various human phenomena originated. That was what he was already doing in *Geburt* (as its very title indicates), and in the contemporaneous essay manuscript "Wahrheit und Lüge." It is what he was doing even more self-consciously and programmatically in *Menschliches, Allzumenschliches* calling at its outset for "historische[s] Philosophiren" (MAI 2; KSA 2, 25) – in partnership with "Naturwissenschaft" – in the consideration of human reality and all things human because "der Mensch geworden ist," and indeed "alles ist geworden" (MA I 2; KSA 2, 24). And that is what he does again here – beginning (in FW 110) with the very thing he had been talking about in that early section of *Menschliches, Allzumenschliches*: our cognitive abilities. There his point had been that not only "der Mensch" but "auch das Erkenntnissvermögen geworden ist" (MAI 2; KSA 2, 24). And here his topic is "Ursprung der Erkenntniss" (FW 110, 469).

2 "Naturalizing" Erkenntnis

Nietzsche begins this section with a little speculative fable (reminiscent of the opening of "Wahrheit und Lüge") about how "knowing" could have gotten going, among creatures who started out as just a peculiar sort of animal that had developed language and the ability to produce and use propositions. These propositions (Sätze), he supposes, initially were "Nichts als Irrthümer"; but some of those "Irrthümer" may have turned out to be "nützlich und arterhaltend" (FW 110, 469). Nietzsche spins the tale out at some length. In it his primary explanatory concepts are "applicability to life" [propositions that are "auf das Leben anwendbar" (FW 110, 470)] and "utility for life" [having greater or lesser, positive or negative "Nutzens für das Leben" (FW 110, 470)]. His only further supposition is that a kind of "play impulse" ("Spieltriebes") (FW 110, 470) could have arisen and entered in, seizing upon and developing other Sätze that were neither useful nor harmful, in a context that had social and psychological dimensions (since both language and social interactions were involved).

This fable is a story of human circumstances of an entirely *mundane* character (that is, of an entirely this-worldly, pedestrian, practical, social, psychological and interpersonal nature) fortuitously combining to make the beginnings and development of what has come to be known as "Erkenntniss" humanly possible. In this manner "die Erkenntniss wurde also zu einem Stück Leben selber" (FW 110, 471), capable of *opposing* "jene uralten Grundirrthümer": "beide als Leben, beide als Macht, beide in dem selben Menschen" (FW 110, 471). The humanly mundane is no longer simply "natural," proceeding in accordance with the determinations of the *merely* natural; but it is a kind of modification and extension of the natural, in the transformed and transforming circumstances of human linguistically-mediated social and cultural life. It was the humanly mundane that Nietzsche had been exploring in *Menschliches, Allzumenschliches*; and it is to this mundane extension of the natural that he looks again here, to suggest how the "Ursprung der Erkenntniss" may be naturalizingly accounted for and understood.

This story of course is entirely speculative; but Nietzsche's point would seem to be that *something like* this can plausibly be supposed to have happened, as an entirely (but transformingly) mundane development in the lives of creatures whose pedigree was exclusively that of a piece of nature. Indeed, it *must* have happened in something like this way, if that is all we originally were, in view of the fact that there have come to be "Denker," in whom Erkenntnis and Wissenschaft as we know them have become realities, and the grand "Experiment" is occurring of finding out "inwieweit verträgt die Wahrheit die Einverleibung?" (FW 110, 471) And pursuing such conjectures, with a view to seeing whether (and showing that) human phenomena as seemingly remote from natural phenomena as Erkenntnis (and others that he goes on to consider) *can* plausibly be accounted for in this manner, is precisely at least one of the sorts of thinking Nietzsche meant by "uns Menschen [...] zu vernatürlichen" in the previous section. (Likewise his talk of "den Menschen [...] zurückübersetzen in die Natur" in *Jenseits von Gut und Böse* (JGB 230; KSA 5, 169) four years later.)

Showing in this way that nothing more than such developmental accounts is needed to make sense of human capacities that might seem to be the hardest cases for the "naturalizing" program proposed in FW 109 is no knock-down argument; but it is a significant part of Nietzsche's way of making a case for it. For doing so reinforces the guiding idea that all such phenomena are to be regarded as human phenomena that have originated in the course of human events, however impressive they may have become. The strategy here is to shift the "burden of proof" to those who would suppose otherwise, to come up with examples of phenomena that cannot plausibly be so accounted for. It is a further part of Nietzsche's strategy to attempt to preempt such countermoves by undertaking to anticipate what might appear to be the most promising possible counterexamples and show that they can be handled in this manner, while also taking the opportunity to flesh out the "naturalizing" reinterpretation of human reality that is being advocated and defended.

This, I suggest, is how best to understand Nietzsche's "naturalizing" and his kind of "naturalism," as we encounter it in the sections of FW III that follow FW 109. It pertains to the emergence and development in human life of capacities – such as what he had earlier called "das Erkenntnissvermögen" (MA I 2; KSA 2, 24) – and ways of thinking, sorts of experience and forms of activity that may seem to set human reality entirely apart from the world in which we find ourselves. They *do* differ markedly from what goes on at the level of the merely natural in ourselves as well as the entire existence of other life-forms in this world; but that is because they have *come to do so* by way of various mundane developments in the course of human events. This "naturalizing" involves his attempt to show that it is possible to account for (and thereby make sense of, and even do justice to) the emergence and remarkable development of these human phenomena, and of that difference, *without* appealing to anything beyond the "natural" – understood to include not only the physical and biological dimensions of organic life on this earth, but also the mundane dimensions of human life that may be presumed to have developed out of and beyond them. As we shall see, it also provides Nietzsche with opportunities to take certain of these human phenomena down from their lofty pedestals, to the extent that their reverence is rendered problematic if they cannot be vindicated by considerations rendering the question of their origins irrelevant.

3 Wissenschaft

In the next three sections Nietzsche touches on related topics in a similar way, and to similar effect. Their topics are not exactly what they might seem to be: logic, causal explanation, and science. Nietzsche reframes them as three rather rarified sorts of *thinking* – logical, causal, and scientific – considered as *human phenomena*, and with the question of how they might have arisen and developed in human life. And in each case, his intent is clearly to problematize them, even while acknowledging how remarkable each of them is.

In the case of the third of them, for example, Nietzsche begins by remarking: "Es gehört so viel zusammen, damit ein wissenschaftliches Denken entstehe" (FW 113, 473). He then suggests what some of them may or must have been – and they are all "Kräfte" and "Triebe" that themselves would seem in and of themselves to have nothing to do with *comprehension*, even though they can easily be supposed to have been available as dispositional resources in the mundane tool kit of pre-scientific human beings that serendipitously could under the right circumstances be pressed into service to constructive effect. Nietzsche's primary concern here is not to question the idea that scientific thinking can and does make possible the attainment of a variety of impressive sorts of comprehension. Rather, it is to make two points: first, that "naturalizing" sense can be made of the emergence and development of this remarkable sort of thinking that is capable of things far greater than and different from what one might have expected of any or even the sum of its parts; and second, that the motley array of those parts should lead one to realize that such thinking is not to be trusted uncritically and relied upon exclusively.

To these points Nietzsche adds a tantalizing third, envisioning the development of a further – and "höher" – kind of activity in which "die künstlerischen Kräfte und die practische Weisheit des Lebens" (FW 113, 474) will be joined with "wissenschaftlichen Denken," in an "organic" rather than merely supplementary way, surpassing each and all of these and other related activities (presumably including philosophy) as we now know them. This sounds very much like a recipe less for an enhanced sort of Wissenschaft than for the kind of philosophical thinking to which he himself aspired, which was – among other things by no means exclusively – to be scientifically sophisticated and attuned (in the spirit of *Menschliches, Allzumenschliches* I:1). That is a theme he had by no means abandoned at this point, and which he sounded again in this very work – most vividly in the following Book, in FW 335 ("Hoch die Physik!–"). (I shall return below to what he adds to it here.)

Nietzsche returns to a further reflection on Wissenschaft in FW 123, just ten sections later, that warrants comment in this connection. Its heading derives from its concluding sentence: "Es ist etwas neues in der Geschichte, dass die Erkenntniss mehr sein will, als ein Mittel." (FW 123, 480) Nietzsche begins the section by observing that Erkenntnis has become a "neue Leidenschaft" – somewhat akin (he does not say but does not need to say) to the "religiösen Gefühle" (FW 122, 478) he has just been discussing – and by remarking that Wissenschaft certainly can be and has been pursued *without* "die Leidenschaft der Erkenntniss" (FW 123, 479) that endows its pursuit with this higher order of significance.

It may seem that, in noticing and mentioning the emergence of this new phenomenon, expressed in the idea and ideal of "knowledge for its own sake," Nietzsche is doing so approvingly. I suggest, however, that he actually means to be raising the possibility that there is something problematic about this idea and passion – as he subsequently explicitly contended (in the added fifth Book of this very work, as well as in the contemporaneous third Essay of *Genealogie der Moral*). He quite certainly is inviting us here (in FW 123) to consider whether it might not be better, all things considered, for Wissenschaft to be pursued, and Erkenntnis sought and valued, as *means* rather than for their own sake – or at any rate, supplemented by other sorts of endeavor (for example, of an artistic nature, as he also was to suggest in that third Essay). He could well have been thinking of the alternative of a pursuit of Wissenschaft within the context of (or in conjunction with) the higher-order sort of activity envisioned at the end of FW 113, the other elements of which might suffice to keep this passion from becoming an obsession, and so another (and possibly deadlier) of that section's "poisons," as the latest host for the ascetic ideal (GM III 25; KSA 5, 4024–05).

4 Further Naturalizing Reckonings

Returning now to the sections of FW III preceding this one: FW 115 is of particular interest and importance for the understanding of Nietzsche's "naturalizing" reinterpretation of human reality and its development. Its suggestion is that much of what "Humanität, Menschlichkeit und 'Menschenwürde'" (FW 115, 474) have come to involve is owing to the developmental influence of four "Irrthümer" in our ancestors' understanding and estimation of themselves and their values. "Der Mensch ist durch seine Irrthümer erzogen worden" (FW 115, 474) – brought up and raised by them, shaped by them, developed by them, in ways that have had a significant impact upon the contours of our human reality, their erroneousness notwithstanding. This is another example of the kind of thing Nietzsche calls "uns Menschen zu vernatürlichen"; for it is an example of aspects of our human reality originating and developing owing to influences of an entirely mundane nature – which, for him, is what erroneous ideas are, even though they are at some remove from the merely natural.

The same applies to what Nietzsche discusses next, as he turns his naturalizing attention briefly but incisively to yet another of the purported jewels in humanity's crown: "die Moral." Here his suggestion is that, different as "verschiedene Moralen" may be, they fundamentally are but different versions of a very human phenomenon through which "der Einzelne angeleitet, Function der Heerde zu sein" (FW 116, 475), giving rise to a kind of "Heerden-Instinct" (FW 116) and "Heerden-Gewissensbiss" (FW 117) that he goes on – rather disparagingly – to discuss. That sort of morality, for Nietzsche, is a very variable social phenomenon, involving "Schätzungen und Rangordnungen" that are "immer der Ausdruck der Bedürfnisse einer Gemeinde und Heerde" (FW 116, 474) – all of which elements are instances of mundane outgrowths of the merely natural, even though they have come to be far removed from it in both form and function. The associated sorts of "instinct" and "conscience" are suggested to be but social-psychological phenomena of an equally mundane nature, the lofty pretenses made on their behalf notwithstanding. What Nietzsche is offering here is a sketch of a "naturalizing" reinterpretation of the character and status of this entire array of moral phenomena – and of that part of human reality to which they have given rise and which they involve. He pursues the same strategy in the following several sections (FW 118, 119).

The topic changes markedly in the next section, on "Gesundheit der Seele. –" (FW 120). It offers another window into Nietzsche's "naturalizing" project. The ideas of "Seele," "Leib" and their "Gesundheit," along with the classical moral idea of "Tugend" conceived in terms of the soul and its health, are at once problematized and pluralized, to take account of the mundane specificity and variability of the human reality to which they apply – which, however, only make the whole topic more interesting. Nietzsche's way of naturalizing it draws attention to the need for an account of human reality that is sensitive to the complexity and developmental diversifiability of what it has become.

In the next two sections Nietzsche suggests the appropriateness of skepticism with respect to the reliability of any inferences one might be tempted to make with respect both to basic concepts we feel we could not dispense with in our attempts to make thought and action manageable in the world in which we find ourselves (FW 121), and to moral models and religious ideas that once were deemed compelling. This sets the stage for the new uneasiness that is acknowledged in FW 124 to be an understandable reaction to the dawning recognition that there is no solid ground under our feet – "kein 'Land' mehr!" (FW 124, 480) – of any sort that might serve as some sort of firm foundation in the absence of the one God was long thought to provide. This for Nietzsche is a consequence of the "naturalizing" reinterpretation not only of our own human reality but of everything to which we have any access, the experience of which must be recognized to be a human phenomenon of some sort that is therefore subject to the same reinterpretation requirement, rendering its authoritativeness problematic. It always was problematic, but is only now coming to be recognized to be so. Thus we are realizing that we are adrift on a boundless sea, "Im Horizont des Unendlichen. –" (FW 124). (This is a section to which I will return, as the occasion of a concluding unwissenschaftlich postscript to my wissenschaftlich discussion.)

Nietzsche's task here now becomes that of trying to position himself to address the large question with which FW 124 leaves him – and us: How, being thus "at sea," are we now to think – and to live? Along the way, he reflects from time to time – as he continued to do subsequently – on the question of what sorts of Erkenntnis and comprehension remain (or turn out to be) humanly and philosophically possible, these skeptical reservations and problematizing considerations notwithstanding. For he quite evidently considers philosophical reflection and inquiry – of the sorts in which he is here engaged, for example – to remain not only possible but worth pursuing, as no mere exercise in futility. His *fröhliche Wissenschaft* is to contribute both to thinking well and to living well.

But Nietzsche knows that the adjustment will not be an easy one – thanks in no small measure to our addiction to the God-idea. That addiction – generalized into the need and craving for absolutes of some sort, even if not with all of the attributes of "the Christian God" – and the difficulty of recovering from it are among the effects of that idea's long and lingering shadow. Hence the famous "tolle Mensch" section (FW 125) with which he immediately follows the "Horizont des Unendlichen"(FW 124) section. The plug of the life-support system on which "we" (speaking generally) have come to depend has been pulled – and it is "we" (in some sense) who have pulled it, without realizing just how disorienting and traumatic the results could be. Of course it was also "we" who constructed it and connected ourselves to it in the first place; but that does not diminish the magnitude of the sense of both need and loss that the tolle Mensch expresses.

Understandable though his anguish may be, however, it clearly is something for Nietzsche that we must understand, prepare ourselves for – and get over. Withdrawal from addiction is seldom easy or pretty; yet if it can be accomplished, life on the far side of it can be not only possible but better. And that is surely his hope and expectation in this case – as the possibility and attainability of the completely different sensibility of the very next section presumably is intended to convey, in which the Sturm und Drang of the tolle Mensch is made abruptly to seem to be much ado about nothing: "Mystische Erklärungen," and so also the ideas and beliefs that are required to give them any plausibility, are not "tief" at all, and indeed "noch nicht einmal oberflächlich." Such thinking, far from making sense, is simply nonsense (FW 126, 482).

5 Religiousness Vernatürlicht

In this way Nietzsche undertakes to change the discourse about religious thinking, and turn it from a kind of thinking the content of which can and should be taken seriously, as a divinely inspired *explanans*, into a very human *explanandum*. It warrants being taken seriously only symptomatically, and being dealt with as a phenomenon (or cluster of human phenomena) that may be presumed to have the same general type of explanation (or multiple explanations) that other such phenomena do. And a part of this strategy is to place it in the larger context of what he had called "Das religiöse Leben" in *Menschliches, Allzumenschliches* (MAI; KSA 2, 107–140) or what he would call "das religiöse Wesen" in *Jenseits von Gut und Böse* (JGB 3, KSA 5, 65–83). He thus treats it as he treats morality, here (albeit only briefly) as well as in both of these other works (and in *Morgenröthe* and *Genealogie der Moral* along with them) – with the difference that he considers moralities of several (naturalized) sorts to be more deserving of a human future, as forms of normativity that have significant roles to play in the flourishing and enhancement of human life.[2]

Nietzsche's approach to both religion and morality in FW is reflected in the titles he gives to the sections on moral phenomena in these other two works

---

[2] For an elaboration of this point, see Schacht 2012b.

– "Zur Geschichte der moralischen Empfindungen" and "Zur Naturgeschichte der Moral"– and in the similar title of *Jenseits von Gut und Böse*'s sequel: *Zur Genealogie der Moral*. He proceeds in all of them as though it can be taken for granted that the varieties of morality and moral phenomena with which we find ourselves confronted in human life and history are human phenomena that have originated and developed in the course of human events, and warrant construal and treatment as pieces of life having entirely mundane – even if also more than merely biological – "natural histories," in which social circumstances, cultural developments, psychological factors and interpersonal dynamics have loomed large. And he does the same with the varieties of religion and religious phenomena (religious thinking among them) that he identifies and considers, here as in those writings, in the sections that follow FW 126 (through 151). He even does them the indignity of associating them with various (other) narcotics (FW 145 and FW 147).

This treatment might be thought of as his "naturalizing" neutralization of the claims of religiousness to deserve to be regarded with respect and reference and given the benefit of the doubt. He regards it as merely another family of cultural and social-psychological phenomena that have figured significantly in the genealogy of human reality. It has had powerful effects; but the kind of thinking associated with it is no serious rival to his philosophical orientation. So he concludes this part of the third Book by summarily dismissing the "Annahme einer 'anderen Welt'" that has long been so central to it as nothing more than "ein Irrthum in der Auslegung bestimmter Naturvorgänge, eine Verlegenheit des Intellects" (FW 151).

In the course of his remarks Nietzsche makes a particularly interesting suggestion that clearly shows that he by no means considers all types of religiousness to be of the same character, and also illustrates how significantly different he considers their human-developmental influences to have been once they got going (their mundane origins and the erroneousness and fictitiousness of their conceptual schemes notwithstanding). He credits "Polytheismus" with having played a major role in the emergence and development of the human possibility of creative differentiation, not only at the cultural level but ultimately even at the individual level ("Dass der Einzelne sich sein **eigenes** Ideal aufstelle und aus ihm sein Gesetz, seine Freuden und seine Rechte ableite", FW 143, 490), giving a good conscience to resistance to the oppressive monolithic ideal and imperatives associated with monotheism. "Die wundervolle Kunst und Kraft, Götter zu schaffen – der Polytheismus – war es, in der dieser Trieb sich entladen durfte, in der er sich reinigte, vervollkommnete, veredelte [...]" (FW 143, 490).

Nietzsche goes on in this section to lament the triumph of "Monotheismus, dagegen, diese starre Consequenz der Lehre von Einem Normalmensch" which he regards as "vielleicht die grösste Gefahr der bisherigen Menschheit: da drohte ihr jener vorzeitige Stillstand [...]." (FW 143, 490) And he concludes it with the thought that polytheism helped to create the conditions of the possibility of the very sort of spirituality that is needed for humanity to regain its bearings: "Im Polytheismus lag die Freigeisterei und Vielgeisterei des Menschen vorgebildet: die Kraft, sich neue und eigene Augen zu schaffen [...]" and so achieving a unique liberation – "allein unter allen Thieren" – from confinement in "ewigen Horizont und Perspectiven" (FW 143, 491). This is directly relevant to the challenge posed in FW 124 (in a manner my postscript to this volume is intended to address).

Nietzsche thus shows himself here – for neither the first nor the last time – to be as *positively* disposed to one sort of (commonly ridiculed) religiousness as he is *negatively* disposed to its more familiar and generally highly regarded (Christian) counterpart. In both instances, he is so disposed for reasons relating to what he takes to be the very different ways in which they affect human possibilities, opening up and fostering some, hindering and discouraging others. That, for him, is how such human phenomena are most appropriately assessed: in terms of their "value for life" and significance in relation to its enhancement.

On a different level of consideration, both sorts of religiousness are excellent examples of phenomena that Nietzsche considers to have made a real difference in how human beings have turned out that are far removed from the "merely natural". Yet this is one of the very kinds of considerations that his "naturalizing" of our understanding of human reality involves. For these forms of religiousness have their "natural," mundane histories and genealogies, as do the sensibilities and forms of life of the human beings they affect. As sublime as their associated forms of experience and activity and artistic and literary expressions may be, they are nonetheless anchored in the mundane – itself a manifold of developments of the originally merely natural – of which they are further transformations.

FW 143 is thus a case study of what it means for Nietzsche to pursue the project of the "Vernatürlichung" of "uns Menschen" announced at this Book's outset. And the kind of "naturalism" it reflects – Nietzsche's kind of "naturalism," at this juncture at any rate – must be construed in such a way that it has room in it for the human phenomena and possibilities we encounter here. Among them is what he calls a "Trieb zum eigenen Ideale," that he supposes to have been "ursprünglich [...] ein gemeiner und unansehnlicher Trieb, verwandt dem Eigensinn, dem Ungehorsame und dem Neide" (FW 143, 490), but that underwent development and transformation. It could and did enter into and find expression in a cultural activity, "Götter zu schaffen," in which it was "reinigte, vervollkommnete, veredelte" (FW 143, 490). Nietzsche is here suggesting that this development in turn, suppressed though it has been by the long dominance of (Christian) monolithic monotheism, nonetheless remains accessible as a humanspiritual possibility. And it is one that has prepared the way for the original impulse to be realized as it never could have been originally: as the emergent human possibility of "der Einzelne" evoked in the section's opening sentence, cited above.

In an earlier section Nietzsche does permit himself the jibe that "Jetzt entscheidet unser Geschmack gegen das Christenthum, nicht mehr unsere Gründe" (FW 132, 485). However, as he shows in the section under consideration – not to mention in *Der Antichrist*, some years later – it would have been more accurate if he had said: "nicht *nur* unsere Gründe." He seems to have been thinking here of his "Gründe" for considering the idea of "einer 'anderen Welt'" to be "ein Irrthum," and the God-idea to be "unglaubwürdig." But his conviction (and argument) that monotheisms in general (and Christianity in particular) are detrimental to the health and enhancement of human life is also a "Grund" for him, and the most decisive one at that – even if it is a Grund of a different sort. Nietzsche's reference to "unser Geschmack" does gesture in that direction; but it understates what he takes the real force and significance of that consideration to be. It is a great oversimplification to suggest – as he seems to be doing here – that any consideration that is not a "reason" *of the sort* one might have for considering a belief to be "eine Verlegenheit des Intellects" (FW 151, 495) can only be a (mere) matter of one's "Geschmack." (Nietzsche often oversimplifies in this manner for the sake of being able to make a nice quip that has a point.)

6 Turning the Page

Having dealt with religious thinking and dismissed it as any sort of serious rival, Nietzsche concludes this very substantial portion of FW III with two reflections, the first of which he entitles "Die grösste Veränderung. –" (FW 152). Its theme is that, with the "death" not only of the God-idea but also of the various forms of religiousness that previously (and variously) illuminated and humanized our sense of our world and ourselves, we find ourselves newly challenged. Our situation is different from that of a transition from one sort of religious sensibility to another. We now find ourselves having to learn to get along without *anything of the sort* – or at any rate, without any transcendent source of illumination and comfort. A thoroughly de-deified and naturalized world would seem to be not only a disenchanted one but also a darkened and colder one. "Wir haben die Dinge neu gefärbt, wir malen immerfort an ihnen [...]." Nietzsche writes, perhaps with the Wissenschaften and the arts in mind; but he confesses to the sense that our efforts seem rather feeble when compared to "jener alten Meisterin! –" at this sort of thing – namely, "die alte Menschheit" (FW 151, 495). But we can no longer avail ourselves of their options, which are no longer live ones for us. Now the real reckoning with "the death of God" must begin.

In short: where do we go from here? That is what Nietzsche asks in the second of these two sections, which he titles "Homo poeta." Echoing the "tolle Mensch" section, he writes (putting his words in quotation marks, perhaps again in the spirit of that section) that the situation would seem to be an impossible one, and a tragic one at that; for it would seem that nothing short of "ein Gott" will do, and yet nothing transcendent of morality and religiousness remains, and "ich selber habe jetzt im vierten Act alle Götter umgebracht, – aus Moralität!" (FW 153, 496) And he concludes by wondering about the possibility of an appropriately "tragische Lösung" – or, alternately (and seemingly even more impossibly) "eine komische Lösung." He concludes the initial version of the work, at the end of the fourth Book, by citing the opening of *Zarathustra*, giving it the heading "Incipit tragoedia" – seemingly opting for the former. If so, I would say that it is "tragedy" of an unusual sort – neither Greek, nor Shakespearean, nor Wagnerian, but rather (so to speak) Zarathustrian – although it is not easy to parse Nietzsche's *Zarathustra* as tragic, notwithstanding his apparent invitation to us to do so. But be that as it may – what is to be made of the rest of the third Book?

The remainder of this Book, from FW 154 onward, might be regarded as having two parts. Both are aphoristic, with few sections running to more than a half-dozen lines, and many of them being single-sentence quips and observations. The first part – all but the set of questions and answers with which the Book concludes – is reminiscent of *Menschliches, Allzumenschliches* in style, tone and content. It deals with many different facets of "the human" – from the all-too-human to the typically human to both the pathologically human and the exceptionally human in some of its many different developments and manifestations.

A few of these aphorisms are also of interest for their bearing on various aspects of Nietzsche's developing philosophical thinking. One of them, often cited as though it were his last word on the subject, is an aphorism bearing the heading "Letzte Skepsis," in which he asserts that "die Wahrheiten des Menschen" are "zuletzt" actually simply "die unwiderlegbaren Irrthümer des Menschen" (FW 265, 518). It is far from clear, however, that he means this to apply not only to ideas that are commonly taken for granted or are indispensible to our thinking and reasoning in various contexts, but also to all truths in all domains of discourse in human life, ranging from ordinary-life contexts to the many special contexts – for example, legal, historical, mathematical, medical and scientific – in which there are established truth-conditions. I consider that doubtful. It further is far from clear that he also means it to apply to everything even he and his kind of philosopher might come up with in their reinterpretations and revaluations. Indeed, that is doubtful as well, since what he says then would apply to this proposition itself, which would be nonsensical – which it is quite obviously not meant to be. Moreover, this aphorism is preceded by another, only a few pages prior, in which he shows himself to be one who "kennt [...] die Leidenschaft des Erkennenden" (FW 249, 515), problematic though he may consider that "Leidenschaft" to be (as has been noted above).

What I take Nietzsche to have in mind in FW 265, as he sometimes (although not always) makes explicit on other occasions in which he says such things, is a special class of supposedly privileged and fundamental purported "truths": namely, the principles basic to logical and scientific reasoning, such as those of "(non-)contradiction" and of "sufficient reason" or causality – the "human" (and problematic) character of which he frequently insists upon. But he also makes much of the very real human possibility of various forms of Erkenntnis, not only elsewhere but in this very work and Book. So, for example, he shortly before had made the interesting suggestion that it is desirable for "die Feinheit und Strenge der Mathematik" to be introduced into "alle Wissenschaften," not in the belief "das wir auf diesm Wege die Dinge erkennen werden," but rather because mathematics is "nur das Mittel der allgemeinen und letzten Menschenkenntniss" (FW 246, 514 f.). And "Menschenkenntniss" is not only an instance (or multiplicity of instances) of Kenntnis and Erkenntnis, but is the sort of comprehension that he cares most about and has in view throughout this work. So also, earlier in this set of sections, he had written of the need for "den Deutschen" to get over their "moralische Vorurtheile gegen den Werth der Erkenntnis" (FW 178, 501).

In short: the "Skepsis" of which Nietzsche speaks in FW 265 is not a global and total one. The thinker we encounter in this third Book shows himself to be a professed philosophical Wissenschaftler convinced of the possibility – and "Wert," as FW 178 implies, presumably both humanly and philosophically – of Erkenntnis with respect to at least some things, relating to our human reality in particular. Indeed, this set of sections contains a good many examples of what he would seem to regard as cases in point.

A sampling of at least a part of what he means by "Menscherkenntniss," I suggest, is precisely what this last main part of this Book is intended to provide. This would make good sense of the inclusion of its many aphorisms here, which differ so considerably in character from those that precede them. Indeed, I take them to illustrate what Nietzsche was talking about in FW 113, in speaking of "die practische Weisheit des Lebens" as one of the important ingredients in the mix of the higher-order kind of thinking he there envisions, along with wissenschaftlich sophistication and "künstlerischen Kräfte." That sort of "practische Weisheit" (FW 113, 474) is something for which these other qualities do not suffice, and by which they need to be complemented if justice is to be done to human reality in its new-philosophical naturalizing reinterpretation. I would suggest that Nietzsche is here reminding us that *his own* thinking *has this* dimension (which has been on display from *Menschliches, Allzumenschliches* onward), as well as the other two – at least in aspiration, in the case of the wissenschaftlich, and soon to be demonstrated (by the literary-philosophical creation that followed FW), in the case of the künstlich. This part of the third Book might be thought of as a component of his own audition for the multifacited role of the kind of new higher-order thinker he envisions and describes in FW 113 – the filling of which role thus may not for him be as distant a prospect as he appears to be suggesting.

7 Putting Some Cards on the Table

The second short set of aphorisms (FW 268–275), with which the Book concludes, has the form of a catechism. In this series of questions and answers, Nietzsche puts a number of his cards on the table in vivid form, to convey something of the character of the kind of philosophical thinking to which he is committed and aspiring at this juncture. It is a kind of thinking that he considers not only to be compatible with the de-deifying and naturalizing program he heralds at the Book's outset but also to be called for by it, in order to move constructively beyond it – as one moves on to the question of where we go from here, humanly as well as interpretively. In these concluding aphorisms Nietzsche touches on matters relating to the ideas of a "higher" humanity and a "healthier" humanity, and so of what he would come to call its "enhancement." He does so very cryptically, yet revealingly, making it clear that it is considerations such as these for which all that has preceded these Sätze has been preparing the way. They also are indicative of aspects of the new sort of *sensibility* that he goes on to attempt to introduce and cultivate in different ways, in both the next (fourth) Book and the work that followed it, heralded in that Book's final section (FW 342): his *Zarathustra*.

There is a sense in which these rather hortatory concluding aphorisms may be intended and read as further expressions of "die practische Weisheit des Lebens" that has been on display in this last part of the Book prior to them, offered here to show that such "Weisheit" is not limited to the recognition and exploration of the allzumenschlich character of so much of the Menschlichen. Nietzsche here turns to and concludes with some words of wisdom with respect to human possibilities that may be exceptional but are also to be discerned and taken seriously – and that are deserving of the last word, particularly after the sobering series of reflections with which the Book began and proceeded. These aphorisms suggest where and how enlightened (and disillusioned) free spirits might go from here, both philosophically and humanly, beyond the "death of God," the de-deifying of nature, and the naturalizing of human reality.

So, in FW 268, with which the catechism begins, Nietzsche envisions a new, possible and admirable sort of tragic "heroism" of the spirit in which highest hopes are dared and pursued, undaunted by the recognition of the highest suffering they invite. In FW 269 he expresses belief in the necessity – and therefore the possibility – of an Umwertung of values that is no mere *Entwertung*: "dass die Gewichte aller Dinge neu bestimmt werden müssen" (FW 269, 519). And in FW 270 he embraces the idea of a new, post-religious and post-moral form of "Gewissen," with a new kind of call, which he famously formulates as: "'Du sollst der werden, der du bist.'" (FW 270) I shall not attempt to explicate this call here; but I consider it very evidently to connect with his own parsing of this very idea toward the end of the next and final Book of this work's first version: "Wir aber wollen Die werden, die wir sind, – die Neuen, die Einmaligen, die Unvergleichbaren, die Sich-selber-Gesetzgebenden, die Sich-selber-Schaffenden!" (FW 335, 563) This, for the Nietzsche we encounter here, is clearly a real and meaningful – if also difficult and precarious – human possibility.

So, in the next aphorism, Nietzsche points to what – for him, at any rate – seems to be at least one of the dangers to the realization of this possibility, which Schopenhauer had actually championed, and had made all too seductively attractive: "deine grössten Gefahren" are said to lie in "Mitleiden" (FW 271, 519). He presumably has in mind both Mitleid for others and Mitleid for oneself; and he could also have in mind what he had had Zarathustra refer to, three years later, as his own "letzte Sünde," just before the ringing conclusion of the fourth part of that work made possible by its overcoming: the "sin" of "Mitleiden! Das Mitleiden mit dem höheren Menschen!" (Z; KSA 4, 408). In any event, coming just after FW 268, this aphorism stands as a warning against allowing the "höchste Leide" that his kind of "heroism" dares to risk, in conjunction with one's "höchsten Hoffnung," to give rise to a paralyzing Mitleid that would pose a deeper danger than any such Leiden to the kind of life and its enhancement that he is envisioning.

The theme of such a hope is sounded again in the next aphorism, in which what Nietzsche says he loves "an Anderen" is: "Meine Hoffnungen" (FW 272, 519). And as a counterpoint to the aphorism about the danger to his hopes posed by the seductiveness of that sort of Mitleid that is self-pity, Nietzsche had just made the point (a few aphorisms previously) that "Wer Grösse hat" must have the capacity for a kind of "Grausamkeit" – to be shown not toward others but rather precisely "gegen seine [eigene] Tugenden und Erwägungen zweiten Ranges" – strong enough to override any such feeling (FW 266, 518).

Nietzsche concludes this series of questions and answers (and this Book) on a seemingly surprising note, with three aphorisms on the topic of "Scham." In FW 273, in response to the question "Wen nennst du schlecht?" he answers: "Den, der immer beschämen will" (KSA 3, 519) – thereby seeming to suggest the inculcation of the feeling of shame to be at the top of his list of reprehensible things people can do to others (FW 274). In the next aphorism he says that what is most humane ("das Menschlichste") is "Scham ersparen" – refraining from cultivating the sense of shame and prompting feelings of shame in others (FW 274). And in the final aphorism he carries the theme of liberation from shame a final step, into oneself: the "Siegel der erreichten Freiheit" is said to be "Sich nicht mehr vor sich selber schämen" (FW 275). What is to be made of this – particularly as a conclusion?

The very fact that Nietzsche devotes not just the final aphorism but the final *three* aphorisms to this theme suggests that he considered it to be a matter of great importance. I believe this to be the case. He also attached importance to liberation from the sway of a variety of other such phenomena, owing to their blighting effect – the senses of guilt and sinfulness among them. At this point, however, it was the sense of shame that he seized upon (in the spirit of FW 269, it may be noted, as a salient instance of something he considers to be in serious need of Umwertung). I suggest that he may have done so because he regarded shame as a particularly insidious device that has long been employed to make people feel and think badly of themselves and everything about themselves relating to natural states, functions and dispositions – from nakedness and lust to assertiveness and competitiveness to curiosity and selfishness – and because he considered it one of the "shadows of God" that is to be "besiegt" (in the language of FW 108). (Recall Genesis 3:7.) This is a theme to which Nietzsche returned, using similar language, in *Götzen-Dämmerung*, in the concluding section of "Die Vier Grossen Irrtümer. –". There he associates the demise of "der Begriff 'Gott'" with what he calls "die grosse Befreiung – damit erst ist die Unschuld des Werdens wieder hergestellt…" (GD; Irrthümer 8, KSA 6, 97). That Unschuld is akin to the condition of being able to be unashamed that he is envisioning here.

The "shame-overcoming" theme of these last aphorisms also anticipates and is suggestive of one of the basic characteristics of the new sort of *sensibility* Nietzsche has come to understand is needed in the aftermath of the "death of God." It is one that would be associated with the "grossen Gesundheit" of the "Mensch der Zukunft, der uns ebenso vom bisherigen Ideal erlösen wird […], dieser Antichrist und Antinihilist, dieser Besieger Gottes und des Nichts […]" (as he was to put it at the end of the second Essay of *Genealogie der Moral*, in GM II 24; KSA 5, 336). This post-religious, post-shame-and-guilt-blighted, and also post-nihilistic sensibility would be life-affirming rather than life-denying or life-undermining (in the manner of shame with respect to the natural). It would be sufficiently attuned to the "neu gefundenen, neu erlösten Natur" and "vernatürlicht" human reality of which Nietzsche speaks in FW 109 to be able not only to endure them but to celebrate them in the "Ja-sagend" spirit of the opening section of the fourth Book (FW 276) and of FW 334 ("Man muss lieben lernen. –", FW 334, 559).

This sensibility is precisely the sort of sensibility that Nietzsche would appear to be attempting to develop and cultivate by way of his very next work and pedagogical masterpiece. *Also sprach Zarathustra* is many things – one of which, I suggest, is that it is his Bildungsroman-style response to the challenge posed by this third Book of FW and its last brief aphorisms – along with FW 341 ("Das grösste Schwergewicht"). That is the challenge of showing that a new (shame-free, entirely this-worldly) sensibility of this sort is humanly possible, and of making it tangible – and even accessible. (This may be why Nietzsche attributes such importance to it in *Ecce Homo*.)

In sum: I attach great importance to Book Three of FW because, as I read it and understand its author, it is here that Nietzsche gets down to the serious business required by its dramatic opening lines. This task – the task of naturalizing reinterpretation, revaluation, and sensibility transformation – is one for which his previous thought and work had prepared him. It is a task that animates *Zarathustra*, its sequel. And I regard it as the task of which all of his subsequent work is the continuation.

Literatur

Schacht, Richard 1995: "Zarathustra/Zarathustra as Educator," in: Peter R. Sedgwick (ed.): Nietzsche: A Critical Reader, Oxford, pp. 222–249.

Schacht, Richard 2012a: "Nietzsche's Naturalism," in: The Journal of Nietzsche Studies 43/3, pp. 185–212.

Schacht, Richard 2012b: "Nietzsche's Naturalism and Normativity," in: Christopher Janaway/ Simon Robertson (eds.): Nietzsche, Naturalism, and Normativity, Oxford, pp. 236–57.

Patrick Wotling
Philosophie als Jasagen

Viertes Buch

1 Prolog: Ein neuer Anfang (FW 276–279, 521–524)

Das dritte Buch der *fröhlichen Wissenschaft* endet mit der nachdrücklichen Verurteilung eines Affekts: der Scham, von der das menschliche Leben gereinigt werden muss (FW 273–275, 519). Das vierte Buch beginnt erneut mit einem Affekt: dem Ja-sagen (FW 276, 521). Anzumerken wäre, dass dieses Buch ebenfalls mit der Affirmation endet, indem es ihre höchste Form, den Gedanken der Ewigen Wiederkehr (FW 341, 570), darstellt, und in der Figur Zarathustras sein tatsächliches Ins-Werk-Setzen ankündigt (FW 342, 571). Im Übergang vom Ende des dritten bis zur Eröffnung des vierten Buchs findet sich, wie unmittelbar naheliegt, der Sinn jener Arbeit, die letzteres zu realisieren verspricht: die Ersetzung einer Lebensweise, die in einer asketisch, platonisch und christlich geprägten Kultur der Schuld herrscht, durch eine neue Lebensweise der Bejahung („dir selber und dem Leben gut werden", FW 341, 570.)

In der Hauptsache zielt das Buch also auf die Darstellung einer neuen affektiven Tonart und will zeigen, wie diese das philosophische Unterfangen verändert. Tatsächlich hat Nietzsche darauf Wert gelegt, den Hauptgedanken, den sein Werk entwickeln soll und der ihm seinen Titel verleiht, im Zentrum dieses vierten Buchs zu präsentieren: die Idee der „fröhliche[n] Wissenschaft"' (FW 327, 555; vgl. FW 324, 552f.). Was aber ist die „fröhliche Wissenschaft"? Es ist die Einstellung, die sich aus der Vorherrschaft eines spezifischen Affekts ergibt: der Heiterkeit (eingeführt ab FW 283, 526). Was ist die herausstechende Eigenschaft dieser Einstellung? Ihre Zustimmung zum Leben oder, um es negativ auszudrücken, ihre Zurückweisung des Misstrauens und der Ranküne, der heimtückischen Verleumdung bestimmter Aspekte des Lebens, wie sie seit jeher die monotheistischen Religionen und asketischen Moralen beseelt hat, aber auch, was ebenso schlimm ist, die gesamte Philosophie seit ihrer platonischen Grundlegung. Was also bezeichnet die „fröhliche Wissenschaft"? Keine theoretische Lehre höherer Wahrheit, auch keine neue Wissenschaft, sondern ein neues Verhältnis zum Dasein insgesamt: eine neue Weise zu leben und folglich auch zu denken und zu empfinden. Zu diesem Affekt wäre im Übrigen noch anzumerken, dass Nietzsche sich entschließen wird, mit ihm das fünfte Buch zu eröffnen, das er der ersten Version seines Werks anfügen wird – in Gestalt der Herkunft einer sehr spezifischen Art der Auslegung der Realität, die gänzlich verschieden von jener in der europäischen Kultur bestimmenden ist („*Was es mit unserer Heiterkeit auf sich hat*", FW 343, 573f.).

Das vierte Buch arbeitet folglich besonders die positive Dimension von Nietzsches Denken heraus. Die Kritik nimmt bei ihr jedenfalls nicht den ersten Platz ein; und wenn sie einmal einschreitet, um eine Lehre zurückzuweisen, so wird sie, noch im selben oder einem nachfolgenden Aphorismus, mit einer für das Aufblühen menschlichen Lebens zu bevorzugenden Gegenlehre verbunden.

Ein weiterer bemerkenswerter Zug ist die Anwesenheit eines Gedichts zur Eröffnung dieses Buchs, die sogleich einen Hinweis auf die Natur der gewählten Perspektive der gesamten Sammlung der 66 Aphorismen liefert, die das vierte Buch ausmachen. Diese poetische Ouvertüre betont einerseits die schöpferische Ausrichtung, die die Art der Reflexion beherrscht, die Nietzsche zu präsentieren im Begriff ist. Sie deutet andererseits die eigentliche Absicht an, und zwar einmal mehr durch den Affekt, der sie leitet: Im Kern dieser Verse findet sich die Ankündigung einer „höchste[n] Hoffnung", durch die Nietzsche deutlich macht, dass die Aufgabe des Philosophen sich nicht auf die Erkenntnis eines objektiven Wissens beschränkt, sondern dass sie vielmehr praktisch und schöpferisch ist und auf ihre tatsächliche Umsetzung zielt. Die Abfolge der Aphorismen wird die Natur dieser Hoffnung präzisieren: die Erhöhung des Menschen bzw. die Verwirklichung der Möglichkeit höherer Lebensformen. Das setzt die Befreiung von den Ideen der Verneiner voraus, die die europäische Humanität bedrohen.

Der Aphorismus 276 erläutert sogleich die im Gedicht angekündigte „höchste Hoffnung" durch die Darstellung des grundlegenden Gedanken, auf den sie sich stützt: den „liebste[n] Gedanke[n]", von dem im Folgenden sämtliche Analysen des vierten Buchs ausgehen. Dieser Gedanke besteht darin, „nur noch ein Ja-sagender" zu sein, d.h. jede Form von Verneinung zu überwinden. Das Mittel hierzu ist die Vereinigung des Gefühls der Schönheit und der Notwendigkeit: das ist der *amor fati*, die aus Heiterkeit geborene Auslegung der Realität, deren Darstellung und Rechtfertigung zum Thema des vierten Buchs der *Fröhlichen Wissenschaft* werden.[1]

In der Art und Weise der Inszenierung dieses Denkens fließen mehrere Elemente zusammen, um seine Tragweite anzuzeigen: zuallererst die parodistische Anspielung auf Descartes, der emblematischen Figur des Neuanfangs in der Philosophie, die anzeigt, dass es um der Weiterentwicklung willen einer Reform der Philosophie überhaupt bedarf. In Übereinstimmung mit diesem Hinweis enthüllt der Bezug auf das neue Jahr den Sinn der Reflexion, die das vierte Buch leiten wird: um die Tatsache zu wissen, dass sie selbst ausschließlich auf den Anbruch eines

---

[1] Für eine detaillierte Beschäftigung mit dem Jasagen, s. Müller-Lauter 1999.

kommenden Zeitalters ausgerichtet sein wird. Die Originalität der Perspektive der Aphorismen in ihrer Gesamtheit besteht genau darin, dass sie die Neudefinition des philosophischen Unterfangens mit einer Reflexion der Zukunft verbinden, und in diesem Sinne stellt dieses vierte Buch bereits das „Vorspiel einer Philosophie der Zukunft" dar, wie es *Jenseits von Gut und Böse* einige Jahre später sein wird. Schließlich kündigte sein Titel „Sanctus Januarius" selbst auch schon den Beginn einer neuen Ära an, metaphorisch ausgedrückt durch den Bezug auf den ersten Monat des Jahres. Dabei erläuterte er seine bahnbrechende Natur zugleich durch den, von der neapolitanischen Figur des San Gennaro getragenen, Rückgriff auf die Idee des Südens, des mediterranen Universums, das für Nietzsche bekanntlich Symbol einer bestimmten Art der Kultur ist, getragen von Gesundheit und Kraft, im Gegensatz zum Norden, wo der Herdentrieb (vgl. FW 291, 532) und die asketische Ideale regieren, die den Menschen zunehmend in den Nihilismus treiben. Der Bezug auf Neapel taucht im Übrigen explizit in FW 283 wieder auf, um den positiven Wert der Gefahr zu verteidigen, folglich des Mutes und des Entdeckergeists, zweier grundlegender Wesenszüge der richtig verstandenen Philosophie: „Baut eure Städte an den Vesuv! Schickt eure Schiffe in unerforschte Meere!" (FW 283, 526)

Anders gesagt: Wenn das dritte Buch die Verkündung von Gottes Tod und des Einstiegs in den Nihilismus, genauer: in seine letzte Phase, war, wird das vierte Buch für die Erlösung des Daseins stehen. Es wird die Möglichkeit einer neuen Morgenröte ankündigen, die auf die Dämmerung der kranken und verneinenden Kultur folgt, die Europa seit mehr als zwei Jahrtausenden regiert. Es ist in dieser Hinsicht durchaus bemerkenswert, dass der letzte Aphorismus dieses Buches, mit dem die Erstausgabe der *Fröhlichen Wissenschaft* endete, mit dem Bild des Sonnenzyklus schließt, der sowohl das Handlungsmodell Zarathustras als auch die Metapher der Lehre dieses vierten Buches ist. Gewiss geht es darum, einen neuen Aufbruch des Denkens vorzustellen. Dieses Buch setzt sich zum Ziel zu demonstrieren, wie das „Ich" seines ersten Aphorismus konkret die Bejahung herbeizuführen versteht, die es sich zur Aufgabe gemacht hat. Anders gesagt besteht seine Absicht darin aufzuzeigen, wie die Philosophie reformiert werden soll.

Das Buch wird also von einer rigorosen Entwicklungslogik beherrscht, obgleich seine Komposition keinem deutlich erkennbaren und scharf abgegrenzten Plan gehorcht, der die klar voneinander unterschiedenen thematischen Abschnitte verbinden würde. Gewiss kann der Leser gleichsam aufeinander folgende Wellen ausmachen, die eine Art Kontinuität ausdrücken. In klarer Übereinstimmung mit der aphoristischen, antisystematischen Ausdrucksform, die Nietzsche praktiziert, wird er allerdings die ebenso auffällige Anzahl thematischer Reprisen, Echos, Vertiefungen und Variationen eines Begriffs feststellen, durchgehende Bereicherungen durch Veränderung des Gesichtspunktes, wie es der spezifischen Logik des Perspektivismus entspricht. Für das Verständnis des analytischen Vorgehens müssen diese beiden Dimensionen gleichzeitig einbezogen werden. Die mehr als 60 Aphorismen, die in diesem Buch versammelt sind und die eine Bewegung fortschreitender Aufklärung skizzieren, schlagen vor, wie die Erkenntnis, die Wissenschaft, die Moral, die Leidenschaft, die Tatregulierung, das Leiden, das Verhältnis zum Anderen, die Moderne usf. aus der Perspektive der Bejahung aussehen sollten. Die grundlegende Logik indes, die das Buch strukturiert, ist jene einer fortschreitenden Darstellung von Charakteristiken des wahrhaften Philosophen, die in fünf Abschnitten ausgeführt wird. Nietzsches Absicht ist es, die Natur des neu gedachten philosophischen Unterfangens auszustellen, das im Dienste des *amor fati* steht, und die Art und Weise verständlich zu machen, mit der es künftig einen Einfluss auf den Menschen ausüben wird, in dem es ihn verändert. Ferner geht es um die Analyse der aktuellen Bedingungen der europäischen Kultur, um jene Hindernisse zu entdecken, die sich der Verwirklichung dieser Aufgabe in den Weg stellen und die der Philosoph zu überwinden hat.

Das ist auch der Grund, warum Nietzsche vom ersten Aphorismus an deutlich macht, was es zu überwinden gilt: die Interpretation der „Ankläger", seine Bezeichnung für die Apologeten der idealistischen und asketischen Interpretation des Daseins, die, anders gesagt, das Wirkliche verleumden, um im Gegenteil eine übersinnliche Realität, die sogenannte „wahre Welt" (vgl. GD Fabel; KSA 6, 80f. „Wie die ‚wahre Welt' endlich zur Fabel wurde") zu privilegieren, die die einzig wirkliche Welt negiert. Die Vertreter dieser Auslegung und der Werte, die sie impliziert, tauchen unter anderen Namen an verschieden Stellen der Analyse wieder auf. Zugleich spezifiziert dieser Eröffnungstext die Natur der philosophischen Intervention, indem er die Anpassung der Philosophie an eine bloße Widerlegungsarbeit ablehnt. Bekanntlich erinnert Nietzsche durch sein gesamtes Werk hindurch an die Oberflächlichkeit der kritischen Haltung. Die wahre Aufgabe des Philosophen sei positiv und schöpferisch (zum Beispiel GM Vorrede 4; KSA 5, 250).

Nachdem das neue Denken, das den Philosophen leitet, eingeführt ist und ehe er im Detail auf seine Implikationen eingeht, präsentiert Nietzsche ein Ensemble von drei Aphorismen (FW 277–279, 521–524), das die Präzisierung seiner wahren Signifikanz beabsichtigt und sie von einem potentiellen Missverständnis abgrenzt. Diese Aphorismengruppe kann man wie die Widerlegung dreier Einwände lesen, die sich dieser Idee entgegensetzen ließen, bzw. dreier Gefahren der Unterwerfung des Geistes, die der Philosoph überwinden muss: Sie betreffen das mögliche Wiederaufleben der Idee der Vorsehung (FW 277, 521f.), das Denken des Todes (FW 278, 523) und den problematischen Status der Freundschaft (FW 279, 523f.). Es ist bezeichnend, dass diese drei Themen die Kernbereiche des epikureischen Denkens ausmachen; und es ist kein Zufall, dass Epikur im ersten dieser Texte ausdrücklich erwähnt wird, wie es ebenfalls nicht unerheblich ist, dass der Rest des Buches auf den Gegensatz von Stoizismus und Epikureismus zurückkommt, um so die intellektuelle Stimmung der neuen Philosophie zu charakterisieren (FW 306, 544). Das Risiko der Fehldeutung ist in der Tat real: Der *amor fati* ist eine dem römischen Stoizismus entlehnte Formel, die Nietzsche ihres ursprünglichen Sinns entkleidet, um ihm eine ganz neue Form der Verbindung zur Realität zuzuschreiben, die mit dem Ideal des stoischen Weisen nicht länger vereinbar ist. Anders gesagt handelt es sich darum, den Leser zu warnen und darauf hinzuweisen, dass die Haltung des bejahenden Philosophen, selbst wenn sie der epikureischen Ataraxie nicht gleichgesetzt werden kann, dieser sehr viel näher steht als der stoischen Apathie, der Anti-Vorsehung näher als der stoischen Vernunft. Das erste Risiko, das dem Philosophen des Ja-Sagens droht, betrifft die Art und Weise des Denkens der Notwendigkeit als Herzstück des *amor fati*. Paradoxerweise dient es tatsächlich der Durchschlagskraft seines „Auslegen[s]" (FW 277, 522) der Realität, das, weil es jedes Ereignis des Lebens als notwendiges erscheinen lässt, nämlich wie „voll tiefen Sinnes und Nutzens" (FW 277, 522) zur Rationalisierung der Notwendigkeit und der Wiedereinführung einer Entsprechung zur göttlichen Weisheit anstiftet, die nicht mehr auf der Ebene der Welt in ihrer Gesamtheit, aber des individuellen Lebens des Philosophen wirksam wird. In diesem Sinne führt Nietzsches *amor fati* zur Aufrechterhaltung einer strengen Trennung zwischen Notwendigkeit und Rationalität und zur Verbindung der Notwendigkeit mit dem Nicht-Sinn während es in dieser Hinsicht das Gefühl der Befriedigung spüren lässt, das die Schönheit verschafft. Für den Philosophen gilt es also, dieser Versuchung zu widerstehen, wie es just die einzige Vorstellung war, die sich Epikur von den Göttern machte: den „sorglosen Unbekannten", die nicht in das menschliches Leben eingreifen. Die Schönheit dient dem Zufall, keiner rationalen Vorsehung; das Dasein ist ein „schönes Chaos" (FW 277, 521), kein System – und es ist genau dieser Umstand, der zu bejahen ist.

Der Aphorismus 278 zeigt also eine epikureische Tendenz, die der Menschheit spontan innewohnt: die Ohnmacht des Todesgedankens und seiner unausweichlichen Notwendigkeit, die Lebenskraft zu hemmen. Die philosophische Tat wird darin bestehen, diese Tendenz auszunutzen, um die Anbindung an das Leben wieder zu verstärken. Die gelegentlichen Fälle von Freundschaft können ebenfalls die Vorlage für einen Einwand liefern, insofern sie ein Gefühl von Verbitterung oder Scham erzeugen können (FW 279, 523). Nietzsches Analyse bietet hier eine gute Anwendungsmöglichkeit des Anspruchs des *amor fati*. Indem sie dazu einlädt, den Abbruch einer Freundschaft nicht als Verrat, sondern als Folge der Notwendigkeit zu verstehen, der die individuellen Bahnen bestimmt, die jede persönliche Verantwortung übersteigt („die allmächtige Gewalt unserer Aufgabe", „das Gesetz über uns", FW 279, 524), erlaubt es uns letztlich, die Gefühle der Verbitterung und des Ressentiment zu eliminieren – und dergestalt aus der Entfernung am Wert und heiligen Charakter der Freundschaft festzuhalten.

2 „Vorbereitende tapfere Menschen" (FW 280–294, 524–535)

Nachdem die eigentliche Bedeutung des Gedankens des *amor fati* erläutert worden ist, wendet sich Nietzsche den Bedingungen seiner Umsetzung zu. Seine Möglichkeit ruht auf einem fundamentalen Anspruch, den der Aphorismus 289 formuliert: „und neue Philosophen!" (FW, 289, 530) So beginnt die Re-Definition der philosophischen Aufgabe, die er impliziert, grundlegend verschieden von der inadäquaten Vorstellung, die bis in die Gegenwart die philosophische Tradition bestimmt hat. Man kann gar nicht genug betonen, dass diese Ambition zur konsequentesten Re-Definition des Philosophen eine wesentliche Beschäftigung von Nietzsches Denken der 1880er Jahre ausmacht. Besonders *Jenseits von Gut und Böse* wird ihr einen zentralen Platz zuweisen und in fast jedem Hauptstück auf dieses Problem insistieren. Es ist deshalb wohl kaum erstaunlich, dass eine große Zahl der Züge, die das Porträt des Philosophen im vierten Buch der *Fröhlichen Wissenschaft* beschreiben, den Analysen vorgreifen, oft in weiter entwickelter Form, die das Werk von 1886 präsentieren wird.

Die Bewegung des Textes ist komplex und verschlungen, aber sie lässt gleichwohl vier aufeinander folgende Abschnitte der Erläuterung erkennen. Eine erste Gruppe von Aphorismen enthüllt zwei Hauptbestimmungen: die Tapferkeit und die Beziehung zur Zukunft. Der allgemeine Rahmen wird von Aphorismus 280 abgesteckt, der die Analyse über die Frage nach der *vita contemplativa* einleitet, um für sie zwei Versionen zu unterscheiden. Er verbindet diese Unterscheidung zugleich mit der speziellen historischen Situation Europas: Die Eröffnung von Gottes Tod läutet tatsächlich ein neues Zeitalter ein – daraus wird der Gesamtrahmen des vierten Buches. Das ist der Grund, warum eine neue, angemessenere Figur des Philosophen überhaupt möglich geworden ist. Sie wird in erster Linie durch die Formel „wir Gottlosen" gekennzeichnet (FW 280, 525). Diese Benennung weist darauf hin, dass sich die philosophische Reflexion radikal von dem kontemplativen Leben unterscheidet, das auf asketischen Werten beruht: „die Zeit ist vorbei, wo die Kirche das Monopol des Nachdenkens besass" (FW 280, 524). Sie gibt zugleich zu verstehen, wie explizit von späteren Texten bestätigt (vgl. GM III 10 und 11; KSA 5, 360 f. und AC 12; KSA 6, 178), dass der Philosoph bis jetzt noch nicht existiert hat, außer in der Form asketischer Priester oder als Anwalt von dessen Werten, die seit dem Platonismus über die europäische Kultur herrschen. Es geht also darum, den Philosophen mit seinem Begriff in Übereinstimmung zu bringen, die Aufgabe, die ihm obliegt, eindeutig verständlich zu machen. Sie kann nicht auf eine rein theoretische Aktivität reduziert werden, auf die Suche nach angeblich objektiver Erkenntnis.

Der Aphorismus 283 beginnt nun mit der detaillierten Präsentation der positiven Analyse des Philosophen. Diese Studie ist von einer psychologischen Perspektive getragen, in dem Maß, in dem der wahre Philosoph einen Typus repräsentiert, der sich über die Vorherrschaft bestimmter Triebe und Affekte definiert, d. h. über die unbewusste Regulierung, die sein Leben und seine Handlungen organisiert. In diesem psychologischen Porträt, das bis zum Ende des vierten Buchs immer stärker ausgemalt wird, entscheidet sich Nietzsche dafür, zwei voneinander schwer abzugrenzende Züge herauszuarbeiten, die auf besondere Weise den Abstand zur traditionellen Vorstellung unterstreichen.

Die Identifikation der Tapferkeit als grundlegender Antrieb des wahren Philosophen erinnert zunächst daran, dass seine Reflexion als eine gefährliche Erforschung des Unbekannten und als ein Versuch verstanden werden muss (dessen genaue Bedeutung in der Folge des vierten Buchs präzisiert wird). Das enthält eine radikale Kritik. Denn für Nietzsche ist die Tatsache, dass die Philosophie bis in die Gegenwart hinein als Wahrheitssuche praktiziert worden ist, ein Zeichen dafür, dass sie immer von ganz anderen Affekten geleitet worden ist: etwa von Angst und Feigheit, d. h. vom Wunsch der Selbstvergewisserung durch das systematische Auffinden des schon Bekannten. Sich dem Unbekannten auszusetzen ist also die erste Anforderung der Philosophie. Im Übrigen macht der Zusammensturz der Werte und damit der traditionellen Orientierungen unserer Lebensweise, der synonym zum Tod Gottes ist, nunmehr aus dieser Herausforderung eine alternativlose Notwendigkeit. Es ist in der Tat „ein männliches, ein kriegerisches Zeitalter", das jetzt beginnt, und die späteren Werke bestätigen diese Diagnose (vgl. JGB 209; KSA 5, 140: „das neue kriegerische Zeitalter, in welches wir Europäer ersichtlich eingetreten sind").

Wie also soll man sich diese Tapferkeit konkret veranschaulichen? Zunächst hinsichtlich ihrer selbst: durch den Mut, mit dem der Philosoph den Kampf gegen die Müdigkeit und den Selbstzweifel aufnimmt (FW 284, 527), die ihn wegen der extremen Schwierigkeit seiner Aufgabe ständig bedrohen (vgl. besonders FW 325, 553; FW 338, 567–568). Das impliziert beispielsweise die Ablehnung eines Glaubens an Gott und, allgemeiner ausgedrückt, an ein Absolutes, das die Bequemlichkeit einer letztgültigen Antwort bieten könnte und den Geist folglich von der Schwierigkeit der Entdeckungsreisen freispräche (FW 285, 527 f.). Die Tapferkeit setzt die Fähigkeit voraus, in Ungewissheit zu leben (FW 287, 528), ständig die Gefahr herauszufordern. Es bedarf ihrer mithin insofern die Philosophie ein Kampf und eben keine leidenschaftslose und in sich ruhende Tätigkeit ist (vgl. FW 333, 559). Freilich ist der Krieg, den sie führt, ein philosophischer Krieg, d. h. ein Krieg für das Denken in seiner Strenge und Redlichkeit.

Es ist diese Vorstellung, die die Kennzeichnung des Philosophen bis hin zur Eignung für das Befehlen verlängert („gewohnt und sicher im Befehlen", FW 283,

526). Auf anspielungsreiche Weise kündigt sie das Problem der Werte an und erläutert den Begriff des freien Geistes, demzufolge der Philosoph sich als Schöpfer und Gesetzgeber in Sachen der Werte verstehen sollte (FW 310, 540; FW 335, 563; vgl. JGB 211; KSA 5, 145) – darin besteht die Natur seiner Befehlsgewalt. Im Gegensatz zur traditionellen Suche nach dem Wesen besteht der Heroismus der Erkenntnis auf ganz allgemeine Weise in der Überwindung der Dinge und seiner selbst. Genau darin besteht die Verknüpfung mit der zweiten Bestimmung des Philosophen, der Sorge um die Zukunft. Zuallererst deshalb, weil der von Nietzsche evozierte Denker hier die Figur eines kommenden Denkers ist, dessen Wirkungskreis nur angekündigt wird und der erst in einer Epoche erscheinen wird, die auf die gerade beginnende neue Periode folgt. Der Kardinalpunkt besteht allerdings darin, dass sich Nietzsche nicht damit zufrieden gibt, passiv die Veränderung der Epoche zu registrieren: Er denkt über ihren Sinn nach, indem er zeigt, dass sie kein Ziel darstellt, sondern ganz im Gegenteil die Ankunft einer Epoche ankündigt und vor allem vorbereitet, die noch in weiter Ferne liegt, die aber die noch höheren Werte aufweisen kann (in diesem Zusammenhang wäre anzumerken, dass das Thema der Prophezeiung, ein Bild anhand dessen Nietzsche die verschiedenen Aspekte dieser vorbereitenden Funktion erläutert, das gesamte Buch über wiederkehrt). Die Philosophie ist dergestalt zuallererst durch die Funktion bestimmt, die sie bewältigen muss und der ihre praktische Natur sofort anzumerken ist: „einem noch höheren Zeitalter den Weg bahnen und die Kraft einsammeln, welches jenes einmal nöthig haben wird" (FW 283, 526). Der Fortgang der Analyse wird zeigen, dass es sich für den Philosophen darum handeln wird, zum Erscheinen eines Zeitalters der Intensivierung des Lebens beizutragen, was sich rein praktisch als Zustimmung und Segnung des Daseins übersetzen lässt. Die analytische Perspektive ist hier schon jene der „Züchtung", der Nietzsches Reflexion in den folgenden Jahren ununterbrochen große Aufmerksamkeit schenken wird, und zwar nicht zuletzt, um die Ankunft jener kommenden Denker zu erklären, die Repräsentanten des „Heroismus der Erkenntnis" sind, die die Werte der idealistischen Kultur Europas hinter sich lassen. So beschreibt Nietzsche den neuen Typ des Philosophen, der mit ihm selbst das Licht des Tags erblickt: Diese Philosophen arbeiten um der Zukunft willen, um eine neue Art des Denkers zu ermöglichen, und das ist der Grund, warum man sie als „vorbereitende [...] Menschen" bezeichnen muss.

Die Arbeit der Philosophie besteht indes nicht allein darin, einen neuen Denkertyp hervorzubringen, sondern ganz allgemein einen neuen Typ Mensch zu ermöglichen. Wenn der Kampf des Philosophen in der Suche nach den Dingen besteht, die zu überwinden sind (FW 283, 526), so in erster Linie um des Menschen willen. In diesem Sinn kündigt der Aphorismus 283 bereits den Prolog von *Also sprach Zarathustra* an: „Der Mensch ist Etwas, das überwunden werden soll."

(Z I Vorrede 3; KSA 4, 14) Das ist ein Kardinalpunkt: Das, worauf der Philosoph fixiert ist, besteht keineswegs im Erreichen eines reinen Wissens, sondern vielmehr in der Erhöhung des Menschen, dem „immer höher steigen" des Menschen, das der sehr wichtige Aphorismus 285 als Horizont ausgibt (KSA 3,528; vgl. FW 377, 630: „Verstärkung und Erhöhung des Typus ‚Mensch'"). Richard Schacht hat das Gewicht dieser Sorge um die Zukunft des Menschen, das diese Aphorismen durchzieht, gut beobachtet und geht sogar so weit, es zum organisatorischen Kernproblem des gesamten vierten Buches zu machen.[2] Sicher ist jedenfalls, dass die neue, von Nietzsche herausgearbeitete Form der Philosophie, eine, auf den Menschen bezogen, grundsätzlich zustimmende Orientierung besitzt und dazu einlädt, sich selbst zu bejahen. Die Aphorismen 289 bis 295 zählen einige dazugehörige Dimensionen auf. Die Philosophie setzt sich konkret die Aufgabe, das menschliche Leben zu rechtfertigen, aber vor allem, und das ist der wesentliche Punkt, es zu rechtfertigen, *ohne es auf eine einzige Norm zu reduzieren*, wie es die Philosophien, Moralen und Religionen bisher getan hatten. Im Gegenteil wird diese „neue Gerechtigkeit" (FW 289, 530) nicht gerecht sein, es sei denn sie wird die Vielfalt der Formen legitimieren, die das menschliche Leben von Natur aus annehmen kann. Sie wird ferner daran arbeiten, sie zu bestärken, indem sie ihnen durch Befreiung von Kritik und schlechtem Gewissen das Aufblühen erlaubt. Die folgenden Aphorismen vervollständigen diese Analyse, indem sie zeigen, dass die Notwendigkeit einer Auslegung, die „Zufriedenheit mit sich" (FW 290, 531) hervorbringt, allein die Affekte der Verneiner zu neutralisieren vermag, insbesondere den Willen zur Rache, den man nur um den Preis des Lebens gewähren lassen kann. In dieser Hinsicht ist es namentlich unabdingbar, den Menschen wieder zu vernatürlichen, d.h. die moralische Auslegung seiner sinnlichen Natur abzulehnen. Es gilt den Misskredit zu bekämpfen, in den diese Auslegung die „Hänge und Triebe des Menschen" getrieben hat indem sie sie als „böse" denkt, um zu verstehen, dass sie im Gegenteil notwendige Regulierungen des Lebendigen repräsentieren, denen zu vertrauen ist (FW 294, 534f.). Diese Analyse bestärkt am konkreten Fall den unheilvollen Charakter der Moral, deren tiefstes Bestreben die Verbreitung der Verneinung ist und die dergestalt „die Entwerthung des Werthvollsten" (FW 292, 533) betreibt.

---

[2] Im Zusammenhang mit „the possibility of a higher humanity", betont Schacht, sie sei „repeatedly touched upon in the first books of the volume [...] and made the main topic of the fourth" (Schacht 1995, 193).

3 Schöpfung und Verneinung (FW 295–307, 535–545)

Die bisher präsentierten Analysen bergen indes das Risiko, eine wesentliche Schwierigkeit aufscheinen zu lassen. Wenn das Jasagen den angemessenen Affekt der richtig aufgefassten Philosophie bildet, impliziert dies nicht die Akzeptanz von allem sowie den vollständigen Verzicht jeder Form der Negation, wie sich bereits der erste Aphorismus des Buches lesen lässt? Die Frage wird noch delikater, wenn, wie zu sehen sein wird, Nietzsches Analyse die Kritik und Ablehnung diverser Auslegungen voraussetzt: den Glauben an Gott (FW 277, 521f.; FW 280, 525), noch allgemeiner den Glauben an ein Absolutes (FW 285, 527f), die Moral (FW 292, 532f). Von daher stammt der Verdacht auf Widersprüchlichkeit, der bei der Lektüre dieser Texte zutage tritt. Wie lässt sich die durchaus reale Negation mit der Forderung nach Zustimmung vereinbaren? Es ist genau diese Frage, die von einer dritten Gruppe von Aphorismen angesprochen wird. Indem sie die Schwierigkeit beseitigt, erlaubt sie zugleich die Vorstellung einer ergänzenden Bestimmung der Idee der Philosophie, die ihren Handlungsumfang präzisiert.

Der Heroismus der Erkenntnis, den der Philosoph anstreben soll, hat zur Genüge die höchste Radikalität aufgezeigt, mit der er sich gegen das klassischen Wissensideal stellt und jegliche Festschreibung ablehnt, jegliches Ausruhen auf einer Gewissheit, jegliches Vertrauen in ein Absolutes – und dagegen die Forschungsreise, den Kampf, das Risiko vorzieht. Tatsächlich ist die Negation für die Philosophie unersetzlich, und es erstaunt nicht im Geringsten, dass Nietzsche im Folgenden genauer darauf eingeht, wie dies konkret zu verstehen ist. Besonders zwei Aspekten misst er besondere Bedeutung bei: dem Vermögen, seine Meinungen zu ändern und der Kapazität zum Widerspruch. Der Philosoph ist in der Tat ein freier Geist (FW 297, 537) und greift die Analysen, die ursprünglich in *Menschliches, Allzumenschliches* präsentiert wurden wieder auf, indem er sie verschärft. Nietzsche erinnert daran, dass eine der Kardinaltugenden des freien Geistes in seiner Unabhängigkeit besteht („das erlangte gute Gewissen bei der Feindseligkeit gegen das Gewohnte, Ueberlieferte, Geheiligte", FW 297, 537), d.h. also in seiner Fähigkeit, sich vehement von Normen zu lösen, um sie zu befragen. Das schlechte Gewissen in der Negation zu überwinden ist hier die wesentliche Schwierigkeit und macht Tapferkeit notwendig. Das wird auch von dem vorhergehenden Aphorismus unterstrichen, der den tiefen Konflikt enthüllt, der zwischen den richtigen Anforderungen der Erkenntnis und den gewöhnlichen sozialen Wertschätzungen besteht. Die Redlichkeit legt dem Menschen der Erkenntnis auf, gegebenenfalls seine alten Positionen aufzugeben oder zu korrigieren und deshalb, darin besteht ja die Schwierigkeit, muss er ohne Unterbrechung die Aufwertung der Festschreibung der Meinung (den sogenannten „feste[n] Ruf", FW 296, 536) bekämpfen, der nur den Herdentrieb maskiert, der aus der Sittlichkeit der Sitte stammt.

Eine aufmerksame Analyse zeigt indes, dass die Negation problemlos von Zustimmung begleitet werden kann, z. B. der Dankbarkeit. Das wurde schon von der Reflexion über die Änderung der Gewohnheiten angedeutet („wie als ob wir einander dankbar sein müssten", FW 295, 535). Ein entscheidender Schritt wird von Aphorismus 299 unternommen, der das Porträt des Philosophen vervollständigt, indem er zeigt inwiefern ihm der Künstler hier als Vorbild dienen kann. Er fragt nach der allgemeinen Möglichkeit, Änderungen nicht allein mit gutem Gewissen durchzuführen, sondern indem die Negation selbst mit einem bejahenden Affekt versehen wird. Dinge schön zu machen, wenn sie es nicht sind, bietet ein perfektes Beispiel für diese Situation – wohl deshalb sagt Nietzsche: „und ich meine, sie sind es an sich niemals!" (FW 299, 538) Darin besteht eben die Logik, der die Arbeit des Künstlers gehorcht, die das Wirkliche so transfiguriert, dass verschiedene Perspektiven zum Vorschein kommen, d. h. in der Modifizierung der relativen Bedeutung der einzelnen Bestandteile. Von daher wird verständlich, dass die Umsetzung des *amor fati* einer schöpferischen Tätigkeit gleicht, deren Objekt bloß das Dasein selber wird und die sich nicht auf das ästhetisches Gebiet beschränkt, das den Künstlern im engeren Sinne vorbehalten ist: „Denn bei ihnen hört gewöhnlich diese ihre feine Kraft auf, wo die Kunst aufhört und das Leben beginnt; w i r aber wollen die Dichter unseres Lebens sein, und im Kleinsten und Alltäglichsten zuerst." (FW 299, 538)

Alles in allem entpuppt sich der Mensch bei genauerem Hinsehen als Künstler, auch wenn er sich dessen für gewöhnlich nicht bewusst ist. Das gilt besonders für jenen, der sich als Antipoden jeglicher Schöpfung begreift, den Philosophen. Seine Tätigkeit besteht nicht in der desinteressierten Kontemplation einer vermeintlich objektiven Realität, die schon gegeben wäre. Die „Welt", die er wahrnimmt und bewohnt ist ganz im Gegenteil Resultat einer Auslegung, die die Bedeutungen der Dinge erst im Sinne einer präzisen Hierarchie festschreibt. Es gibt kein Denken, das nicht gleichzeitig eine solche Wertschätzung wäre: „Was nur W e r t h hat in der jetzigen Welt, das hat ihn nicht an sich, seiner Natur nach, — die Natur ist immer werthlos : — sondern dem hat man einen Werth einmal gegeben, geschenkt, und *wir* waren diese Gebenden und Schenkenden ! Wir erst haben die Welt, *die den Menschen Etwas angeht*, geschaffen!" (FW 301, 540) Mit der Ablehnung der Objektivität der Axiologie stellt Nietzsche eine zentrale These der *Fröhlichen Wissenschaft* auf, deren Auswirkungen entscheidend für das Verständnis der Lehre von der Ewigen Wiederkunft sind: Das Objekt, auf das sich die Kreation grundsätzlich richtet, ist der Wert (vgl. FW 335, 563). Die

Philosophie ist also eine axiologische Handlung, die das relative Gewicht der verschiedene Aspekte der Wirklichkeit bestimmt und „diese[r] von uns erfundene[r] Dichtung"(FW 301, 540), unserem eigenem Leben, Form verleiht: „Wir, die Denkend-Empfindenden, sind es, die wirklich und immerfort Etwas *machen*, das noch nicht da ist : die ganze ewig wachsende Welt von Schätzungen, Farben, Gewichten, Perspectiven, Stufenleitern, Bejahungen und Verneinungen." (FW 301, 540) Zur Tapferkeit und zur Sorge um die Zukunft, die den Philosophen kennzeichnen, tritt nun eine dritte Bestimmung: sein schöpferischer Charakter.

Im Lichte dieser Entdeckung ist es mithin möglich, präzise das Problem des Verhältnisses zwischen Bejahung und Verneinung zu erschließen. Das Denken des *amor fati* schließt gewiss nicht jede Form der Negation aus. Sie bekämpft die Auslegung der Wirklichkeit, die von einer affektiven Tonalität ausgeht, die von Grund aus ablehnend ist, auf dem Feld der Moral beispielsweise die „Tugenden, deren Wesen das Verneinen und Sichversagen selber ist" (FW 304, 543), die Ranküne, die Verleumdung, die Rachsucht. Im Gegenzug ist die Negation legitim insofern sie nicht eine ursprüngliche psychologische Orientierung ausmacht, sondern lediglich die Konsequenz eines wesentlich affirmativen Agierens ist. Wie die vorherigen Aphorismen anhand des Leidens deutlich machten und wie *Jenseits von Gut und Böse* (JGB 2; KSA 5, 16) erneut unterstreichen wird, stellt der Glaube an widersprüchliche Werte – der Dualismus – eines der langlebigsten Vorurteile der Philosophie dar.

Die Realität gehorcht nicht einer Logik der exklusiven Aufteilung zwischen unvereinbaren Wesenheiten (richtig/falsch, gut/böse, sinnlich/intelligibel, theoretisch/praktisch), sondern ganz im Gegenteil einer dionysischen Logik der Solidarität zwischen diesen Elementen, die wir fälschlicherweise als Gegensätze interpretieren. Genau dies erlaubt Nietzsche die Untersuchung und Anfechtung eines Haupteinwandes, der von den pessimistischen Lehren gegen das Dasein angeführt wird, nämlich der Einwand des Leidens (FW 303, 541 f.). Es gibt eine tiefe Verwandtschaft zwischen dem Glück und dem Unglück, der Freude und dem Leiden. Sie begründet die Illegitimität der pessimistischen Verneinung. Die Solidarität von Bejahung und Verneinung, Schöpfung und Vernichtung ist ein besonderer Aspekt dieser vom Wirklichen belebten Logik, genau das, woran der Aphorismus 304 erinnert: „Indem wir thun, lassen wir'.–" (FW 304, 542.) Von einem affirmativen Verhältnis zum Leben „ohne Hass und Widerwillen" (FW 304, 543) also befreien sich auf natürliche Weise jene Daseinsaspekte, die nicht eliminiert, sondern überwunden werden sollten. Es ist signifikant, dass dieser dritte Abschnitt des vierten Buches mit einem Aphorismus schließt, der die Arbeit der Negation auf die Logik des Lebens selbst zurückführt, d. h. auf ihren Prozess der Fortentwicklung und Intensivierung (als Beispiel führt Nietzsche in diesem Aphorismus die Meinungsänderung des Individuums über verschieden

Epochen seiner eigenen Existenz an). Der Philosoph ist gewiss nicht von Grund auf Kritiker, wie es noch *Jenseits von Gut und Böse* unterstreichen wird (JGB 210; KSA 5, 143f.), dennoch enthält die Kritik eine positive Bedeutung, wenn sie die Folge eines Prozesses ist, der an die „lebendige[n] treibende[n] Kräfte in uns" (FW 307, 545) geknüpft ist. Es bedarf also einer Unterscheidung der Negation, die in destruktiver Absicht gegen das Leben gerichtet ist – und der Negation als Zeichen der Expansion des Lebens; in diesem Falle ist sie von der Affirmation bestimmt.

4 „Wir die Wollenden!". Die Ankündigung der Tragödie (FW 308–323, 545–552)

Die vierte Gruppe von Aphorismen ist um drei analytische Richtungen zentriert. Sie alle schließen an die zuvor herausgearbeitete Charakterisierung des Philosophen an, diesmal aber mit eindeutiger Umkehr der Perspektive, weil sie sich nicht länger allein damit beschäftigen, die Beschreibung seiner Aufgabe zu vertiefen, sondern vor allem damit, ihre Schwierigkeit und die Herausforderungen zu unterstreichen.

Zwei Bilder der Bewegung werden dem Philosophen zugeordnet: das des Wanderers (FW 309, 545f.), eine Wiederaufnahme aus dem zweiten Band von *Menschliches, Allzumenschliches*, und das der Welle (FW 310, 546). Zwar knüpfen sie an das explorative und experimentelle Wesen des Erkennens und also die Ablehnung seiner Subsumption einer Untersuchung des Unveränderlichen unter der Form eines Absoluten an. Die Originalität des Bildes besteht hier allerdings in seiner negativen Verwendung insofern der Wanderer die extreme Härte seiner Lage beklagt. Ein unermüdlicher Suchender zu sein, fähig sich ständig der Gefahr zu stellen, ist nicht selbstverständlich und erfordert Selbstüberwindung. Der Philosoph ist ein Mensch, und die Versuchung ist groß, diesen ermüdenden Kampf aufzugeben, um ihm die Ruhe vorzuziehen: „Es giebt überall Gärten Armidens für mich" (FW 309, 545f.). Zahlreiche andere Aphorismen vervollständigen dieses Bild der Versuchungen, die den freien Geist quälen: Die Müdigkeit bedroht seine Tapferkeit und lässt ihn Momente des Zweifels kennenlernen (FW 311, 547). Seine Aufgabe erfordert Kraft, und diese Kraft kennt ihrerseits Phasen des Nachlassens: Das Bild der Tiere zu Seiten des Philosophen (sie kündigen, mit einem Unterschied, die Tiere Zarathustras an) wird benutzt, um die Notwendigkeit der Erkenntnis der Änderungen des Empfindens des eigenen Vermögens anzuzeigen (FW 314, 548). Die Arbeit des Philosophen hat also nichts von einer friedlichen und desinteressierten Meditation.

Das Bild der Welle (FW 310, 546) fügt indes eine Nuance hinzu, die ein Gegengewicht zu dieser Aufzählung von Risiken bildet: Sie ist nicht länger allein ein Bild der Beweglichkeit, sondern ebenso ein Bild des Beharrens, einer unablässig wiederholten Bewegung, die ein geheimes Ziel zu verfolgen scheint. Diese Metapher belegt, dass der Weg des Philosophen kein irrationales Herumirren ist. Er ist im Gegenteil von einem präzisen Willen gelenkt, den die Assonanz Welle/ Wille unterstreicht, das heißt durch das Bewusstsein einer Mission, die der Aphorismus 308 durch eine moralische Terminologie ankündigte, die eine Art Pflicht suggeriert. Es ist „ein Wissen um das Gewissen" (FW 308, 545), diktiert von Mut und Verstand und nicht vom Lob motiviert. Wenn die Philosophen das Recht in Anspruch nehmen, sich als „Wir, die Wollenden!" (FW 310, 546) zu entwerfen, was ist dann der Inhalt ihres Wollens? Das ist die zweite Frage, auf die der vierte Teil der *Fröhlichen Wissenschaft* eingeht.

Auch wenn sie die vorangegangenen Elemente aufgreift, geht Nietzsches Analyse nunmehr weit über diese hinaus und erklärt, warum er nun so nachdrücklich die Schwierigkeit des philosophischen Unterfangens betont. Am Leitfaden des Gegensatzes von Pathos und Ethos erinnert der Aphorismus 317 daran, dass es dem Philosophen unmöglich ist, dauerhaft als Einsiedler zu leben (FW 317, 549). Diese Bemerkung erhellt den Sinn seiner Wanderung. Die Philosophie ist nicht reine theoretische Reflexion, sondern umschaffende Handlung, die auf den Menschen im Allgemeinen ausgeübt wird. Der jasagende Philosoph muss folglich die Einsamkeit verlassen, um sich unter Menschen zu begeben, wie es schon das Ende des Aphorismus 283 ankündigte: „Die Zeit geht bald vorbei, wo es euch genug sein durfte, gleich scheuen Hirschen in Wäldern versteckt zu leben!" (FW 283, 527) Aus dieser Perspektive gibt sich die Hauptschwierigkeit zu erkennen: das Leiden an seiner Mission. Das Beispiel tierischen Verhaltens, das der Aphorismus 316 evoziert und in dem Nietzsche signalisiert, dass er sich „durch ein Gleichniss" ausdrücke (FW 316, 549), erstellt ein Modell für das genaue Verständnis des Wesens der philosophischen Intervention. Sie bildet eine erste Ankündigung des Eintritts in das Zeitalter der Tragödie, woran der letzte Aphorismus des Buches erinnert. Die „vorbereitende[n] Menschen" des Aphorismus 283, jene Menschen, die sich um die Zukunft und darum sorgen, ihr Form zu verleihen, werden jetzt durch die Formulierung „prophetische Menschen" gekennzeichnet (FW 316, 549). Prophetisch sind sie insofern sie das Aufkommen eines Gewitters fühlen, eines „Sturm(s)" (FW 318, 550), mit anderen Worten einer radikalen Umwälzung der Lebensbedingungen des Menschen – seiner Werte. Prophetisch sind sie auch darin, dass sie am unausweichlichen Nahen dieses Unwetters leiden.

Das ist die übergeordnete Herausforderung, die der jasagende Philosoph bewältigen muss, das Leid, das er bei dem Gedanken an die Tragödie verspürt, die er selbst verursacht. Von daher stammt seine äußerste Versuchung: „Es ist so schwer, den Menschen wehe zu tun – oh, dass es nöthig ist! Was nützt es uns, verborgen zu leben, wenn wir nicht Das für uns behalten wollen, was Aergerniss giebt?" (FW 311, 547) Doch wie zu sehen war, impliziert das Jasagen die Arbeit an der Erhöhung des Menschen. Einer der Hauptfaktoren seiner Verkleinerung besteht im Ideal des Komforts, der in der europäischen Kultur herrscht (FW 318, 550). Aus diesem Grund kehrt der Aphorismus 318 zur Analyse des Schmerzes dergestalt zurück, dass er erneut dessen positive Dimension aufzeigt. Tatsächlich ermöglicht das Leid Weisheit. Es gibt Hinweise auf den Grad der Kraft des Lebendigen und empfiehlt ihm sein Handeln und seine Art zu leben zu ändern, um sich vor Gefahren zu schützen. Im Allgemeinen resultiert die Reaktion auf diese Empfehlung in einer Abnahme an Aktivität. Aber es gibt eine Ausnahme davon, die von neuem die Spezifik der Situation des Philosophen ins Blickfeld rückt: Dieser nämlich verspürt im Leiden den Ansporn, der Gefahr zu trotzen und sie zu überwinden. Jene Philosophen, deren Tapferkeit und Kriegstauglichkeit das vierte Buch IV schon namhaft gemacht hat, werden nun zugleich als „leidende[n] Menschen" (FW 316, 549) und „die grossen S c h m e r z b r i n g e r der Menschheit" (FW 318, 550) charakterisiert.

Die dritte Frage, die in diesem Textabschnitt erörtert wird, steuert eine wesentliche Präzisierung zu dem Sinn bei, den Nietzsche der künstlerischen und schöpferischen Dimension der Philosophie beimisst, nämlich Auslegungen zu schaffen, von denen frühere Aphorismen schon andeuteten, dass sie sich durch ihre bejahende Wirkung in Bezug auf das Leben rechtfertigen würden. Indes schließt hier eine neue Bestimmung an. Die Redlichkeit (FW319, 550) bildet das zweite Kriterium, das den Wert einer Auslegung einzuschätzen erlaubt. Sie bildet in dieser Hinsicht eine der unerlässlichen „Tugenden" des Philosophen und macht den Sinn plausibel, in dem die Erkenntnis ein Versuch ist. Eine neue Interpretation der Realität lässt sich allein durch ihre Redlichkeit sowie durch die Erhöhung der Werte rechtfertigen, die sie zum menschlichen Leben beiträgt. Wie die Wellen des Aphorismus (FW 310 546), so sucht der Philosoph nach dem höchsten Wert. Doch wie soll man die Auslegungen beurteilen? Wie sich schützen vor der Voreingenommenheit und der irregeleiteten Tendenz, die so oft religiöse Auslegungen kennzeichnen? Das Verschwinden jeglicher übersinnlicher Norm macht die Analyse a priori unmöglich, und darum muss das „Wollen" des jasagenden Denkers mit dem Selbstexperiment beginnen, das den Effekt verschiedener Interpretationsarten auf das Individuum ausprobiert. Das Erlebnis wird ein Mittel der Erkenntnis (vgl. FW 324, 533) und muss mit größtmöglicher Genauigkeit analysiert werden, als „Gewissenssache der Erkenntnis": „wir Anderen, Vernunft-Durstigen, wollen unseren Erlebnissen so streng in's Auge sehen, wie einem wissenschaftlichen Versuche, Stunde für Stunde, Tag um Tag! Wir selber wollen unsere Experimente und Versuchs-Thiere sein." (FW 319, 551)

5 „Nicht nur tapfer, sondern sogar *fröhlich*": Die fröhliche Wissenschaft als Verwirklichung des Ja-Sagens (FW 324–342, 553–571)

Am Ende des Durchgangs antwortet dieser letzte Abschnitt auf die erste Charakterisierung des Philosophen und schließt mit der Präzisierung seines Wesen. In einem ersten Abschnitt hatte Nietzsche als Haupteigenschaft seine Tapferkeit hervorgehoben. Diese Analyse erlaubte zu begreifen, worin die neue Form des kontemplativen Lebens besteht, das durch die philosophische Tätigkeit verkörpert wird. Sie lehnt die traditionelle Verbindung dieser letzteren mit einer streng theoretischen Tätigkeit, der Suche nach der Wahrheit, ab. Das Wesen der philosophischen Tätigkeit wurde im Anschluss durch die Hervorhebung ihrer schöpferischen Dimension ergänzt. Der letzte Abschnitt des Buches IV vollendet nunmehr diese Charakterisierung und fügt ihr eine abschließende Bestimmung hinzu. Wenn die Philosophie, recht verstanden, vor allem ein schöpferischer Konflikt und wenn der Philosoph ein Krieger ist, so ist die Art Krieg, die er führt, vollständig von einem affirmativen Affekt geleitet, der Fröhlichkeit als eines Begriffs, der den Sinn der Heiterkeit erläutert und die schon weiter vorn als grundlegende psychologische Charakteristik des neuen Philosophen benannt wurde (vgl. FW 283, 526). Damit drückt diese neue Denkweise den *amor fati* aus, und zwar auf der Grundlage dieses in der Heiterkeit verwurzelten Denkens, dass die höchste Form des Jasagens verständlich werden sollte, die der vorletzte Aphorismus des Buches aufzeigt: die Lehre der Ewigen Wiederkehr.

Der Aphorismus 324 repräsentiert eine allerletzte Wende innerhalb des vierten Buches. Er beabsichtigt, den „grosse[n] Befreier" darzustellen (FW 324, 552), das Denken, dem es gelingt, die Welt von der Ranküne und der Verdammung zu befreien, die sie aus den idealistischen Werten ererbte. Sein Mittel ist die vollständige Neuinterpretation der Erkenntnis. Das Leben wird nicht länger als Hindernis zum reinen Wissen in seiner wahrnehmbaren Dimension gedacht, sondern im Gegenteil als „ein Mittel der Erkenntniss" (FW 324, 553). Die von Nietzsche eingeführte Umkehr der Perspektive besteht darin, die zwei Begriffe zu versöhnen: Das Leben geht auf eine Reihe von Experimenten des Erkennenden zurück, der dergestalt die verschiedenen Zustände der Kraft und der Gesundheit ausprobiert, die er durchläuft, und der die Analyse der unterschiedlichen Typen der Auslegungen der Realität, die diese unterschiedlichen Gesundheitszustände oder die Stimmungen, die ihn jedes Mal beherrschen, hervorgebracht hat. So deckt dieser Aphorismus den Sinn auf, in welchem die kurz zuvor formulierte Aufforderung zu verstehen ist: „Wir selber wollen unsere Experimente und Versuchs-Thiere sein." (FW 319, 551) Und es ist kein Zufall, dass die Vorrede zur zweiten Ausgabe das Gewicht auf diese Vorstellung legt und sie als Organisationszentrum des Werkes darstellt: „Ein Philosoph, der den Gang durch viele Gesundheiten gemacht hat und immer wieder macht, ist auch durch ebensoviele Philosophien durchgegangen." (FW Vorrede 3, 349) Aus dieser Perspektive sind selbst die Zustände der Krankheit und der Dekadenz dadurch gerechtfertigt, was sie den Philosophen lehren. Das Dasein wird ein Kampf für das Wissen. Und genau diese wissenschaftliche Legitimation neutralisiert die moralische Interpretation und verhindert, das Leben als einen Nicht-Sinn und einen Einwand zu empfinden: „für den Fall, dass er [der Psychologe] selber krank wird, bringt er seine ganze wissenschaftliche Neugierde mit in seine Krankheit." (FW Vorrede 2, 347) Das Dasein wird nicht mehr auf negative Art als ein „Verhängniss" erlebt, noch auf moralischer Ebene als eine „Betrügerei!". Die Idee, „dass das Leben ein Experiment des Erkennenden sein dürfe" (FW 324, 552), erzeugt eine bejahende Wirkung, die Fröhlichkeit: „mit diesem Grundsatze im Herzen kann man nicht nur tapfer, sondern sogar fröhlich leben und fröhlich lachen!" (FW 324, 553) Aus der Erkenntnis eine „fröhliche Wissenschaft" (FW 321, 555) zu machen, ist schließlich das Mittel, das Jasagen umzusetzen.[3]

Die Aphorismen dieses fünften Abschnitts unterstreichen besonders drei Charakteristiken dieser neuen Perspektive, die ihre bejahende Wirkung im Detail betrachten. Sie befreit das Leben durch den Nachweis individueller Einzigartigkeit. Einer der unseligen Effekte der idealistischen Interpretationen besteht in der Tat darin, dass sie das Individuum (ver)leugnen und verlangen, jedes Dasein auf eine einzige Norm zurückzuführen (vgl. FW 289, 529f.). Das ist vor allem bei Moralvorschriften und der Idee der Pflicht der Fall. In ihrem Anspruch auf Universalität beruht die moralische Wertung auf einer irreführenden Verallgemeinerung, die die Spezifik der individuellen Veranlagung ignoriert: „Selbstsucht nämlich ist es, sein Urtheil als Allgemeingesetz zu empfinden" (FW 335, 562). Sie erliegt außerdem dem Vorurteil des Glaubens an die Identität. Aber es gibt im Bereich der Tat nicht mehr identische Dinge als in der restlichen Realität:

> Wer noch urtheilt, ‚so müsste in diesem Falle Jeder handeln', ist noch nicht fünf Schritt weit in der Selbsterkenntnis gegangen: sonst würde er wissen, dass es weder gleiche Handlungen giebt, noch geben kann, – dass jede Handlung, die gethan worden ist, auf eine ganz einzige und unwiederbringliche Art gethan wurde, und dass es ebenso mit jeder zukünftigen Handlung stehen wird […] (FW 335, 562f.)

---

[3] Vgl. weiterführend zur Begriffsentwicklung der fröhlichen Wissenschaft und der Heiterkeit das Lemma „Gai savoir/Gaieté d'esprit" in C. Denat/P. Wotling, *Dictionnaire Nietzsche*, Paris 2013.

Unter dem gleichen Gesichtspunkt wird das Mitleid verurteilt, das der grundlegende Wert des zeitgenössischen Europa zu werden scheint: „es gehört zum Wesen der mitleidigen Affection, dass sie das fremde Leid des eigentlichen Persönlichen **entkleidet**: – unsre ‚Wohltäter' sind mehr als unsre Feinde die Verkleinerer unsres Werthes und Willens." (FW 338, 566) Damit hat das Mitleid in der Tat eine unheilvolle Wirkung, die sich der Erhöhung des Menschen entgegenstellt. Den Menschen wirklich zu helfen bedeutet, sie „muthiger, aushaltender, einfacher, fröhlicher" (FW 338, 568) zu machen.

Die fröhliche Wissenschaft befreit das Leben von verwerflichen Interpretationen, indem sie die wahre Notwendigkeit aufdeckt, die sie hervorbringt. Das ist eine der zentralen Forderungen des *amor fati*. Die Untersuchung demonstriert auf schlüssige Weise, dass diese Notwendigkeit der Aktivität der Triebe geschuldet ist, die uns konditionieren und uns sogar ausmachen – eine Notwendigkeit unterbewusster Ordnung, zu deren Neuheit gehört, dass sie, im Unterschied zum stoischen Schicksalsverständnis, von jeder Form der Rationalität getrennt ist und folglich nicht das Wiederaufleben einer Vorsehung oder einer übersinnlichen Weisheit nach sich zieht. Das ist der Fall der Erkenntnis, die nicht Ausübung eines rein intellektuellen Vermögens ist, sondern „**ein gewisses Verhalten der Triebe zu einander**" (FW 333, 559). Genauso steht es mit der moralischen Wertung und dem Handeln, die nicht Ausdruck eines übersinnlichen Universellen sind: „Dein Urtheil ‚so ist es recht' hat eine Vorgeschichte in deinen Trieben, Neigungen, Abneigungen, Erfahrungen und Nicht-Erfahrungen" (FW 335, 561). Das Individuum mit sich selbst und mit der Welt versöhnen, indem man ihm das *fatum* enthüllt, das überall am Werk ist, gehört zu den Zielen der fröhlichen Wissenschaft: „Und dazu müssen wir die besten Lerner und Entdecker alles Gesetzlichen und Nothwendigen in der Welt werden" (FW 319, 551). Das ist wohl eine Übung genealogischer Art (obwohl der Terminus noch nicht erscheint), die der Philosoph vorschreibt, um die Wirklichkeit mit Redlichkeit zu interpretieren. Aus seinen Erlebnissen „eine Gewissenssache der Erkenntniss" (FW 319, 551) zu machen impliziert eine Ethik des Denkens: die mitleidlose Anwendung dieses „intellektuelle[n] Gewissen[s]", aus dem der Aphorismus 335 eine wesentliche Tugend des Philosophen macht.

Die fröhliche Wissenschaft befreit letztlich das Leben, indem sie seine Macht der Veränderung heraushebt, deren Überbringerin sie ist. Dieser letzte Abschnitt des Buches kehrt ein letztes Mal zur Idee des Schaffens zurück. Aber dieses Mal liefert Nietzsche eine entscheidende Bestimmung, um die Art dieses Tuns für den Fall des Philosophen zu erläutern: Es handelt sich nicht allein darum, Werte zu schaffen, wie vorher angedeutet („einen Werth [geben]", FW 301, 540), sondern wirklich zunächst einmal darum, andere als die aktuell verehrten Werte auszuarbeiten: „**die Schöpfung neuer eigener Gütertafeln**" (FW 335, 563) ist die

Mission, die dem Denker der fröhlichen Wissenschaft vorgeschrieben ist. Der Philosoph ist, anders gesagt, grundsätzlich axiologischer Gesetzgeber – und genau in dieser Rolle wird er in die Lage versetzt, auf die Umbildung und die Erhöhung des Menschen hinzuwirken. Man darf jedenfalls nicht aus dem Blick verlieren, „dass sicherlich unsere Meinungen, Werthschätzungen und Gütertafeln zu den mächtigsten Hebeln im Räderwerk unserer Handlungen gehören" (FW 335, 563).

Vor der Präsentation der Anwendung dieser Analysen besteht der Text ein letztes Mal auf der Unzeitgemäßheit des Philosophen und der Schwierigkeit seiner Aufgabe. Die Umsetzung eines bejahenden Verhältnisses zum Dasein durch die Schaffung einer neuen Auslegung trifft auf den Moment, in dem sich die konkreten Bedingungen herausbilden, die jene des zeitgenössischen Europa sind. Nietzsches Reflexion der philosophischen Reform ist keine Abstraktion, sie lässt sich im Gegenteil in einen genauen historischen Rahmen einordnen, nämlich des Eintritts der europäischen Kultur in die letzte Phase des Nihilismus, den das Buch III vorgestellt hatte. Wie jede Kultur basiert diese auf spezifischen Wertschätzungen, die bestimmte Lebensbedingungen und gewisse Tätigkeiten bevorzugt und sich anderen radikal widersetzt. Einige dieser Bedingungen stellen ein bedeutendes Hindernis für den Philosophen dar, für den aus dieser Tatsache ein langer und harter Kampf erwächst: der erste durch den Einfluss der europäischen Daseinsinterpretation, d. h. die moralische Interpretation, die den Anstoß gibt, das Leben als Krankheit zu behandeln. Indem er die weiter vorn formulierte Forderung nach Redlichkeit anwendet (FW 319, 550 f.), disqualifiziert Nietzsche diese Auslegung und zeigt ihre tiefgreifende Unredlichkeit und die Verzerrungen auf, deren sie sich schuldig macht, sinnbildliches Beispiel unmoralischer Moral: „Was haben die Moralprediger vom inneren ‚Elend' der bösen Menschen phantasiert! Was haben sie gar vom Unglücke der leidenschaftlichen Menschen uns vorgelogen! – ja, lügen ist hier das rechte Wort" (FW 326, 554). Diese unehrlichen Interpreten verfälschten zum Beispiel die Wirklichkeit, indem sie ihr Elemente hinzufügen („Es will mir scheinen, dass vom Schmerze und Unglücke immer übertrieben geredet werde", FW 326, 554), und gleichzeitig andere weglassen („man schweigt dagegen geflissentlich davon, dass es gegen den Schmerz eine Unzahl Linderungsmittel giebt", FW 326, 554). Ein weiteres, detailliert ausgeführtes Hindernis betrifft die Überbewertung der Arbeit, die der zeitgenössischen Epoche eigen ist, und die Verachtung der Muße – ihrerseits unerlässliche Bedingung der philosophischen Reflexion – die aus ihr folgt (FW 329, 556 f.). Nietzsche deckt eine weitere negative Charakteristik der Moderne auf: die Überbewertung des Strebens nach Öffentlichkeit am Gegenpol von Diskretion und Einsamkeit, die allein erlauben, die grundlegenden Probleme anzugehen (FW 331, 558). Die allgemeine Faszination für die bekannte Persönlichkeit begünstigt tatsächlich das Geschwätz und die Oberflächlichkeit, sie macht taub gegenüber großen Gedanken. Nebenbei sei angemerkt, dass dies genau die Schwierigkeit ist, die Zarathustra begegnen wird, wenn er sich anschickt, zu den Menschen auf dem Marktplatz zu sprechen. Von daher auch der einige Seiten später formulierte Imperativ: „Lebe im Verborgenen, damit du dir leben kannst! Lebe unwissend über Das, was deinem Zeitalter das Wichtigste dünkt!" (FW 338, 568) Die Vorherrschaft des Herdentriebs und somit des Konformismus (FW 328, 555f.) sind ebenfalls ungünstige Bedingungen für den Philosophen des freien Geistes. In einer Kultur, die, schlimmer noch, auf lebensfeindlichen Idealen beruht, ist es das Wesen des Denkens und des Geistes selbst, das verachtet wird: Die Identifizierung von Ernst und Schwere macht von Natur aus taub für jede Vorstellung einer fröhlichen Wissenschaft (FW 327, 555).

Nietzsche unterstreicht indes einmal mehr die Tatsache, dass die größten Gefahren, die auf dem Denkenden ruhen, nicht in äußeren Bedingungen, sondern in ihm selbst liegen. Wenn dieses Problem auch bereits vorher behandelt wurde, so ist doch bemerkenswert, dass jetzt das Ende des Buches spezifiziert, was wohl die Hauptgefahr für den experimentierenden Philosophen ist: das Mitleid, das unmittelbar seine Aufgabe bedroht. *Also sprach Zarathustra* wird das übrigens mit Nachdruck bestätigen. „Eben unserer ‚eigener Weg' ist eine zu harte und anspruchsvolle Sache [...] – wir entlaufen ihm gar nicht ungerne, ihm und unserm eigensten Gewissen, und flüchten uns unter das Gewissen der Anderen und hinein in den lieblichen Tempel der ‚Religion des Mitleidens'." (FW 338, 567) Das Mitleid ist wohl tatsächlich die größte Gefahr, denn es ist schwierig, Leid zu ertragen, das man auferlegt (FW 325, 553). Das also ist eine unausweichliche Konsequenz zur transformatorischen Handlung, die auf die Erhöhung des Menschen und darauf zielt, ihn mittels einer Werteänderung stärker und gesünder zu machen.

Ist es also möglich, diese Kultur der Verneinung zu überwinden und wirklich Ja zum Dasein zu sagen? Die Frage, die Nietzsche nun im letzten Abschnitt des vierten Buches behandelt, ist die der konkreten Umsetzung dieses Anspruchs, analysiert durch die Opposition zweier stark dramatisierter Inszenierungen, jede zentriert auf einen speziellen Affekt. Indem er sich nach dem Sinn der letzten Worte fragt, die im *Phaidon* Sokrates in den Mund gelegt werden, tut der Aphorismus 340 kund, dass der größte der Weisen das Leben verlässt, indem er es verflucht und indem er den Tod preist, der als Genesung erfahren wird. Demgegenüber lehrt der Aphorismus 341 das Leben zu preisen bis hin zu dem Punkt, wo man wünschte, dass es ewig wiederkehre. Der Fall Sokrates ist signifikant, weil er durch seine „Tapferkeit" (FW 340, 569) und seine Heiterkeit („Ein Mann, wie er, der heiter [...] gelebt hat", ebd.) Bewunderung erweckt, zwei der grundlegenden Kennzeichen des Philosophen. Aber die Indiskretion seines Geständnisses im Moment des Todes erhellt, dass es sich nicht um eine echte Heiterkeit handelt, fähig, eine bejahende Interpretation der Existenz zu erzeugen; sie beweist im Gegenteil, dass der Affekt, auf den sein Bezug zum Leben gegründet ist, sein „innerstes Gefühl" (FW 340, 569) die Rachsucht war: „Musste ein Sokrates sich auch noch rächen?" (FW 340, 570) Dies ist die äußerste Bestätigung der Notwendigkeit, das Verständnis von Philosophie grundlegend zu reformieren.

Der Gegenvorschlag, den der Aphorismus 341 unterbreitet, zeigt schön, wodurch die fröhliche Wissenschaft aus dem Leben „ein Experiment des Erkennenden" (FW 324, 552) macht oder, anders gesagt, inwiefern die wahren Philosophen als Experimentatoren anzusehen sind, als „Menschen der Experimente" (JGB 210; KSA 5, 142), als „Versucher" (JGB 42; KSA 5, 59). Der Gedanke der ewigen Wiederkehr wird hier zum ersten Mal nicht in der Form eines Wissens, das Wahrheit transportiert, sondern ganz im Gegenteil in Form eines psychologischen Tests eingeführt („Wie, wenn dir eines Tages oder Nachts ...", FW 341, 570), bei dem es sich darum handelt, die Auswirkungen auf das Individuum einzuschätzen, das ihn durchführt. Es geht überhaupt nicht darum, eine objektive Erkenntnis über die Struktur des Weltgefüges zu erlangen, sondern darum, mittels der Einverleibung einer neuen Interpretation einen Affekt zu erwecken. Dieser Logik entspricht die Schöpfung von Werten, wie sie vorher dargestellt worden ist, der „Schöpfung neuer eigener Gütertafeln" (FW 335, 563). Eine Überzeugung wird erst durch Einverleibung zum Wert, wenn sie „in Fleisch und Blut übersetzt" worden ist (FW 143, 491), wenn sie zum Gewicht wird, das dem Leben ein neues Gleichgewicht und eine neue Konfiguration verleiht, d. h. indem es die Voraussetzung für vollumfängliches Handeln schafft. Die Funktion des Dämonen, der seinen Zuhörer lehrt, dass sich sein Leben unaufhörlich und mit der erbarmungslosesten Notwendigkeit wiederholen wird, besteht genau darin, dem Gedanken von der ewigen Wiederkehr jene Autorität zu sichern, die aus ihm „das größte Schwergewicht" machen wird.

Der Sinn der Erfahrung besteht im Nachweis, dass diese Veränderung der Werte beim Menschen eine radikale Transformation erzeugt: „Wenn jener Gedanke über dich Gewalt bekäme, er würde dich, wie du bist, verwandeln und vielleicht zermalmen" (FW 341, 570). In der Tat sind zwei Reaktionen darauf vorstellbar: Der Schrecken und die Verzweiflung sind die unvermeidliche Reaktion des vom Pessimismus geprägten Individuums, das das Leben als Fluch auffasst und sich nun jeder Möglichkeit beraubt sieht, ihm in ein Jenseits zu entkommen. Aber eine solche Wertvorstellung ist auch geeignet, den Menschen in eine bejahende Richtung zu verändern und diesmal einen durchaus unterschiedlichen Affekt zur sokratischen Rachsucht zu intensivieren: die Liebe, das Gefühl des *amor fati* – die Liebe für dieses Leben dargestellt als Notwendigkeit, das Jasagen konkret in den Willen übersetzt, sein eigenes Leben unendlich oft wieder zu leben. Das Denken der ewigen Wiederkehr bietet somit die höchste

Form des Jasagens. Die Bedingung dafür ist, dass das Individuum in seinem Leben einen dieser außergewöhnlichen Augenblicke kennengelernt hat, die der Aphorismus 338 (FW 338, 565–568) evozierte, einen dieser Augenblicke, die uns in ihrer Gesamtheit das Gefühl von der außerordentlichen Schönheit des Lebens vermitteln und uns zum Leben verführen: ein Augenblick, der das gesamte Leben rechtfertigt.

Gleichwohl beschließt Nietzsche das Buch IV der *Fröhlichen Wissenschaft* nicht mit der Lehre von der Ewigen Wiederkehr und somit, in der Erstausgabe, das Gesamtwerk. Dies geschieht vielmehr in der Darstellung dessen, der diese Lehre den Menschen bringen wird, nicht als neue theoretische Wahrheit, sondern als eine neue Wertetafel, die es sich einzuverleiben heißt, dergestalt, dass sie die Organisation des menschlichen Lebens radikal verändern wird, indem sie sich an die Stelle der herkömmlichen Werte setzt, der idealistischen, asketischen, nihilistischen, die sich nunmehr gegen sich selbst richten. Mit dem Tod Gottes richtet sich der Philosoph nicht mehr auf den Himmel der Ideen, wie er es seit dem Platonismus getan hatte, sondern vielmehr nach der Erde. Sein Ort ist hier unten, unter den Menschen, da seine Aufgabe darin besteht, sie zu verändern, um in ihnen eine Form des erhöhten, gesünderen Lebens zu erreichen und den Lebenden in Einklang mit dem Leben zu bringen: „eine letzte ewige Bestätigung und Besiegelung" (FW 341, 570). Die Lektion dieses Schlusses ist folglich die Proklamation, dass es, wenn die Aufgabe des bejahenden Philosophen in der Schaffung neuer Werte besteht, nunmehr auch einer neuen Art des philosophischen Diskurses bedarf.

Aus dem Französischen von Christian Benne

Literatur

Benoit, Blaise 2010: Le Gai Savoir § 301: vers une „justice poétique" d'un type nouveau?, in: Nietzsche-Studien 39, S. 382–397.
Denat, Céline/Wotling, Patrick 2013: Dictionnaire Nietzsche, Paris.
Müller-Lauter, Wolfgang 1999: Über das Werden, das Urteilen, das Ja-sagen bei Nietzsche, in: Wolfgang Müller-Lauter: Über Werden und Wille zur Macht. Nietzsche-Interpretationen 1, Berlin/New York, 173–328.
Piazzesi, Chiara/Campioni, Giuliano/Wotling, Patrick (Hrsg.) 2010: Letture della Gaia scienza / Lectures du Gai savoir, Pisa.
Salaquarda, Jörg 1989: Der ungeheure Augenblick, in: Nietzsche-Studien 18, S. 317–337.
Schacht, Richard 1995: How to Naturalize Cheerfully: Nietzsche's Fröhliche Wissenschaft, in: Richard Schacht: Making Sense of Nietzsche, Urbana/Chicago, S. 187–205.
Wotling, Patrick 2012: Nietzsche et le problème de la civilisation, 2. Aufl., Paris.

Werner Stegmaier
Fünftes Buch: „Wir Furchtlosen"
Die Zwischenzeit der Heiterkeit

1 Sonderstellung des V. Buchs: Durch *Also sprach Zarathustra* und *Jenseits von Gut und Böse* gereifter Anhang zur *Fröhlichen Wissenschaft*

Fünf Jahre nach der ersten Ausgabe der FW mit IV Büchern ließ Nietzsche sie 1887 mit einem V. Buch erscheinen; dazwischen lagen *Also sprach Zarathustra* und *Jenseits von Gut und Böse*. Das neue, knappe Buch aus 40 + 1 Aphorismen hängte er erst nach einigem Hin und Her der FW als V. an.[1] Dass es gerade 40 waren, dürfte kein Zufall gewesen sein. 40 ist eine ernste, biblische, heilige Zahl,[2] und die 40 Aphorismen sind meist auch sehr ernst gestimmt: Sie handeln vom einbrechenden Nihilismus. Im 41. Aphorismus aber lässt Nietzsche ein Satyrspiel folgen, in dem „die Geister [s]eines Buches" über dessen Autor herfallen und ihn mit der Ballade *Des Sängers Fluch* von Ludwig Uhland martern, den er nie mochte (FW 383, 638). Nietzsche spielt demonstrativ mit dem Ernst, den auch *Also sprach Zarathustra* und *Jenseits von Gut und Böse* prägten, spielt mit ihm in „g r o s s e [m]

---
[1] Zu der im Einzelnen ziemlich zermürbenden Geschichte, während derer Nietzsche das Projekt dieses weiteren Aphorismen-Buchs auch einmal ganz aufgeben wollte, vgl. Stegmaier 2012, 55–61. Stegmaier 2012 im Ganzen liegt diesem Artikel zugrunde und gibt in allem nähere Auskunft. Ich danke den Herausgeber(inne)n für die freundliche Einladung zu diesem Beitrag. Im Folgenden wird „das V. Buch der FW" in „FW V" abgekürzt.
[2] Die Zahl 40 hat bekanntlich besonders in der Bibel große Bedeutung: Die Hebräer hatten nach dem Auszug aus Ägypten 40 Jahre durch die Wüste zu wandern, Mose 40 Tage auf dem Berg Horeb zu bleiben, um von Gott die Gebote zu empfangen, Elia sich 40 Tage auf den Weg zu machen, um Gott am Berg Horeb zu begegnen, Jesus sich in der Wüste 40 Tage der Versuchung auszusetzen, und Jesus erschien 40 Tage nach der Auferstehung seinen Jüngern. Jedes Mal wird eine große Neuorientierung angebahnt. Nietzsche spielt mit der Zahl 40 mehrfach auf die Bibel an. Vgl. NL 1870/71, 5[85]; KSA 7, 116 („Man muß 40 Wochen in die Wüste gehen: und mager werden"), MA I 253 („Es ist ein vollkommenes Zeichen für die Güte einer Theorie, wenn ihr Urheber vierzig Jahre lang kein Misstrauen gegen sie bekommt") und Z I Lehrstühlen; KSA 4, 33 f. („Wiederkäuend frage ich mich, geduldsam gleich einer Kuh: welches waren doch deine zehn Überwindungen? / Und welches waren die zehn Versöhnungen und die zehn Wahrheiten und die zehn Gelächter, mit denen sich mein Herz gütlich that? / Solcherlei erwägend und gewiegt von vierzig Gedanken, überfällt mich auf einmal der Schlaf, der Ungerufne, der Herr der Tugenden").

Ernst", wie er ihn zuletzt nennt (FW 382, 637), einem Ernst, der auch das Spiel noch einbezieht, oder in einem Spiel, das auch den Ernst noch einbezieht. Es ist der spielerische Ernst, das ernsthafte Spiel der „fröhlichen Wissenschaft".

FW V entstand vorwiegend im Herbst und Winter 1886/87, zunächst in Ruta Ligure, dann in Nizza, passend untermalt von einem bedrohlichen Erdbeben, das Nietzsche kalt ließ, und erschien im Juni 1887. Nietzsche hatte zunächst zu GT und seinen ersten Aphorismen-Büchern neue Vorreden geschrieben, die für die Neuausgaben Kaufanreize schaffen sollten. Er erzählte in ihnen die Geschichte seiner „grossen Loslösung" von Schopenhauers Metaphysik und Wagners Musik (MA I Vorrede 3; KSA 2, 15), die zur Befreiung für seine eigene „Aufgabe" wurde (MA I Vorrede 7; KSA 2, 21). Die letzte und abschließende dieser neuen Vorreden war die zur FW. Nietzsche verfasste sie nach der Erarbeitung eines Großteils der neuen Aphorismen, aber vor ihrer endgültigen Komposition zu einem V. Buch der FW. So lässt sich nicht klar entscheiden, ob sie sich auch auf dieses bezieht. Sie kündigt ein neues Thema, vielleicht auch nur einen neuen Ton an: „,Incipit tragoedia' – heisst es am Schlusse dieses bedenklich-unbedenklichen Buchs" (FW Vorrede 1, 346), nämlich der früheren FW in vier Büchern (FW 342). Nietzsche trug unter diesem Titel dort den Einleitungsabschnitt zu *Zarathustra* vor (Z I Vorrede 1). In der neuen Vorrede heißt es dann aber weiter: „man sei auf seiner Hut! Irgend etwas ausbündig Schlimmes und Boshaftes kündigt sich an: incipit parodia, es ist kein Zweifel ..." (FW Vorrede 1, 346). Die Tragödie könnte also auch eine Parodie sein oder zu einer werden. Nietzsche warnt ausdrücklich davor, den tragischen Ernst einfach ernst zu nehmen, lässt die Leserin, den Leser aber allein mit der Frage, was in welchem Buch welche Tragödie zu welcher Parodie macht, FW in IV oder in V Büchern *Zarathustra* oder *Zarathustra* die FW in IV oder in V Büchern. Man muss selbst sehen und dazu sehr genau lesen lernen. Um reif zu werden für die FW, bedurfte es für Nietzsche einen „Gang durch viele Gesundheiten", an dessen Ende vielleicht „ein neues Glück..." steht (FW Vorrede 3, 349 und 351) in Gestalt einer neuen „Heiterkeit" (FW Vorrede 4, 351). FW V beginnt mit der Frage nach dieser Heiterkeit (FW 343, 573) und schließt mit der triumphierenden Verkündung jener „grossen Gesundheit" (FW 382, 635), die wie der „grosse Ernst" (FW 382, 637) dadurch groß wird, dass sie es verkraftet, mit ihrem Gegensatz zu spielen. Diese Art von Größe macht souverän auch noch in Katastrophen wie dem Nihilismus und sie verleiht der Souveränität Heiterkeit. Fröhlichkeit wird leicht ausgelassen, und so gibt sie sich auch oft in FW I–IV. Heiterkeit aber ist gelassen, ist gereifte Fröhlichkeit.

Gelassen bleibt FW V auch gegenüber den berühmten Lehren Zarathustras vom Übermenschen und von der ewigen Wiederkunft, die Nietzsche ebenfalls am Ende von FW IV angekündigt hat (FW 341). Von ihnen ist nicht mehr die Rede; nur die Lehre vom Willen zur Macht wird beiläufig erwähnt (FW 349). Offenbar konnte

Nietzsche hier, wo er im eigenen Namen, nicht in dem seiner „Figur" Zarathustra spricht (EH Bücher 1; KSA 6, 298–301), auf solche Lehren verzichten. Er hatte, scheint das zu bedeuten, den pathetischen Ernst seines *Zarathustra* vollends in eine „fröhliche Wissenschaft" umgedacht, in der solche Lehren ihren Halt verlieren und sich als Anti-Lehren entpuppen (Stegmaier 2000; Stegmaier 2011, 160–170).

In FW V erreicht Nietzsches Philosophieren auch die volle Reife und größte Dichte seiner Aphorismenkunst. Sie strafft sich, zielt nun ganz auf die grundlegenden Fragen. Nach der Verabschiedung seiner „dicken Irrthümer[...] und Ueberschätzungen", mit denen Nietzsche nach seinen Worten anfangs „als Hoffender auf diese moderne Welt losgegangen" sei (FW 370, 619), nach langen Erprobungen der Form des Aphorismen-Buchs, nach dem Versuch einer philosophischen Lehrdichtung – seinem *Zarathustra* – und nach seiner großen Metaphysik- und Moral-Kritik in *Jenseits von Gut und Böse*, gibt er eine besonnene, nüchterne, heitere Orientierung über sein Philosophieren, bevor er mit immer schärfer zugespitzten Streitschriften – *Zur Genealogie der Moral, Morgenröthe, Der Fall Wagner, Götzen-Dämmerung, Der Antichrist* – auf durchdringende Wirkung zielt. In FW V stellt Nietzsche seine kritischsten Fragen und findet zugleich zur ausgewogensten Gerechtigkeit auch für das, was er davor und danach am härtesten angriff, den Glauben in der Wissenschaft, in der Moral und in der Religion. Es könnte diese neue heitere Orientierung sein, die heute am fruchtbarsten weiterzudenken ist.

2 Interpretationsmethode: Kontextuelle Interpretation

Einzelne Aphorismen aus FW V wurden oft zitiert und sehr prominent. Das Buch als Ganzes wurde jedoch kaum in Betracht gezogen.[3] Aphorismen-*Bücher* stellen

---

[3] Colli 1980 würdigte mit souveräner Kennerschaft und feinem Sinn für Nietzsches Nuancen in Ton und Komposition zwar die ersten IV Bücher als einen Höhepunkt in Nietzsches Schaffen. Sie zeichneten sich aus durch die „Distanz des Genesenen, das Fehlen von Schmähungen", bedeuteten „einen magischen Augenblick der Ausgewogenheit" in Nietzsches Werk, „seine einzige Erfahrung in völliger ‚Gesundheit'", seien „Nietzsches gelungenster Versuch philosophischer Mitteilung", ein „souveränes, ganz leichtes In-der-Schwebe-Bleiben" (FW 660). In FW V konnte Colli dagegen nur noch schwächere „Zusätze" dazu finden. Dabei beließen es weitgehend auch Kaufmann 1974, 15; Wuthenow 1982, 314; Gebhard 1986; Reschke 1990, 392; Tanner 1994/1999; Brusotti 1997; Salaquarda 1997; Higgins 2000, 5; Figal 2000 und Niemeyer 2005. Man entdeckte keine Ordnung, keine Orientierung in FW V. Anders Schacht 1988. Er fand nicht nur in der FW als ganzer „fundamental coherence" (70) in der Thematik der Bestimmung und Steigerung des Menschen nach dem „Tod Gottes", sondern in FW V auch eine besondere Dichte und Schlagkraft.

besondere Probleme an die Interpretation. Denn jeder Aphorismus (wörtlich: „Abkürzung"), so wie Nietzsche ihn verstand, kann in höchster gedanklicher Verdichtung und prägnanter Formulierung für sich stehen; er braucht keine Einbettung und weist sie ab. Er verzichtet weitgehend auf Begründungen und Auseinandersetzungen mit Gegenmeinungen und strahlt stattdessen wie ein Kristall vielfarbige Lichtblitze in verschiedenste Richtungen aus. Sein Schliff, seine schriftstellerische Form sind für sein Verständnis ebenso maßgeblich wie die vorgetragenen Gedanken. So kann und muss er immer wieder und mit wachsender Aufmerksamkeit für seine Feinheiten studiert werden.[4] Der innere Kontext von Nietzsches Aphorismen, zumal der von FW V, im Zusammenspiel von literarischer Gestalt und gedanklichem Gehalt oder kurz von Form und Inhalt ist bedeutungsvoll bis in Nuancen hinein; Nietzsche identifizierte sich geradezu mit ihnen („ich bin eine nuance", EH Der Fall Wagner 4; KSA 6, 362). Werden Aphorismen nun zu „Büchern" komponiert – und das geschah gerade bei FW V sehr sorgfältig, wie man an den stark beschnittenen und neu zusammengesetzten Druckbögen erkennen kann –, so vermehren sich die Kontexte geradezu ins Unendliche: Man hat dann, um dem Sinn eines Aphorismus näher zu kommen, wie Nietzsche sie in FW V komponiert hat, außer seinen internen auch seine externen Kontexte zu erschließen, die Kontexte mit anderen Aphorismen desselben „Buchs", mit dem Aphorismenbuch im Ganzen, mit den vorausgehenden und folgenden Aphorismen-Büchern und den Werken in anderen schriftstellerischen Formen, die Nietzsche gebraucht wie die Abhandlung, den Essay, die episch-dramatische Lehrdichtung, die Streitschrift, das Gedicht und die Gedichtsammlung, darüber hinaus Kontexte der vorbereitenden und resümierenden, zuweilen systematisierenden Notate, die Kontexte der Bücher anderer, die Nietzsche gelesen und in der Regel auf höchst eigene Weise verarbeitet hat, und die Kontexte

---

Er bildete auch bereits thematische Aphorismenketten. Schacht ging es aber vor allem um die Herausarbeitung einer philosophischen Anthropologie Nietzsches, die er zugestandenermaßen mehr behauptet als aufweist. Eine wichtige Rolle spielte FW V auch bei Lampert 1993: Nachdem Platon für die Philosophie das Paradigma der Mathematik und Bacon und Descartes das der Physik inauguriert hätten, habe Nietzsche besonders in FW 374 das Paradigma der Interpretation zur Begründung des Wissens formuliert. Giametta 1998 widmete FW V eine eigene Abhandlung, referierte jedoch lediglich einige Themen einiger seiner Aphorismen. Wotling 2010 hat FW V dagegen eingehend gewürdigt. Es sei, wie schon *Jenseits von Gut und Böse*, weit stärker durchgestaltet als FW I–IV. Wotling findet in ihm Verdüsterung und Erheiterung zugleich, was in der Einschreibung der Logik der fröhlichen Wissenschaft in die allmählich dämmernde Einsicht in den Nihilismus gründe, mit der das tragische Zeitalter Europas beginne.

4 Daran ist zuletzt immer stärker erinnert worden. Vgl. für den französischen Sprachraum Balaudé/Wotling 2012, für den anglophonen Sprachraum Westerdale 2013 und für den deutschen Sprachraum Pichler 2014.

der Briefe und anderer biographischer und historischer Zeugnisse. Nietzsche nutzt all diese Kontexte unentwegt, doch meist ohne auf sie hinzuweisen, und dem muss eine wissenschaftlich seriöse Interpretationsmethode entsprechen. In einem Band wie diesem mit kurzen und kompakten Beiträgen zu einzelnen Teilen eines auszulegenden Klassikers lässt sich dies freilich nicht durchführen. So bleibt nur, entgegen Nietzsches eigenen Mahnungen erneut Thesen aus seinen Texten herauszuziehen und sie in einen möglichst kohärenten, im Idealfall systematischen Zusammenhang zu bringen, kurz, statt einer kontextuellen eine thetisch-dogmatische Interpretation.[5] Sie nimmt Nietzsches Aphorismen gerade das, worauf es ihm ankam. Seine Aphorismenbücher wollen keine dogmatisch oder didaktisch systematisierten Lehrbücher sein, sondern die Leser(innen) nötigen, sich selbst ihren Reim auf das Gelesene zu machen, dabei auf ihre begrenzten Interpretationsperspektiven aufmerksam zu werden und sich dadurch gegebenenfalls vor den Texten zu kompromittieren. Nietzsche zu lesen wird so zu einem harten Geschäft. Man sollte bei der Lektüre von Interpretationen wie den hier vorgelegten nie vergessen, dass sie auf die eigentliche Lektüre, die von Nietzsches Texten selbst, nur hinführen können.

3 Thematischer Gesichtspunkt des V. Buchs: Befreiung des philosophischen Denkens

Nietzsche nennt selbst kein gemeinsames Thema von FW V. Ein Hauptgesichtspunkt ist sicherlich die Befreiung des philosophischen Denkens von den alten Fesseln einer ontologischen Metaphysik und einer aus ihr begründeten Moral. Unter ihm sind jedoch auch die vorausgehenden Aphorismen-Bücher am aufschlussreichsten zu erschließen. Der spezifische Gesichtspunkt für FW V stellt sich erst am Ende heraus, wiewohl er mit dem Titel des Eingangsaphorismus

---

5 Langer 2010 hat unlängst einen entsprechenden „guide" durch die FW im Ganzen vorgelegt, offenbar für Studierende zur Vorbereitung von Prüfungen. Sie konstatiert kurzerhand drei Hauptthemen, „the de-deification of nature, the world, morality, and knowledge; the naturalization of ourselves; and the beautification of our lives" (xv), und teilt die fünf Bücher in 24 Kapitel mit je 7– 28 Aphorismen ein, freilich ohne jeweils deren thematische Einheit zu bezeichnen. Aber auch die genannten Hauptthemen sind nicht spezifisch für FW, decken z. B. auch die von *Jenseits von Gut und Böse* ab. Und auch die gedankliche Konsequenz stellt sich bei Langer eingestandenermaßen nicht ein; FW bleibt „multifacetted, creative" (xvii). Langer behilft sich im Untertitel ihres Buches darum mit der Kompromissformel „dancing coherence", und das Titelbild zeigt einen Strudel, in den man immer tiefer hineingezogen wird.

schon genannt wird: „Was es mit unserer Heiterkeit auf sich hat. –" (FW 343) Die scheinbar harmlose, oberflächliche Frage bekommt erst im Verlauf des Buches ihr ganzes Gewicht. Das Wort „fröhlich" kommt in FW V kaum mehr vor und gar nicht mehr in dem terminologischen Sinn, den Nietzsche ihm in der Formel „fröhliche Wissenschaft" gegeben hat. Er steht nun heiter, gelassen vor dem, was er in FW III „mit dem „tollen Menschen"" noch hoch dramatisiert hatte (FW 125): Er bringt, dass „„Gott todt ist"", jetzt auf die nüchterne Formel, „dass der Glaube an den christlichen Gott unglaubwürdig geworden ist –" (FW 343, 573), was sich am Ende des 19. Jahrhunderts in Europa für immer größere Bevölkerungsanteile kaum leugnen ließ. Im „alten Europa" (FW 347, 581) hatte sich mit dem religiösen Glauben der philosophische Glaube an die moralische Metaphysik und metaphysische Moral verbunden, der nun ebenfalls abstürzte und neue Fragen nach dem „‚Sinn' des Lebens …" (AC 43; KSA 6, 217) aufwarf. Daraus waren nun furchtlos die philosophischen Konsequenzen zu ziehen. Der Titel, den Nietzsche FW V gab, „Wir Furchtlosen" – er bekräftigt ihn durch ein Motto von Turenne, d.i. Henri de la Tour d'Auvergne, der aus hugenottischem Geschlecht stammte, Marschall des katholischen Königs Ludwig XIV. wurde und es zum bedeutsamsten Feldherrn seiner Zeit und zu einem herausragenden Militärschriftsteller brachte –, sagt ebenso viel wie „Wir Heiteren". Er ermutigt, angesichts all dessen, was hier zur Sprache kommen wird, nicht in Angst und Verzweiflung zu verfallen, sondern sich dem Vorauskommando eines Spähtrupps anzuschließen, an dessen Spitze sich Nietzsche nun gestellt sieht.

Die gelassene Loslösung von überholten Denkzwängen vollzieht sich in FW V in vier Etappen, die jeweils ungefähr ein Viertel des Buchs einnehmen und die ich so zu unterscheiden versucht habe: 1. Kritische Erschließung der Bindungen des Denkens, 2. Ursprungsfragen zur Auflösung von scheinbar letztem Halt, 3. Befreiung zu vielfältigen Perspektiven, 4. Freiheiten einer künftigen fröhlichen Wissenschaft. Die Heiterkeit, stets grundiert von melancholischen Zügen, wächst und spricht sich zuletzt (FW 382) strahlend, zuallerletzt (FW 383) wieder ausgelassen fröhlich aus.

4 Literarische Struktur des V. Buchs: Wechselseitige Perspektivierung von Aphorismen und Aphorismenketten

Nietzsche stellt in FW V einerseits solitäre Aphorismen hin, die ein großes Thema auf einen Schlag tief ausleuchten, wie FW 343 (Heiterkeit), FW 354 (Ursprung des Bewusstseins im Bedürfnis nach Mitteilung), FW 355 (Ursprung der Erkenntnis im Bedürfnis nach Beruhigung), FW 357 (Deutsche Philosophie in europäischer Perspektive), FW 363 (Bindung an und Befreiung von Geschlechter-Perspektiven), FW 370 (Alternativen europäischer Kunst und Philosophie), FW 378 (Freigebigkeit des Geistes) und FW 382 (Die grosse Gesundheit). Sie gehören zu seinen berühmtesten Aphorismen überhaupt. Er bildet andererseits Aphorismenketten, in denen er Themen schrittweise weiterverfolgt und jeweils neu beleuchtet. Hier müssen die zugehörigen Aphorismen nicht unmittelbar aufeinander folgen wie etwa in den Aphorismenketten zur Moral, die jedoch jeweils in den Titeln genannt ist (FW 345: „Moral als Problem. –", FW 352: „Inwiefern Moral kaum entbehrlich ist. –", FW 359: „Die Rache am Geist und andere Hintergründe der Moral.–"), zur (Un-)Verständlichkeit (FW 371: „Wir Unverständlichen. –", und FW 381: „Zur Frage der Verständlichkeit. –", – dazwischen eingeschaltet ist FW 379: „Zwischenrede des Narren. –") oder zum Halt im Haltlosen, bei denen das gemeinsame Thema in den Titeln immerhin angedeutet ist (FW 377: „Wir Heimatlosen. –", FW 380: „Der ‚Wanderer' redet. –"). Nietzsche kann thematisch verwandte Aphorismen natürlich auch direkt benachbarn wie zu den Gelehrten (FW 348: „Von der Herkunft der Gelehrten. –", FW 349: „Noch einmal die Herkunft der Gelehrten. –", – hier macht zunächst FW 344: „Inwiefern auch wir noch fromm sind. –", den Anfang, und viel später kehrt das Thema dann wieder in FW 366: „Angesichts eines gelehrten Buches. –"), zu den religiösen Menschen (FW 350: „Zu Ehren der homines religiosi. –", und FW 351: „Zu Ehren der priesterlichen Naturen. –", danach folgen hier in unterschiedlichen Abständen FW 353: „Vom Ursprung der Religionen. –", und FW 358: „Der Bauernaufstand des Geistes. – ") oder zum Einsiedler (passend im Singular) (FW 364: „Der Einsiedler redet. – ", und FW 365: „Der Einsiedler spricht noch einmal–", – in wiederum unterschiedlichen Abständen schließen hier drei Aphorismen zum Künstler beim Schaffen an, unter Titeln, die die thematische Verwandtheit nicht hervorheben, FW 367: „Wie man zuerst bei Kunstwerken zu unterscheiden hat. –", FW 369: „Unser Nebeneinander. –", FW 376: „Unsre langsamen Zeiten. –"). Denn Nietzsche kann auch thematisch verwandte benachbarte Aphorismen unter verschiedene Stichworte stellen wie die zum Bedürfnis nach Glauben (FW 346: „Unser Fragezeichen. –", und FW 347: „Die Gläubigen und ihr Bedürfniss nach Glauben. –"), zur Notwendigkeit der Schauspielerei (FW 361: „Vom Probleme des Schauspielers. –", und FW 362: „Unser Glaube an eine Vermännlichung Europa's. –", – hier gab thematisch zuvor FW 356: „Inwiefern es in Europa immer ‚künstlerischer' zugehn wird. –", den Auftakt) oder die zur gezielten Vervielfältigung von „Welt-Interpretationen" (FW 373: „‚Wissenschaft' als Vorurtheil. –", FW 374: „Unser neues ‚Unendliches'. –", und FW 375: „Warum wir Epikureer scheinen. –", – hier ging FW 360: „Zwei Ursachen, die man verwechselt. –", voraus). Weder benachbart sind noch aufeinander verweisende Titel haben die beiden Aphorismen zur „Musik des Lebens", nämlich FW 368: „Der Cyniker redet. –", einerseits und FW 372: „Warum wir keine Idealisten sind. –", andererseits; im einen setzt sich Nietzsche noch einmal mit Wagner, im andern mit Spinoza auseinander, mit beiden ist er, weil sie ihm selbst zu nahe standen, in seinem Denken nie fertig geworden. Er schließt solche Aphorismenketten einerseits aneinander an und flicht sie andererseits, wo er Lücken in ihnen lässt, ineinander zu einem Gewebe, in dem Themen bald in den Vordergrund, bald in den Hintergrund treten, so einander perspektivieren und dadurch dichte Kontexte schaffen, die dennoch nicht in einem System begründet sind. Er verfährt dabei künstlerisch oder fröhlich im Sinn der „fröhlichen Wissenschaft" und dies auf dreifache Weise: *Dichterisch* variiert und wechselt er, wie angedeutet, die Themen und ihre Gewichtung (Hauptsachen werden zu Nebensachen und umgekehrt), überspringt nach lange ‚logisch' nachvollziehbaren Übergängen Zwischenglieder, lässt Themen hier und dort in harten Fügungen aufeinanderstoßen. Dabei kann er sich innerhalb von Aphorismen auch plötzlich vom Thema abwenden und den Leser anreden oder Dialoge und Selbstgespräche inszenieren. *Bildnerisch* stellt er seine Themen dar wie in kubistischen Gemälden, die bald darauf entstanden. Sie schaffen aus vielfachen Perspektiven ein differenzierteres und aussagekräftigeres Bild vom jeweiligen Gegenstand als eine auf eine Sicht beschränkte Perspektive. *Musikalisch* wechselt Nietzsche laufend die Tempi (z. B. „presto", „lento", „staccato") und, wie er in JGB 27; KSA 5, 27 in Anspielung auf indische Instrumentalmusik schreibt, „gangasrogati", „kurmagati" und „mandeikagati"[6] die Töne und Unter- und Obertöne (klar, sachlich, ernst, bestimmt, pathetisch vs. fragend, ironisch, fröhlich, streitbar, rätselhaft) und zwischen homophon-harmonischer und polyphon-kontrapunktischer Komposition der Themen. Hinzu kommen besondere Methoden philosophischer Schriftstellerei, neben der Verflechtung auf- und abtauchender Themenketten, der Spannung zwischen Titel und Text und der Selbstparodie bedeutungsvoll eingefügte Gedankenstriche und Auslassungspunkte, die Inszenierung persönlicher Entscheidungsprozesse im Philosophieren, das Herausstellen, Überspielen und Auflösen von Gegensätzen, die Metaphorisierung von Metaphern, die Abkürzung des „philosophischen Gedankens" (FW 357, 597) durch Namen, irritierende Identifikationsangebote und fragwürdige Typisierungen statt Glauben erweckender Genera-

---

[6] Vgl. NL 1885/86, 3[18]; KSA 12, 175 / KGW IX, W I 7, 4, 1, und den Nachbericht zur KGW IX (auf Datenträger).

lisierungen. Und dennoch fügen sich die 40 + 1 Aphorismen zu einem in sich stimmigen Ganzen zusammen. Erst am Ende von FW V stellt sich heraus, dass Nietzsche auch hier, wie in den neuen Vorreden, eine Geschichte erzählt hat, nun aber eine viel umfassendere, weit über ihn hinausgehende. So hat man FW V unter *diesem* Gesichtspunkt noch einmal zu lesen. Ich gebe Nietzsches Befreiung des philosophischen Denkens, wie er es hier inszeniert, nun von Anfang an als diese Geschichte wieder, wie gesagt, in gröbster Verkürzung.

5 Nietzsches Geschichte vom Erwachen der Heiterkeit – vor der Ankunft der Nachricht vom Nihilismus

5.1 Bindungen des Denkens

Zu Beginn, in FW 343: „Was es mit unserer Heiterkeit auf sich hat. –", nimmt Nietzsche also in der gelassenen Formulierung, „dass der Glaube an den christlichen Gott unglaubwürdig geworden ist" (FW 343, 573), den berühmten Aphorismus Nr. 125 aus FW III auf, in dem jener „tolle Mensch" „am hellen Vormittage" mit einer angezündeten Laterne auf den Markt geht und vor Leuten, „welche nicht an Gott glaubten", sein „Ich suche Gott! Ich suche Gott!'" (FW 125, 480) und sein verzweifeltes „Gott ist todt! Gott bleibt todt! Und wir haben ihn getödtet!" hinausschreit (FW 125, 481). „[D]ass der Glaube an den christlichen Gott unglaubwürdig geworden ist", nennt Nietzsche, nun im eigenen Namen, gleichwohl das „grösste neuere Ereigniss" (FW 343, 573). Für alle, die den „Tod Gottes" im Denken nicht realisiert haben oder sich, wie die Leute auf dem Markt, dessen Konsequenzen nicht klar machen, steht eine „lange Fülle und Folge von Abbruch, Zerstörung, Untergang, Umsturz" (FW 343, 573) bevor – man kann darunter wohl die Katastrophen des 20. Jahrhunderts rechnen, die schwersten der bekannten Menschheitsgeschichte. Der „Nihilismus" – Nietzsche führt den Begriff erst später, im Aphorismenpaar FW 346 und 347, ein – wird die Menschen in Abgründe von Haltlosigkeit und Desorientierung blicken lassen, die sie bisher durch Religion und Metaphysik beharrlich verdeckt haben und die nun wütende kollektive Zerstörungen und Selbstzerstörungen veranlassen könnten.[7] Doch das wird, wofür schon die Leute auf dem Markt ein Beispiel waren, nicht so rasch

---

[7] Vgl. dazu das berühmte Lenzer Heide-Notat, das Nietzsche nach Erscheinen von FW V am 10. Juni 1887 niederschrieb: NL 1886/87, 5[71]; KSA 12, 211–217.

geschehen. Denn ein Ereignis wie der Tod Gottes braucht, so Nietzsche, Zeit, bis den Menschen seine Bedeutung zu Bewusstsein kommt, so wie Blitz und Donner Zeit brauchen, um gesehen bzw. gehört zu werden, oder das Licht eines fernen Gestirns, bis es auf der Erde ankommt. Aber eben das gibt freien Geistern Zeit für ihre befreiende fröhliche Wissenschaft. Es ist, wie Nietzsche dann in FW 377 schreibt, eine „zerbrechliche, zerbrochne Uebergangszeit" (FW 377, 628f.) – bis „die Tragödie beginnt" oder aber die „Parodie" (FW 382, 637) darauf. Beides wird möglich sein, und was eintreten wird, bei jedem und jeder Einzelnen, hängt davon ab, was sie aus dem allmählich eindringenden Nihilismus machen können. Es ist nicht nur die Zeit der Verzweiflung, es ist auch die Zeit, sich aus den Fesseln der alten Metaphysik und Moral zu lösen, und der Chance, sich seinen Halt im Denken und Leben neu und nun selbst zu schaffen.

Und es muss sich dann zeigen, wer dazu imstande ist und wer nicht. Eben danach unterscheidet Nietzsche nun die Menschen, als Starke und Schwache. Für die Stärkeren, die Freieren im Denken, zieht hier „eine neue schwer zu beschreibende Art von Licht, Glück, Erleichterung, Erheiterung, Ermuthigung, Morgenröthe" herauf, „endlich", schreibt Nietzsche in ihrem Namen,

> erscheint uns der Horizont wieder frei, gesetzt selbst, dass er nicht hell ist, endlich dürfen unsre Schiffe wieder auslaufen, auf jede Gefahr hin auslaufen, jedes Wagniss des Erkennenden ist wieder erlaubt, das Meer, unser Meer liegt wieder offen da, vielleicht gab es noch niemals ein so ‚offnes Meer'. – (FW 343, 574)

Ausgesetzt auf dem hohen Meer aber kann man nur heiter sein, wenn man, wie Nietzsche vorbereitend notiert hat, „anders zur ‚Gewißheit'" steht:

> Weil am längsten die Furcht dem Menschen angezüchtet worden ist, und alles erträgliche Dasein mit dem ‚Sicherheits-Gefühl' begann, so wirkt das jetzt noch fort bei den Denkern. Aber sobald die äußere ‚Gefährlichkeit' der Existenz zurückgeht, entsteht eine Lust an der Unsicherheit, Unbegrenztheit der Horizont-Linien. Das Glück der großen Entdecker im Streben nach Gewißheit könnte sich jetzt in das Glück verwandeln, überall die Ungewißheit und das Wagniß nachzuweisen. (NL 1884, 26[280]; KSA 11, 223f.)

FW V vollzieht angesichts des Nihilismus eine Umwertung von Gewissheit und Ungewissheit. Gelingt sie, aber nur dann, verspricht sie Heiterkeit.

Zunächst gibt Nietzsche Anhaltspunkte oder „Fingerzeige" und „Winke", wie er es nennt, wo die bisher unerkannten Bindungen des Denkens und damit auch des Handelns liegen könnten, als, wie er es in FW III ausgedrückt hatte, „Schatten" des toten Gottes (FW 108, 467). Da ist zunächst die Wissenschaft selbst, die seit jeher darauf spezialisiert ist, Gewissheit zu schaffen. Doch sie beruht, so Nietzsche in FW 344, auf einem Paradoxon, der Überzeugung, dass Überzeugungen in ihr keinen Platz haben dürfen. Auf diese Weise will sie

„voraussetzungslos'" sein und so zu einer objektiven Wahrheit kommen. Tatsächlich setzt sie dabei nicht nur voraus, dass eine solche Wahrheit möglich, sondern auch, dass sie nötig, das Nötigste überhaupt ist. Doch Nietzsche fragt nach: „Dieser unbedingte Wille zur Wahrheit: was ist er? Ist es der Wille, sich nicht täuschen zu lassen? Ist es der Wille, nicht zu täuschen?" (FW 344, 575) Der Wille zur Unwahrheit, Vertrauen auch in Fiktionen und Illusionen, könnte zum Leben ja ebenso nötig sein, und dann wäre der „Wille zur Wahrheit", absolut gesetzt, „ein versteckter Wille zum Tode". Hat man das erst einmal gesehen, verliert die Wissenschaft ihren scheinbar unbedingten Wert, und man sieht dann, dass auch sie ein „Glaube" ist, nicht anders als der religiöse, den die Leute auf dem Markt so leicht hinter sich gelassen haben. Der „Wille, sich nicht täuschen zu lassen", könnte dabei noch eine bloße Vorsichtsmaßnahme sein, also Nützlichkeitserwägungen und nicht Illusionen folgen. Dagegen steht Wissenschaft als überzeugter „Wille, nicht zu täuschen", andere und sich selbst nicht zu täuschen, „auf dem Boden der Moral" (FW 344, 576). Denn sie teilt mit der Moral die „'Selbstlosigkeit'" (FW 345, 577) im Absehen von den eigenen Überzeugungen, Interessen und Wünschen, die Forderung nach Entpersönlichung und Entindividualisierung. Wenn die Wissenschaft aber schon auf dem Boden der Moral steht, hat sie keine Distanz zu ihr, kann sie die Moral nicht zum Problem machen, die Moral gar nicht als Problem sehen. Sie *glaubt* dann an die Wahrheit, so sehr, dass Wissenschaftler(innen) ihr ganzes Leben dafür einsetzen, im äußersten Fall opfern können. Der Glaube der Wissenschaft an die Wahrheit gleicht so einem religiösen Glauben, und insofern sind auch Wissenschaftler(innen), die aller Religion abgeschworen haben, noch „fromm" (FW 344, 574).

Damit verbunden ist, wie Nietzsche in späteren Aphorismen ausführt, der „Glaube an den Beweis", mit dem Gelehrte die „'gute Arbeit'" der Wissenschaft als abgeschlossen ansehen können (FW 348, 584). Aber woher *dieser* Glaube? Nietzsche traut keinen edlen Idealen mehr, sondern fragt, nach seiner methodischen Heuristik der Not, der er den Namen „Psychologie" gegeben hat und bald den Namen „Genealogie" geben wird, stets nach „Nothlagen" (FW 349, 585), über die solche Ideale hinweghelfen sollen. Das gilt gerade für Gelehrte. Auch sie können bis in die Art ihres Denkens hinein an ihre sozialen Herkünfte und deren Nöte gebunden bleiben, gerade sie sind versucht, sich durch Spezialistentum in einer Disziplin und gute handwerkliche Arbeit eine ruhige „Ecke" zu schaffen, in der sie sich vor Nachfragen schützen, die ihre Voraussetzungen in Frage stellen könnten (FW 366, 614).[8] Nietzsche stellt diese Fragen.

---

[8] Das gilt natürlich ebenso von Nietzsche-Forscher(inne)n.

Die „fröhliche Wissenschaft" kann in ihrer programmatischen Unbefangenheit von solchem verdeckten Glauben, zunächst an die Wahrheit, dann an die Moral, lösen. Da sie die Wahrheit als eine Gestalt der Moral sichtbar macht, muss man weiterfragen nach der „Moral als Problem. –" (FW 345). Durch Moral fühlen wir uns verbunden, durch Moral können wir zusammenleben. Uns Europäern ist die durch das Christentum geprägte Moral nunmehr „kaum entbehrlich" und erscheint uns darum ihrerseits unbedingt. Sie hat uns gelehrt, uns unserer Natürlichkeit, unserer Nacktheit zu schämen, und wir haben sie nun als Verkleidung und Versteck nötig (FW 352). Der „Geist", dem sich Gelehrte verschrieben haben und unter dem Nietzsche (wie einst Hegel) eben die Kraft zu konsequentem kritischem Nachfragen verstand, wird unter dieser Bedingung zum „Gift" – sobald der Geist auch die Moral in Frage zu stellen versucht. Dann zeigt sich, wie stark Moral auch das Denken bindet, kommt „Furcht vor dem Geist", „Rache am Geist" auf, und bei Philosophen, die vielleicht einmal genug Geist hatten, seiner Härten aber irgendwann einmal müde werden, das, was man dann „Weisheit" nennt, aus tiefer Kenntnis gelassenes Auf-sich-beruhen-Lassen der Dinge. Aber auch diese Weisheit, so Nietzsche, könnte ein Versteck vor dem Geist sein (FW 359).

Nun ist das Leben selbst aber unmoralisch, die Guten kommen darin oft schlecht weg und die Schlechten gut. Also: „wozu überhaupt Moral, wenn Leben, Natur, Geschichte ‚unmoralisch' sind?" Man will sich nicht täuschen lassen und nicht täuschen – aber Moral täuscht offensichtlich über das Leben hinweg, setzt „eine andre Welt als die des Lebens, der Natur und der Geschichte" voraus (FW 344), wie es Kant exemplarisch vorgeführt hat, und wertet ihr gegenüber die tatsächliche und alltägliche Welt ab. So ist die Befreiung vom Glauben an die Moral eine Befreiung nicht nur von der Täuschung über das Leben, sondern auch von dessen notorischer Abwertung, und das Leben, was immer es sei, könnte ja vollkommener sein als alles, was Ethiker ihr entgegensetzen.

Es wäre, insistiert Nietzsche,

> eine Lust und Kraft der Selbstbestimmung, eine Freiheit des Willens denkbar, bei der ein Geist jedem Glauben, jedem Wunsch nach Gewissheit den Abschied giebt, geübt, wie er ist, auf leichten Seilen und Möglichkeiten sich halten zu können und selbst an Abgründen noch zu tanzen. Ein solcher Geist wäre der freie Geist par excellence. (FW 347, 583)

Ihm würde alles zum „Fragezeichen", wäre nichts mehr gewiss, entwerteten sich alle scheinbar höchsten Werte. Er könnte sich dem „Nihilismus" stellen und ihm standhalten, der Einsicht, dass wir alle Werte, die wir hochhalten, aus einer Not hochhalten und es mit ihnen darüber hinaus nichts auf sich hat (FW 346). Er müsste sich dann nur hüten, nun aus jenem „ungestüme[n] Verlangen nach

Gewissheit" (FW 347, 581) heraus wenigstens noch die Aufdeckung dieses Nihilismus zu seinem letzten Halt zu machen.[9]

5.2 Ursprungsfragen zur Auflösung von scheinbar letztem Halt

Nietzsche fragt noch weiter, über die Wissenschaft, die Wahrheit und die Moral hinaus nach den Nöten, aus denen das Bewusstsein entsprang, und treibt so weiter in die fordernde nihilistische Freiheit hinein. Jeder scheinbar letzte Halt wird unnachsichtig aufgelöst. In FW 354 (590) äußert Nietzsche die „ausschweifende[...] Vermuthung", dass das Bewusstsein, dessen man sich in der Moderne so sicher zu sein glaubte, dass man – beginnend mit Descartes – alle Philosophie und Wissenschaft darauf bauen wollte, seinerseits eine Funktion der Kommunikation ist, dass, in Nietzsches eigenen Worten, „die Feinheit und Stärke des Bewusstseins immer im Verhältniss zur Mittheilungs-Fähigkeit eines Menschen (oder Thiers) [steht], die Mittheilungs-Fähigkeit wiederum im Verhältniss zur Mittheilungs – Bedürftigkeit" (FW 354, 590f.). Danach hat das Bewusstsein seinen Ursprung in Nöten der Verständigung und wandelt sich dann auch mit diesen Nöten, ist also keine feste Größe, deren man sich durch bloße Selbstreflexion („ich denke, also bin ich" – als denkendes, seiner selbst bewusstes Bewusstsein) absolut gewiss werden könnte. Nach Nietzsches inzwischen durchaus plausibler und psychologisch verifizierbarer Hypothese sind wir uns lediglich dessen bewusst, was in Sprache und Zeichen kommuniziert wird. Denn zur Kommunikation in sprachlichen Zeichen ist hohe und dauernde Aufmerksamkeit erforderlich, schon weil sie neue Möglichkeiten der Täuschung eröffnet, und darum ist gerade zu ihr Bewusstsein besonders nötig. Wenn das aber so ist, wenn das Bewusstsein ursprünglich ein Bewusstsein vor allem für sprachliche Kommunikation ist, dann bringt es gerade nicht unser Eigenes, Inneres, Individuelles, sondern „immer nur gerade das Nicht-Individuelle an sich zum Bewusstsein", eine immer schon von anderen erlernte und mit ihnen gemeinsame „Oberflächen- und Zeichenwelt": „wir ‚wissen' (oder glauben oder bilden uns ein) gerade so viel als es im Interesse der Menschen – Heerde, der Gattung, nützlich sein mag" (FW 354, 592f.).

Das gilt dann auch für die Erkenntnis und die Gewissheit, die zu schaffen nach der philosophischen Tradition der Moderne die vornehmste Aufgabe des Bewusstseins sein sollte. Das „Bedürfniss", das zur Erkenntnis treibt, ist dann, so

---

[9] Vgl. GD Sprüche 2, die Vorstufe dazu in NL 1887, 9 [123]; KSA 12, 407 f., und zur Interpretation Stegmaier 2012, 178–180.

Nietzsches Vermutung hier, nicht ein hehres Wahrheitsstreben, sondern der „Instinkt der Furcht" vor Unbekanntem, der auf *Beruhigung* bei allgemein Bekanntem drängt, und „das Frohlocken des Erkennenden" ist „das Frohlocken des wieder erlangten Sicherheitsgefühls" (FW 355, 594). Unser Wille zur Erkenntnis hört, auch in der Wissenschaft, gewöhnlich bei etwas auf, das uns beruhigt, je nach der Situation, in der wir uns befinden. Vor die alte Grundunterscheidung des Erkennens wahr und falsch tritt die Unterscheidung beunruhigend und beruhigend, die Grundunterscheidung der menschlichen Orientierung überhaupt (Stegmaier 2008, 162–167).

Aus beidem, der „Vernatürlichung" (NL 1881, 11 [211]; KSA 9, 525) des Bewusstseins und der Erkenntnis, von der Nietzsche an anderer Stelle spricht (vgl. Bertino 2011), zieht er in FW 356 die Konsequenzen für die andere Seite, unsere soziale Existenz. Denn wenn sie in einer „Oberflächen- und Zeichenwelt" (FW 354, 593) besteht, die doch nicht unsere eigene ist, müssen wir dort alle wie „Schauspieler" (FW 356, 596) agieren. Wir leben, so Nietzsche, in einer Schauspieler-Gesellschaft, in der es „immer ‚künstlerischer' zugehn wird" (FW 356, 595). Wir legen Masken an, spielen Rollen, stellen uns anders dar, als wir sein mögen. Wir müssen unsere Rollen aber so gut spielen, dass „aus der Rolle wirklich Charakter, aus der Kunst Natur" geworden zu sein scheint, und das geht am leichtesten, wenn man wiederum an sie glaubt. Schon die Demokratie bei den alten Griechen und erst recht die moderne funktional differenzierte Gesellschaft beruhen auf diesem „Rollen-Glauben" (FW 356, 596). Die demokratische Gesellschaft hält sich in ihm, und was wir heute gerne ‚Selbstverwirklichung', ‚Identität' und, moralisch erhöht, ‚Authentizität' nennen, ist auch nur Teil unserer sozialen Existenz. Schauspielerei, ergänzt Nietzsche in FW 361, ist „Falschheit mit gutem Gewissen". Sie zieht sich durch die ganze Gesellschaft als „einverleibte[] und eingefleischte[] Kunst des ewigen Verstecken-Spielens" und beginnt schon in der Natur als die „Anpassungskunst" der Mimikry (FW 361, 608).

5.3 Befreiung zu vielfältigen Perspektiven

Auf diesem Boden, der kein Boden mehr ist, leben wir und haben wir zu leben. Wie können wir heiter damit leben? Nach dem destruktiven setzt Nietzsche seine Geschichte fort mit einem konstruktiven Teil, mit Aphorismen zu befreienden Perspektiven. Schon mit seinen Aphorismen als solchen führt Nietzsche das Beobachten und Denken in Perspektiven vor, und nun macht er die Perspektive selbst zum Thema. Jede Perspektive hat ihren Standpunkt und ihren Horizont, die sich laufend verschieben können; sie setzt keine allgemeine und zeitlose Vernunft mehr voraus, wie sie die europäische Metaphysik und Moral all ihren Konstruktionen zugrunde gelegt hatte (Poljakova 2013). Man muss sich seiner jeweiligen Perspektive in einer Orientierungssituation nicht bewusst sein, und doch wird man sich nicht mit ihr beruhigen können: Denn man stößt in der Kommunikation unablässig auf andere Perspektiven. Und individuelle Orientierungen mit individuellen Perspektiven gehen allem Allgemeinen voraus: Denn auch alles Allgemeine, einschließlich des Allgemeinen der Perspektive, denkt man unvermeidlich in seiner individuellen Perspektive. Wenn das nun die Realität ist, soweit man Realität überhaupt in Begriffen fassen kann, befreit Nietzsche zur Realität. Er bekennt sich ausdrücklich zu „Phänomenalismus und Perspektivismus" (FW 354, 593).[10]

Er beginnt auch hier noch einmal mit den Perspektiven der Philosophie und der Wissenschaft und greift zunächst in einem solitären Aphorismus das „alte[ ] Problem[ ]: ‚was ist deutsch'" (FW 357, 597) auf, das vor allem Richard Wagner verfolgt hatte (Rupschus 2013), um dagegen nun die europäische Perspektive stark zu machen, die zu seiner Zeit noch ungewöhnlich war. Er prüft, was an den bedeutendsten philosophischen Entwürfen aus Deutschland, denen Leibniz', Kants und Hegels, deutsch sein könnte: nur wenig, und dies Wenige ist schwer zu fassen. Und erst recht sei der „unbedingte redliche Atheismus" (FW 357, 600), zu dem sich Schopenhauer als erster Deutscher unverhohlen und wirkungsmächtig bekannt habe, „ein gesammt-europäisches Ereigniss, an dem alle Rassen ihren Antheil von Verdienst und Ehre haben" oder, wie Nietzsche aus altem Respekt für den Lehrer formuliert, „haben sollen" (FW 357, 599). Das Ereignis ist deshalb genuin europäisch, weil hier „die christliche Moralität selbst, der immer strenger genommene Begriff der Wahrhaftigkeit, die Beichtväter-Feinheit des christlichen Gewissens, übersetzt und sublimirt [wurde] zum wissenschaftlichen Gewissen, zur intellektuellen Sauberkeit um jeden Preis" (FW 357, 600). So wird zugleich die Frage nach dem Ursprung der Wissenschaft noch einmal vertieft, hinter ihrer „Selbstlosigkeit'" (FW 345, 577) ihre ursprünglich religiöse Gewissenhaftigkeit ausgeleuchtet. Europa habe in seiner „längste[n] und tapferste[n] Selbstüberwindung" (FW 357, 600) durch die Religion hindurch zur Wissenschaft und ihrer Moral gefunden, und was daran deutsch sein könnte, ist zweitrangig. Nietzsche macht sich am Ende des Aphorismus über die deutschen Schopenhaueraner lustig.

Den Perspektivismus trägt er in einer späteren Aphorismenkette dann auch in die Wissenschaft selbst ein, die Wissenschaften vom Menschen (humanities) und

---

10 Zur regen Debatte über den ontologischen und epistemologischen Status von Nietzsches Perspektivismus in der anglophonen und der kontinental-europäischen Nietzsche-Forschung vgl. zusammenfassend Dellinger 2011.

die mathematischen Naturwissenschaften (science). Zunächst habe man sich in den Wissenschaften vom Menschen und seinem Handeln von „sogenannten ‚Zwecke[n]'" zu lösen, die die wahren „Ursache[n]" des Handelns so gut verdecken können, und diese anders zu unterscheiden, nämlich in eine „Ursache des Handelns", die überhaupt zum Handeln treibt und die Nietzsche „treibende Kraft" (FW 360, 607) nennt, und „eine Ursache des So- und So-Handelns, des In-dieser Richtung-, Auf-dieses Ziel hin-Handelns", die er „dirigirende Kraft" nennt. „,Zweck[e]'" (FW 360, 607) treiben, ‚motivieren' das Handeln nicht, wie alteuropäische Idealisten gerne glauben möchten, sie geben ihm höchstens den Ausschlag und sind „oft genug nur ein beschönigender Vorwand, eine nachträgliche Selbstverblendung der Eitelkeit, die es nicht Wort haben will, dass das Schiff der Strömung folgt, in die es zufällig gerathen ist" (FW 360, 607f.). Nietzsche denkt seine Unterscheidung wieder von „Nothlagen" her, einerseits der Not, überhaupt ‚etwas tun zu müssen', und andererseits der Not, diesem Tun dann einen Sinn zu geben, für sich und, in der „Oberflächen- und Zeichenwelt" (FW 354, 593), vor allem für andere. Die Heuristik der Not unterläuft das berüchtigte Determinismus-Problem, das von der nach Nietzsche obsoleten Unterscheidung von Materiellem und Geistigem ausgeht.

Aber auch die Wissenschaft vom Materiellen, der damalige Mechanismus, der sich anschickte, die letzten „Welträthsel-Lösungen" (FW 355, 594) beizubringen, sollte das „Dasein", das er mathematisch zu erfassen sucht, „nicht seines vieldeutigen Charakters entkleiden wollen" und sich stattdessen vielfältige „Welt-Interpretationen" offenhalten. Denn was bliebe etwa von Musik, wenn sie danach eingeschätzt würde, „wie viel von ihr gezählt, berechnet, in Formeln gebracht werden könne"? (FW 373, 626) Und die Philosophie darf sich, wenn sie den Perspektivismus akzeptiert, nicht wieder zu metaphysisch-ontologischen Annahmen verführen lassen wie der, dass „alles Dasein ein auslegendes Dasein ist", also aus Perspektiven bestehe, die es an sich gäbe. Natürlich ist auch, deutet Nietzsche an, der Perspektivismus eine Perspektive, man braucht den Selbstbezug darin und die Paradoxie, die er erzeugt, nicht scheuen. Dass die „Welt [...] unendliche Interpretationen in sich schliesst" (FW 374, 627), bedeutet nur, dass jede Perspektive zu immer anderen Perspektiven übergehen kann – wenn sie dazu frei genug ist. Sie kann das freilich immer nur *in* ihrer Perspektive, ohne die andern Perspektiven wirklich einnehmen und von ihnen *wissen* zu können. Perspektiven unterscheiden sich, wie man bald nach Nietzsche zu unterscheiden lernte, funktional, nicht substantiell. Sieht man das und verzichtet darauf, den Perspektivismus zu re-ontologisieren, wird man auch keine „Lust" mehr haben, „dieses Ungeheure von unbekannter Welt nach alter Weise sofort wieder zu vergöttlichen" (FW 374, 627). Das Ontologisieren, Idealisieren und Transzendieren wird im „Phänomenalismus und Perspektivismus" (FW 354, 593) geschmacklos.

Der Perspektivismus lehrt, mit der Ungewissheit der Welt zu leben. Er kann Angst oder Freude machen. Und die Freude an ihm kann man lernen. Wer „den Fragezeichen-Charakter der Dinge" nicht mehr aufgeben will, wer erst einmal einen „Widerwille[n] gegen die grossen Moral-Worte und -Gebärden" und gegen „alle plumpen vierschrötigen Gegensätze" entwickelt und im Erkennen-Wollen eine lange „Uebung in Vorbehalten" (FW 375, 627 f.) erworben hat, wird wachsenden Stolz am geschickten Umgang mit Perspektiven haben. Nietzsche vergleicht ihn mit einem wilden und doch beherrschten, stolzen Ritt:

> Denn D a s macht unsern Stolz aus, dieses leichte Zügel-Straffziehn bei unsrem vorwärts stürmenden Drange nach Gewissheit, diese Selbstbeherrschung des Reiters auf seinen wildesten Ritten: nach wie vor nämlich haben wir tolle feurige Thiere unter uns, und wenn wir zögern, so ist es am wenigsten wohl die Gefahr, die uns zögern macht ... (FW 375, 628)

Und das zeigt sich auch und gerade im alltäglichen Leben beim Umgang mit anderen Menschen. Zunächst muss man andere, die nun ein Recht auf ihre eigenen Perspektiven haben sollen, aushalten – Nietzsche nahm nicht an, dass alle Menschen von allen Menschen „umschlungen" werden wollen, wie es in Schillers Ode *An die Freude* heißt. Das beginnt mit den gegensätzlichen Perspektiven im Geschlechterverhältnis. Nietzsche, der gerne als Frauenfeind dargestellt wird, zeigt mit höchster Subtilität, dass „der Mann", der will, dass „das Weib" ihm zu Willen sei, dass es sich ihm hingibt, eben von dieser Hingabe in seinem Wollen geleitet wird; aus dem scheinbar harten „Natur-Gegensatz" (FW 363, 611) wird ein Spiel mit Perspektiven. Er schlägt, aus erkennbar eigenen Erfahrungen, befreiende Perspektiven im Umgang mit Menschen vor, die man sich lieber ganz vom Leib hielte (FW 364, FW 365). Er verrät Künstlern Perspektiven, unter denen sie kreativ arbeiten können – indem sie das Publikum und zuweilen auch sich selbst ausblenden (FW 367, FW 369, FW 376) –, und Schriftstellern, wie sie angesichts eines anonym bleibenden Publikums mit ganz unterschiedlichen Erwartungen schreiben können – indem sie durch die „feineren Gesetze eines Stils", also durch schriftstellerische Kunst, die, die sie nur oberflächlich verstehen können und sollen, von denen scheiden, die sie, die Schriftsteller, wirklich ansprechen und mit denen sie weiterkommen wollen. Das alles beschreibt er als einen „Tanz", einen Tanz im Finden, Erfinden und Wechseln von Perspektiven (FW 371, FW 379, FW 381).

5.4 Freiheiten einer künftigen fröhlichen Wissenschaft

Was oder wo ist nun das Freie, in das Nietzsche mit seiner fröhlichen Wissenschaft führen will? Er zieht kein Fazit, überlässt das seinen Leser(inne)n. Stattdessen setzt er auch zuletzt noch starke neue Zeichen, in Aphorismen von höchster schriftstellerischer Raffinesse, die erneut in überraschende philosophische Tiefen führen. Wir nähern uns dem Ende der Geschichte vom Erwachen der Heiterkeit.

Zunächst, in FW 370, umreißt Nietzsche, was aus der Philosophie werden könnte, die aus Not, weil alles andere nicht mehr haltbar ist, den Perspektivismus akzeptiert hat. Er ordnet seine eigene frühe Loslösung vom „romantische[n] Pessimismus" (FW 380, 622) Schopenhauers und Wagners (und bei Wagner auch von seiner Person und seiner Musik) in ein Schema, eine Kreuztabelle ein, die er aus zwei senkrecht zueinander stehenden Unterscheidungen bildet (van Tongeren 2012, 133–135). Und in diesem Schema lässt er seine Heuristik der Not im Zeichen des Dionysos gipfeln, dem er sein erstes veröffentlichtes Werk gewidmet hatte, den er zuletzt (JGB 295) zum Gott seines Philosophierens erklärt hat, den er jetzt im Adjektiv „dionysisch" als „‚terminus'" einführt – und der, als Gott des immer neuen Werdens und Vergehens, der Schaffung und Überwindung aller Gegensätze, jedes Schema sprengt. Er führt eine Unterscheidung ein, die die bisherige auf den Kopf stellt, unterscheidet nicht mehr Not von Überfülle, sondern die Überfülle selbst als Not, eine Not also nicht nur der „an der Verarmung des Lebens Leidenden", sondern eine Not auch der „an der Ueberfülle des Lebens Leidenden": eine Not der Schaffenden, „welche eine dionysische Kunst wollen" (FW 370, 620), ihre überfließenden Ideen in den Griff bekommen und außerdem solche finden müssen, die dieses dionysische Schaffen verstehen können. Das klingt phantastisch und ist doch nur die Beschreibung der Not von Nietzsches Zarathustra, der von Anfang bis Ende nach jemandem sucht, der ihm seine überreiche geistige Gabe abnehmen könnte, und niemanden findet. Aus beiden Nöten, der Not der Armut und der Not der Überfülle, kann, so Nietzsche, Philosophie und Kunst entstehen und aus beiden solche, die aus einem „Verlangen nach Starrmachen, Verewigen" heraus auf ein „Sein" oder aber aus einem „Verlangen nach Zerstörung, nach Wechsel, nach Neuem, nach Zukunft" heraus auf ein „Werden" hinaus wollen. Für alle Felder seiner Kreuztabelle nennt er ausgesuchte Namen, für das Feld der aus der „Ueberfülle" kommenden Kunst und Philosophie, die ein unablässiges Werden nicht wie die zeitgenössischen Anarchisten aus Hass, sondern aus Güte will, dagegen nicht. Er behält es einem kommenden „dionysischen" Pessimismus vor (FW 370, 621). Pessimismus nennt er die Kraft, auch das pessimum, das Schlimmste im Leben sehen zu können, wofür ihm Schopenhauer stand, der es aber nicht schätzen konnte, sondern „romantisch" darunter litt. Für Dionysos dagegen wurde das Tragische leicht: Die Athener inszenierten ihre Theaterfestspiele für ihn, bei denen die Wettbewerber mit Tragödien zu beginnen und mit einem Satyrspiel zu schließen hatten, wie es auch Nietzsche in FW V tut.

Er umgibt diesen antike Erinnerung und offene Zukunft weit umspannenden Aphorismus zur Philosophie *und* Kunst, die in seiner fröhlichen Wissenschaft zusammengehören, mit zwei der Aphorismen zum künstlerischen und schriftstellerischen Schaffen, von denen eben die Rede war (FW 369, FW 371), und diese wiederum mit zwei Aphorismen zur Musik (FW 368, FW 372), ein glanzvolles Beispiel seiner Kunst der thematischen Perspektivierung durch Aphorismen. Der erste Aphorismus zur Musik (FW 368) *vor* dem zum „dionysischen Pessimismus" handelt noch einmal von Wagners Musik, die Nietzsche oder sein „ganzer Leib" (FW 368, 617), wie er schreibt, inzwischen als bedrückend, nicht beschwingend, verklärend, erleichternd erlebt, der zweite (FW 372) *nach* dem zum „d i o n y s i s c h e n Pessimismus" wieder von der Philosophie, die mit ihrer Vernunft-Metaphysik verlernt hat, die „Musik des Lebens" zu hören: „ein ächter Philosoph hörte das Leben nicht mehr, insofern Leben Musik ist" (FW 372, 623). Nietzsche greift hier „die immer idealischer ausgelegte Entsinnlichung" der europäischen Philosophie an, die mit Platon begonnen habe und in Spinozas Drängen auf die Bewältigung der Affekte und an seiner eigenen zarten, kränklichen Leiblichkeit am augenfälligsten geworden sei. Aber gerade in Spinoza hatte er einen großen Vorgänger erkannt, und er schloss nicht aus, dass die ewige Wiederkunft auch schon in der Konsequenz von dessen Philosophie gelegen haben könnte. Die Formel von der „Musik des Lebens", für die die Vernunft-Philosophie taub geworden war, gebrauchte er nur hier. Die fröhliche Wissenschaft, der heitere, dionysische Pessimismus sollte diese Musik wieder ertönen lassen.[11]

Doch um sie wieder hören zu lernen, bedarf es nach Nietzsche besonderer persönlicher Voraussetzungen, und die, die er nennt, sind hoch. Zu ihnen gehören die Kraft zur Heimatlosigkeit, wie er selbst sie gewagt hatte, das Misstrauen gegen die oft so heuchlerischen humanistischen Ideale, der Mut, Menschen durch gleiche Rechte als Personen nicht auch schon als Persönlichkeiten mit ihrer höchst unterschiedlichen Orientierungs-, Urteils- und Entscheidungsfähigkeit

---

[11] In *Ecce homo* „Die Geburt der Tragödie" 3 wird Nietzsche dem Pessimismus vollends abschwören und „das Recht" beanspruchen, „mich selber als den ersten t r a g i s c h e n P h i l o s o p h e n zu verstehn – das heisst den äussersten Gegensatz und Antipoden eines pessimistischen Philosophen". Denn ihm sei zum ersten Mal in der Geschichte der Philosophie die „Umsetzung des Dionysischen in ein philosophisches Pathos" gelungen, das tragisch und zugleich fröhlich, heiter ist, weil nichts Dionysisches einseitig ist, sondern die andere Seite jedes Gegensatzes mit umfasst (EH „Die Geburt der Tragödie" 3; KSA 6, 312).

gleichzustellen, sondern den Sinn für ihre Rangordnung wiederherzustellen – Nietzsche spricht hier provozierend von „einer neuen Sklaverei" und meint mit „Sklaverei" auch und vor allem jede geistig abhängige, nicht von eigenen Ideen geleitete und insofern ‚befohlene' Arbeit –, die entschlossene Abkehr von „Nationalismus" und „Rassenhass", um ein „gute[r] Europäer" zu werden (FW 377, 630 f.), darüber hinaus der geistige Horizont, auch noch über Europa hinaussehen zu können, soweit es „eine Summe von kommandirenden Werthurtheilen" ist, „welche uns in Fleisch und Blut übergegangen sind" (FW 380, 633), und im Ganzen die über lange Zeit erworbene Gelassenheit, mit der jemand Halt in der eigenen Leichtigkeit findet. Dann wird vielleicht eine Freigebigkeit des Geistes möglich, die wie ein „offne[r] Brunnen" die Abfälle der Zeit, einschließlich ihrer Idealisierungen und Moralisierungen, in sich aufnehmen und gereinigt, „hell", dem Leben zurückgeben kann, so wie es Nietzsche wiederum von seinem Zarathustra gesagt hat (FW 378, 631).

Und unter all diesen Voraussetzungen kann sich einstellen, was er nun die „grosse Gesundheit" (FW 382) nennt (Faustino 2013). Sie ist groß, weil sie, wie schon erwähnt, Schlimmes verkraften und dadurch noch stärker werden kann. Man ‚hat' sie nicht und niemals, sondern muss sie sich dionysisch immer neu erwerben, „weil man sie immer wieder preisgiebt, preisgeben muss" (FW 382, 636) in den abenteuerlichen, von „Heisshunger in Gewissen und Wissen" getriebenen Ausfahrten der fröhlichen Wissenschaft. Sie ist wohl wieder ein Ideal, nun aber ein „andres Ideal", ein aus jeweils sichtbarer Not entspringendes Ideal auf Sicht und auf Zeit, das selbst und bewusst entworfene „Ideal eines Geistes, der naiv, das heisst ungewollt und aus überströmender Fülle und Mächtigkeit mit Allem spielt, was bisher heilig, gut, unberührbar, göttlich hiess". Mit diesem Ideal, das sich nun „neben den ganzen bisherigen Erden-Ernst" hinstellt, aber könnte dann „der grosse Ernst" beginnen, „das eigentliche Fragezeichen erst gesetzt" werden, die „Tragödie" ihren Lauf nehmen (637). Denn mit solchen dionysischen Geistern dränge, scheint Nietzsche zu erwarten, die Nachricht vom Nihilismus mit Macht vollends durch. Dann zerbräche die Übergangszeit und die Geschichte vom Erwachen der Heiterkeit wäre zu Ende. Denn die gebundenen, auf feste Bindungen angewiesenen Geister werden die neuen Freiheiten kaum ertragen können, werden darum jene „lange Fülle und Folge von Abbruch, Zerstörung, Untergang, Umsturz" (FW 343, 573) in Gang setzen und als erstes die freier gewordenen Geister niederkämpfen. Vielleicht haben wir in den europäisch denkenden Ländern diese Tragödie ja schon weitgehend hinter uns. Das wäre schön. Sicher ist es nicht.

Literatur

Balaudé, Jean-François/Wotling, Patrick (Hrsg.) 2012: L' art de bien lire Nietzsche et la philologie, Paris.
Bertino, Andrea Christian 2011: „Vernatürlichung". Ursprünge von Friedrich Nietzsches Entidealisierung des Menschen, seiner Sprache und seiner Geschichte bei Johann Gottfried Herder (Monographien und Texte zur Nietzsche-Forschung, Bd. 58), Berlin/Boston.
Brusotti, Marco 1997: Die Leidenschaft der Erkenntnis. Philosophie und ästhetische Lebensgestaltung bei Nietzsche von Morgenröthe bis Also sprach Zarathustra (Monographien und Texte zur Nietzsche-Forschung, Bd. 37), Berlin/New York.
Colli, Giorgio 1980: Nachwort, in: Die fröhliche Wissenschaft, KSA 3, S. 659–663.
Dellinger, Jakob 2011: Art. „Perspektivismus", in: Christian Niemeyer (Hrsg.): Nietzsche-Lexikon, 2. Aufl., Darmstadt, S. 288–289.
Faustino, Marta Sofia Ferreira 2013: Nietzsche e a Grande Saúde. Para uma terapia da terapia. Dissertation, Universidade Nova, Lissabon.
Figal, Günter 2000: Nachwort zu Friedrich Nietzsche, in: Die fröhliche Wissenschaft, Stuttgart, S. 313–325.
Gebhard, Walter 1986: Nachwort zu: Friedrich Nietzsche, in: Die fröhliche Wissenschaft („La gaya scienza"), Stuttgart, S. 325–346.
Giametta, Sossio 1998: Il quinto libro della „Gaia scienza", in: Sossio Giametta: Saggi Nietzschiani, Neapel, S. 105–122.
Higgins, Kathleen Marie 2000: Comic Relief. Nietzsche's Gay Science, New York/Oxford.
Kaufmann, Walter 1974: Translator's Introduction, in: Friedrich Nietzsche: The Gay Science. Translated, with Commentary by Walter Kaufmann, New York, S. 3–26.
Lampert, Laurence 1993: Nietzsche and Modern Times. A Study of Bacon, Descartes, and Nietzsche, New Haven, Conn./London.
Langer, Monika. M. 2010: Nietzsche's Gay Science: Dancing Coherence, Basingstoke.
Niemeyer, Christian 2005: Auf die Schiffe, ihr Pädagogen! Ein einführender Textkommentar zu Nietzsches Aphorismensammlung Die fröhliche Wissenschaft, in: Zeitschrift für Religions- und Geistesgeschichte 57, S. 97–122.
Pichler, Axel 2014: Philosophie als Text. Die ästhetische Darstellungsform von Nietzsches Götzen-Dämmerung (Monographien und Texte zur Nietzsche-Forschung, Bd. 67), Berlin/Boston.
Poljakova, Ekaterina 2013: Differente Plausibilitäten. Kant und Nietzsche, Tolstoi und Dostojewski über Vernunft, Moral und Kunst (Monographien und Texte zur Nietzsche-Forschung, Bd. 63), Berlin/Boston.
Reschke, Renate 1990: Friedrich Nietzsches Fröhliche Wissenschaft oder Vom zerbrechlichen Gleichgewicht einer Philosophie, in: Friedrich Nietzsche: Die fröhliche Wissenschaft („la gaya scienza"), hrsg. mit Anmerkungen zum Nietzsche-Text und mit einem Essay von Renate Reschke, Leipzig, S. 357–413.
Rupschus, Andreas 2013: Nietzsches Problem mit den Deutschen. Wagners Deutschtum und Nietzsches Philosophie (Monographien und Texte zur Nietzsche-Forschung, Bd. 62), Berlin/Boston.
Salaquarda, Jörg 1997: Die Fröhliche Wissenschaft zwischen Freigeisterei und neuer „Lehre", in: Nietzsche-Studien 26, S. 166–183.
Schacht, Richard 1988: Nietzsche's Gay Science or How to Naturalize Cheerfully, in: Robert C. Solomon/Kathleen M. Higgins (Hrsg.): Reading Nietzsche, New York/Oxford, S. 68–86.

Stegmaier, Werner 2000: Anti-Lehren. Szene und Lehre in Friedrich Nietzsches Also sprach Zarathustra, in: Volker Gerhardt (Hrsg.): Friedrich Nietzsche, Also sprach Zarathustra (Klassiker Auslegen), Berlin, S. 191–224.
Stegmaier, Werner 2008: Philosophie der Orientierung, Berlin/New York.
Stegmaier, Werner 2011: Nietzsche zur Einführung, Hamburg. (2. Aufl. 2013)
Stegmaier, Werner 2012: Nietzsches Befreiung der Philosophie. Kontextuelle Interpretation des V. Buchs der Fröhlichen Wissenschaft, Berlin/Boston.
Tanner, Michael 1999: Nietzsche, aus dem Engl. übers. v. Andrea Bollinger, Freiburg i.Br.
van Tongeren, Paul 2012: Het Europese nihilisme Friedrich Nietzsche over een dreiging die niemand schijnt te deren, Nijmegen.
Westerdale, Joel 2103: Nietzsche's Aphoristic Challenge (Monographien und Texte zur Nietzsche-Forschung, Bd. 64), Berlin/Boston.
Wotling, Patrick 2010: La tragédie et „nous". L' inflexion du livre V du Gai Savoir, in: Chiara Piazzesi/Giuliano Campioni/Patrick Wotling (Hrsg.): Letture della Gaia scienza / Lectures du Gai savoir, Pisa, S. 99–114.
Wuthenow, Ralph-Rainer 1982: Nachwort, in: Friedrich Nietzsche: Die fröhliche Wissenschaft, Frankfurt am Main, S. 299–318.

Heinrich Detering
Stagnation und Höhenflug
„Die Lieder des Prinzen Vogelfrei"

1 *Sänger, Ritter und Freigeist*: Autorschaft und Genre-Spiel

„Damals", so erinnert sich Nietzsche in einem Entwurf aus dem August 1885, „nannte ich mich bei mir selber einen ‚freien Geist', oder ‚den Prinzen *Vogelfrei*' und wer mich gefragt hätte: wo bist du eigentlich noch zu Hause, dem würde ich geantwortet haben ‚vielleicht Jenseits von Gut und Böse, sonst nirgends'." (KSA 11, 657) In denselben Wochen, in denen er diesen Satz schreibt, notiert er auch zum ersten Mal die Titel-Einfälle „*Des Prinzen Vogelfrei* Lieder und Gedanken" und „*Lieder und Gedanken des Prinzen Vogelfrei*" (KSA 5, 709).[1]

Die *Lieder des Prinzen Vogelfrei*, die Nietzsche der im Juni 1887 erscheinenden Neuausgabe der *Fröhlichen Wissenschaft* beigab (KSA 3, 639–651), sind neben den *Dionysos-Dithyramben* sein wohl komplexestes und ambitioniertestes lyrisches Werk. Vierzehn kürzere und längere Lieder umfasst der Zyklus, das kürzeste sechs, das längste sechsundsechzig Verse lang. Acht davon hatte Nietzsche, in abweichender Form und ohne die jetzige Autorfiktion, bereits 1882 in Ernst Schmeitzners *Internationaler Monatsschrift* als *Idyllen aus Messina* veröffentlicht;[2] andererseits werden zwei der *Idyllen* nicht wieder aufgenommen.[3] Der dort in der Überschrift des ersten Gedichts als ein Rollen-Ich (von mehreren folgenden) eingeführte *Prinz Vogelfrei* avanciert jetzt zum fiktiven Autor des Zyklus. Mit der Erweiterung geht eine mehr oder weniger eingreifende Überarbeitung auch der früheren Texte und eine Umgruppierung einher. Die geradezu systematische Umsetzung der von Ludwig Uhland entwickelten (posthum veröffentlichten und 1869 von Nietzsche gelesenen) Typologie der Volkslied-Formen, als die Luca Crescenzi (2011, 174) die *Idyllen* überzeugend gelesen hat, wird damit aufgebrochen.

Wie die *Dionysos-Dithyramben* treibt auch dieser Zyklus ein Spiel mit den Bedingungen der Möglichkeit eines hermeneutischen Verstehens selbst. Eine

---
1 Zeitweise lautet der Titelplan dann auch *Lieder und Pfeile des Prinzen Vogelfrei* (KSA 12, 83–85).
2 Neuausgabe durch Ludger Lütkehaus und David Marc Hoffmann 2015.
3 Es handelt sich um das Gedicht *Die kleine Brigg, genannt „das Engelchen"*, in dem das Motiv des Schiffes und dasjenige des geliebten und begehrten Mädchens verbunden werden (KSA 3, 336 f.), und das arienhafte „*Pia, caritatevole, amorosissima". (Auf dem campo santo.)* (KSA 3, 341).

gleichwohl hermeneutisch ausgerichtete Lektüre tut darum gut daran, nicht nur das in einzelnen Gedichten Gesagte und die motivischen und thematischen Beziehungen zwischen ihnen in den Blick zu nehmen, sondern zunächst die Regeln des Sprach-Spiels zu rekonstruieren, das hier in einer permanenten performativen Selbstreflexion getrieben wird.[4] Denn so deutlich einerseits in der Abfolge der Texte, trotz aller fiktiven Sprecher- und Schauplatzwechsel, motivische Rekurrenzen und thematische Zusammenhänge sichtbar werden, so unabweisbar entsteht bei jeder neuen Lektüre doch zugleich der Eindruck, hier löse sich etwas, das aus der Ferne wie eine festgefügte Mauer erschien, bei näherem Hinsehen in einen Schwarm von Singvögeln auf, die sich in stetiger Bewegung immer neu zusammenfügen.

In einer Weise, die sich als Fortschreibung von Verfahren romantischer Ironie verstehen lässt, setzt der Text die Bedingungen seines Zustandekommens und seiner Wirkungsmöglichkeiten *aufs Spiel*, indem er sie als Material eines als solches *ausgestellten* Spiels behandelt.[5] Die Schlussverse des (hier erstmals veröffentlichten) Eröffnungsgedichts *An Goethe* stellen diesen Zusammenhang im Begriff vom „Welt-Spiel" programmatisch heraus und führen ihn performativ vor (vgl. Stenger 1996).

Ein Spiel treibt der Zyklus *erstens* mit realer und fiktiver *Autorschaft*. Autorität und Textherrschaft des Textsubjekts werden depotenziert in gestaffelten Rollenspielen. Einerseits werden in den Texten selbst hinreichend viele Hinweise gegeben, um als Schreiber den empirischen Autor Friedrich Nietzsche zu identifizieren (in offenen und verdeckten Hinweisen auf den *Zarathustra*, auf die Tragödienschrift, und JGB und die *Morgenröthe*, schließlich im Zitat des Buchtitels *Die fröhliche Wissenschaft* selbst). Andererseits präsentiert sich als Textsubjekt ein Rollen-Ich, das den Namen „Prinz Vogelfrei" trägt, *la gaya scienza* betreibt und als provenzalischer Troubadour auftritt. In *Jenseits von Gut und Böse* hatte Nietzsche dieses Modell öffentlich proklamiert; dort sprach er von „den provençalischen Ritter-Dichtern" als „jenen prachtvollen erfinderischen Menschen des ‚gai saber', denen Europa so Vieles und beinahe sich selbst verdankt. –" (KSA 5, 212). In Briefen an Erwin Rohde Ende 1882 („Was den Titel ‚fröhliche Wissenschaft' betrifft, so habe ich *nur* an die gaya scienza der *Troubadours* gedacht", KSB 6, 292) und an seinen Verleger Ernst Wilhelm Fritzsch am 7. August 1886 erinnert er, von

---

[4] Zu den hermeneutischen Voraussetzungen Detering 2010, S. 13–24.
[5] Dass man „etwas aufs Spiel setzt", KSA 13, 209, gehört zu den von Nietzsche bevorzugten und beim Wort genommenen redensartlichen Wendungen. So spricht er davon, „das Leben für die Erkenntnis aufs Spiel zu setzen", KSA 9, 179, oder formuliert, etwas sei „fast, als ob ich mich selber aufs Spiel gesetzt hätte", KSB 5, 172. Dies nach der Zusammenstellung von Nolte/Mieder 2012, 420 f.

der *Fröhlichen Wissenschaft* sprechend, an das „gai saber" und damit „an den *provençalischen* Ursprung meines Titels und an jene Dichter-Ritter, die Troubadours [...], die mit jener Formel all ihr Können und Wollen zusammenfaßten" (KSB 7, 226). Und in *Ecce homo* wird er dann rückblickend erklären: „Die *Lieder des Prinzen Vogelfrei*, zum besten Theil in Sicilien gedichtet, erinnern ganz ausdrücklich an den provençalischen Begriff der ‚gaya scienza', an jene Einheit von *Sänger, Ritter* und *Freigeist*, mit der sich jene wunderbare Frühkultur der Provençalen gegen alle zweideutigen Culturen abhebt" (KSA 6, 334).

Beide Autor-Identitäten aber werden wiederum unterlaufen, wenn das Rollen-Ich des Prinzen Vogelfrei Rollen-Ichs zweiten Grades fingiert (*Die fromme Beppa*, den *theokritischen Ziegenhirten*, den *Narr[en] in Verzweiflung*), und wenn „der Dichter" sich selbst von außen betrachtet und als sein eigener Herausgeber auftritt (wie im Untertitel der *Liebeserklärung*). Grundsätzlich wird die Autonomie eines Text-Ich selbst ironisch in Frage gestellt, wenn im zweiten Gedicht das Inspirationsmodell aufgerufen und in die Andeutung des Wahnsinns transformiert wird; in *Sils-Maria* werden auch das Verhältnis von Autor und Figur, ja das Identitätspostulat selbst aufs Spiel gesetzt („Da plötzlich wurde Eins zu Zwei").

Schon im neuen Motto, das Nietzsche gleichzeitig mit den *Liedern* der Neuausgabe der *Fröhlichen Wissenschaft* beigibt, als Inschrift *Ueber meiner Hausthür*, beginnt dieses Spiel mit der Autorschaft: „Ich wohne in meinem eigenen Haus, / Hab Niemandem nie nichts nachgemacht / Und – lachte noch jeden Meister aus, / Der nicht sich selber ausgelacht." (KSA 3, 343) Hier werden Autonomie und Autorität der Schreibinstanz einerseits emphatisiert und andererseits ironisiert. Und die Pointe dieses Epigramms löst den Widerspruch keineswegs auf, sondern verstärkt ihn noch: Die paradoxe Stärke dieses starken Ich liegt in seiner Fähigkeit zum Selbst-Verlachen, also zur aggressiven Schwächung seiner selbst.

Genau genommen wird dieses Paradoxon bereits im sprechenden Namen „Prinz Vogelfrei" angedeutet, der überhaupt in äußerster Verdichtung einige wesentliche Themen von Nietzsches Spätwerk berührt: Die so bezeichnete Figur ist aristokratisch und mit Herrschergewalt ausgestattet. Sie vertritt aber einen Herrschaftsanspruch neuen Typs, insofern sie außerhalb der bisher geltenden Gesetze steht, von diesen nicht mehr geschützt wird und daher ‚gefährlich lebt'.[6] Und in dieser Freiheit schwebt sie, wie die Wortbedeutung der Metapher besagt, über der Menschenwelt; der Vogelflug gehört zu den Hauptmotiven des Zyklus.

Ein ausgestelltes Spiel treibt der Text *zweitens* mit seiner eigenen *Medialität*. Nicht als Gedicht, sondern als „Lieder" werden die Texte annonciert. Im Medium der Schrift und folglich in offenem Selbstwiderspruch betont der Text seine

---

6 Vgl. den Imperativ „*gefährlich leben!*" in FW 283.

Mündlichkeit. In die Nähe zur Musik hatte Nietzsche ja bereits das lyrische Vorspiel *Scherz, List und Rache* gerückt, das nicht nur auf Goethes gleichnamiges Singspiel von 1790 verweist, sondern auch auf dessen Vertonung durch Köselitz alias Peter Gast.[7] Die schon durch die Betonung von Stimme und Gesang angedeutete Bindung an den *Körper* wird verstärkt durch die Betonung des *Tanzes*; in einem *Tanzlied* kulminiert der Zyklus: „Tanzen wir gleich Troubadouren". Auch dies wird noch einmal überboten durch die wiederholten Evokationen weit ausgreifender Bewegungen im Raum: Fahrten mit Kahn und Nachen (die wie Vorklänge der *Dionysos-Dithyramben* erscheinen), Flüge mit dem Vögeln und dem Sturmwind.

Ein *drittes* Spiel treibt der Text mit der Frage nach seiner eigenen *Kohärenz als Text*. Einerseits annonciert der Titel *Lieder des Prinzen Vogelfrei* einen abgeschlossenen Zyklus; Motiv-Reprisen und Andeutungen narrativer Zusammenhänge verstärken diese Wirkung. Dabei weist der Geschehensverlauf, der sich aus den vierzehn Lieder in dieser Anordnung rekonstruieren lässt, Ähnlichkeiten mit demjenigen der *Fröhlichen Wissenschaft* selbst auf: als Erkenntnisweg, der zwischen Zweifeln, Resignation und dem Willen zum großen „Ja" schwankt, von der apokalyptischen Katastrophe im Aufschrei des tollen Menschen: „Gott ist tot" (FW 125) bis zur Feier der „Furchtlosen" im letzten Buch. So kann der Anschein entstehen, als würden diese Verse in der Maske des Prinzen Vogelfrei tatsächlich von den „Geistern dieses Buches" selbst gesungen (FW 383), als eine Geschichte von Aufbruch, Krise, erneutem Aufbruch und triumphalem Abschluss der *Fröhlichen Wissenschaft*, deren Titel im Schlussgedicht wörtlich wiederholt wird, in den Versen: „Frei – sei *unsre* Kunst geheissen, / Fröhlich – *unsre* Wissenschaft!" Erst von hier aus erklärt sich auch die – semantisch ja eigentlich redundante – Übersetzung auf der Titelseite der Neuausgabe: *Die fröhliche Wissenschaft*, („*la gaya scienza*"): als Hinweis auf die Rollenfiktion und die kulturelle und sprachliche Welt der Troubadours. Andererseits ordnet das Titel-Wort *Anhang* die *Lieder* dem bisherigen Text nach (und unter). Auch mikrostrukturell sind die *Lieder* mit dem Vorigen eng verknüpft. Angekündigt mit neuer Überschrift, erscheinen sie zugleich als Fortsetzung des *unmittelbar* vorangehenden *Epilogs* des fünften Buches. Insofern er in die *Lieder* einführt, erweist er sich zugleich als Prolog des Kommenden. Mit ihm muss darum der Textdurchgang beginnen.

---

7 Vgl. dazu den Beitrag von Christian Benne im vorliegenden Band.

2 *Die Geister meines Buches*: Ein Epilog als Vorrede

Der *Epilog* des fünften Buches und damit des prosaischen Teils der *Fröhlichen Wissenschaft*, der zugleich den Übergang in den lyrischen „Anhang" ankündigt und vollzieht, beschreibt die Genealogie des Genrewechsels in solcher Weise, dass schon vor dem ersten Wort des erste Liedes einige wesentliche Grundzüge des Zyklus erkennbar werden (FW 383, 637 f.).

Auf düstere Aussichten liefen sowohl das vierte (in der ersten Auflage also abschließende) und das jetzt, zusammen mit den *Liedern*, neu hinzugekommene fünfte Buch hinaus. Mit den Worten „Incipit tragoedia" begann der Schlussabschnitt dort, und er endete mit dem bedrohlichen Satz: „Also begann Zarathustra's Untergang". Mit dem Satz „die Tragödie *beginnt*…" klingt nun auch das fünfte Buch aus. All dem wird im *Epilog* so überraschend wie heftig widersprochen: „Aber indem ich zum Schluss dieses düstere Fragezeichen langsam, langsam hinmale […], begegnet mir's, dass um mich das boshafteste, munterste, koboldigste Lachen laut wird" (FW 383, 637). *Fremde Stimmen* werden hörbar, kichernde Kobolde, eine komisch-drastische Dämonie: Von außen, nicht aus dem Innern des Autors, kommt der Widerspruch. Wer immer da spricht – es wird den Schreiber des *Epilogs* lachend entmächtigen, wenn es ihm in handfest physischer Aggression „begegnet":

> die Geister meines Buches selber fallen über mich her, ziehn mich an den Ohren und rufen mich zur Ordnung. 'Wir halten es nicht mehr aus – rufen sie mir zu –; fort, fort mit dieser rabenschwarzen Musik. Ist es nicht rings heller Vormittag um uns? Und grüner weicher Grund und Rasen, das Königreich des Tanzes? Gab es je eine bessere Stunde, um fröhlich zu sein? Wer singt uns ein Lied, ein Vormittagslied, so sonnig, so leicht, so flügge, dass es die Grillen n i c h t verscheucht, – dass es die Grillen vielmehr einlädt, mit zu singen, mit zu tanzen? Und lieber noch einen einfältigen bäurischen Dudelsack als solche geheimnissvolle Laute, solche Unkenrufe, Grabesstimmen und Murmelthierpfiffe, mit denen Sie uns in Ihrer Wildniss bisher regalirt haben, mein Herr Einsiedler und Zukunftsmusikant! Nein! Nicht solche Töne! Sondern lasst uns angenehmere anstimmen und freudenvollere!' (FW 383, 637 f.)[8]

Die „Geister meines Buches", die den Autor zur Rechenschaft ziehen (als einen „Zukunftsmusikanten") verlangen, was dessen Überschrift angekündigt, aber noch nicht eingelöst hat: eine fröhliche Wissenschaft. Aus der „Wildniss", in die sich der Autor als „Einsiedler" zurückgezogen habe, streben sie hinüber in einen Zustand heiterer und geselliger Zivilisiertheit, in „das Königreich des Tanzes". In entschiedene Opposition zur Prosa treten die *Lieder* so: als „freudenvollere Töne" anstatt der „rabenschwarzen Musik". Die neue Musik soll *anstelle* der vom Autor

---
[8] Vgl. hierzu den Entwurf vom August 1885, KSA 11, 659.

angekündigten Tragödie inszeniert werden, in einer schon in diesen Worten selbst spürbaren Mischung aus Komik und Pathos. *Gegen* die Tragödie (und nicht lediglich nach ihr) tritt das Satyrspiel an, gegen die philosophische Zukunftsmusik die provenzalische Lieddichtung.

Der Zyklus nimmt damit den ebenfalls neu hinzugekommenen Untertitel *la gaya scienza* beim Wort. Schon im Eröffnungsgedicht der *Idyllen aus Messina* ließ Nietzsche den Prinzen Vogelfrei – der lieber mit den Vögeln fliegt, als nach Menschenart beschwerlich „Schritt für Schritt" zu setzen – erklären, er wolle fortan nicht mehr das „bös Geschäfte" von „Vernunft und Zunge" betreiben, sondern „schönere Geschäfte": „Gesang und Scherz und Liederspiel" (KSA 3, 335). In der Neufassung des Gedichts fehlt dieser Vers nun: Er ist entbehrlich geworden, weil er das Programm des Zyklus insgesamt bestimmt.

Incipit gaya scienza. Wenn nun die Buch-Geister ihren Willen bekommen und die Bühne des närrischen Welt-Spiels freigeben für die *Lieder des Prinzen Vogelfrei*, dann zieht sich in der Logik dieser Figurenkonstellation ihre koboldhafte Schar gleichsam zusammen zu einer einzigen Figur – dem provenzalischen Sänger. Die fremden Stimmen haben die Werkherrschaft übernommen. Aus ihrer Sicht aber ist alles, was jetzt kommt, nicht Appendix, sondern Ziel des Buches. Was immer die auf der Titelseite versprochene *gaya scienza* sein mag – erst hier wird es verwirklicht.

Ein „Vormittagslied" soll den Nachtgedanken folgen – und zwar so, „dass es die Grillen vielmehr einlädt, mit zu singen, mit zu tanzen". Das Lied soll das Tragische also nicht verdrängen, sondern *integrieren*, es aufnehmen und auflösen. Von Gesang und Tanz, vom Dichten anstelle des philosophischen Räsonierens hatte schon Zarathustra in immer neuen Wendungen geredet; und er hatte selbst vorgemacht, wie dieser Übergang aussehen könnte. Und als Ergebnis seiner „Selbstkritik" hat Nietzsche in der etwa gleichzeitigen neuen Vorrede zur *Geburt der Tragödie* erklärt: „Sie hätte singen sollen, diese ‚neue Seele'" (GT Selbstkritik; KSA 1, 15).

Ein Durchgang durch die vierzehn Lieder, der diese Einführung ernst nimmt, muss einerseits in den *Liedern* die untergründig bestimmende narrative Struktur freizulegen, als Abfolge kognitiver und affektiver Zustände. Andererseits ist aber auch die Performanz des „Spiels" im Blick zu behalten, deren Dynamik ebendiese Kohärenz jederzeit wieder unterlaufen und zerstreuen kann. Deutlichster Ausdruck dieser Dynamik ist die demonstrative Virtuosität der metrischen Formen, die den Zyklus – wie Nietzsche es an Köselitz über das Schlusslied schreibt – insgesamt inszenieren als „einen Tanz für *großes* Orchester, das gut brüllen und brausen kann!" (KSB 6, 558) *Wie* groß das Orchester sein muss, wird erkennbar, wenn man die ganze Vielfalt der Vers- und Strophenformen überblickt: Hier hat jedes Lied sein eigenes Metrum, eigenen Vers- und Strophenformen und Reimschemata; als gelte es eine Feier dessen, was lyrische Dichtung in deutscher Sprache im Jahr 1887 vermag.

3 Mit Goethe, gegen Goethe

Ein Gedicht *An Goethe* abgefasst in dessen Versmaß: Mit einem markierten Zitatspiel beginnen die *Lieder* – ein innerhalb der Rollenfiktion einigermaßen verblüffendes Gipfelgespräch zwischen einem Troubadour des Mittelalters und einem Dichter des 19. Jahrhunderts, unter Verwendung von Motiven Friedrich Nietzsches (KSA 3, 639).[9] Damit wird die Rolle des ‚Troubadour' auch etymologisch beim Wort genommen: Der Singende ist ‚Finder' und ‚Erfinder'; seine tänzerische Wissenschaft entfaltet sich in der Transformation des Gehörten und Gelesenen.

Die drei Strophen paraphrasieren und parodieren die zu bildungsbürgerlichem Ruhm gekommenen, von Nietzsche mehrmals variierten Schlussverse des *Faust* und fügt acht Verse ein, die explizit darauf antworten. „Alles Unvergängliche – das ist nur ein Gleichniss!", hatte bereits Zarathustra erklärt: „Und die Dichter lügen zuviel. –" (KSA 4, 110) Nun reduziert Prinz Vogelfrei, im ersten Verspaar, die himmlische Verkündigung des „Chorus mysticus" auf die Konstruktion des menschlichen Autors und denunziert, was Goethe als poetisches Gleichnis des schlechthin Undarstellbaren inszeniert,[10] als Variante deutscher Kunstreligion. Und in den Schlussversen entstellt er die letzten Worte des *Faust* zu: „Das Ewig-Närrische / Mischt uns – hinein! ..." Bis in Reim und Metrum hinein wird der Goethesche Text zerlesen; mit frechem Witz und mit Ökonomie. Ein Buchstabe nur trennt „ein" und „dein" Gleichnis; neben das „Unvergängliche" und das „Unzulängliche" tritt das „Verfängliche" ergänzt und überdies auf das Wort „Gott" bezogen, das in Goethes Szenenfolge nur eine beiläufige, in der *Fröhlichen Wissenschaft* aber eine umso größere Rolle spielte (FW 125).

An die Stelle des „Ewig-Weiblichen", des Ewigen als des Weiblichen, setzt der Prinz Vogelfrei das „Ewig-Närrische"; an die Stelle der für die *Faust*-Szene konstitutiven Scheidung des vergänglichen Scheins vom ewigen Sein tritt die

---

9 Der Goethe-Bezug selbst sollte dagegen für Leser der *Fröhlichen Wissenschaft* keine Überraschung mehr sein. Er war ja schon im „Vorspiel" *Scherz, List und Rache* thematisch gewesen, in der aus Goethes Singspiel entlehnten Überschrift wie in der Genre-Fortschreibung unter anderem der *Zahmen Xenien*.

10 Vgl. hier auch die Bemerkungen über die „poetischen Intentionen", die „durch die scharf umrissenen christlich-kirchlichen Figuren" eine „wohltätig beschränkende Form und Festigkeit" erhielten, im Gespräch mit Eckermann am 6. Juni 1831 – in diesem Buch, das Nietzsche als 1879 „das beste Prosawerk unserer Litteratur" rühmte (KSA 8, 603).

Mischung aus „Sein und Schein", die durch ein als „das herrische" apostrophiertes „Welt-Spiel" erzeugt wird. Dessen Beschaffenheit wird in der mittleren Strophe expliziert: als das Rollen des „Welt-Rades", das an kein Ziel gelangt, sondern nur „Ziel auf Ziel" berührt und dann wieder verlässt, „streift". Die Verse evozieren einerseits das für die Erlösungslehre des Buddha wie für die Willensphilosophie Schopenhauers zentrale Bild vom Rollen des Sansara-Rades als der endlosen Reihe der Wiederverkörperungen, der allein durch den Weg ins Nirwana zu entkommen wäre. Andererseits aber erinnern sie an den Gedanken der Ewigen Wiederkunft, den (in der Zeit seit der ersten Ausgabe der *Fröhlichen Wissenschaft*) Zarathustra verkündet hat, „diese höchste Formel der Bejahung, die überhaupt erreicht werden kann" (EH, Z 1, KSA 6, 335).

Wer das ewig ziellose Rollen nur als „Noth" erfährt, heißt hier „der Grollende", wer es als „Spiel" auffasst, „Der Narr". Als ein solcher Narr gibt sich auch der Sprecher des Textes zu erkennen, wenn er sich die Rede vom „Welt-Rad" als dem „Welt-Spiel" zu eigen macht. Und wenn das „Welt-Spiel" selbst das „Ewig-Närrische" ist, dann erscheint das Narr-Sein als die ihm entsprechende Antwort. Doch ob mit oder ohne Narrheit, das Welt-Spiel bezieht „uns" alle ein; ein Außerhalb gibt es nicht. Hier wird diese Affirmation des Unausweichlichen als freiwilliger Akt dargestellt, mit der im „hinein" enthaltenen Perspektivierung: Vorgeführt wird eine Bejahung des Spiels, wie sie in *Sanctus Januarius* und dann im *Zarathustra* proklamiert worden ist. Der Wandel der Kadenzen in der zweiten und dritten Strophe macht diese willentlich nachgebende Bewegung hörbar: An die Stelle der weiblich-zweisilbigen Kadenzen treten nun, männlich-einsilbig, „Ziel / Spiel" und „Schein" / „ein".

Dies alles ist Anrede *An Goethe*: Widerrede und Widerruf der *Bergschluchten*-Szene, die das lebensgeschichtliche Ende Fausts überblendet mit dem heilsgeschichtlichen Ziel der Weltgeschichte. Sinnfällig reimt Nietzsche auf das „Ziel" das „Spiel", das an keinem Ziel haltmacht. Die Interpunktion bezieht, als Rezeptionsaufforderung, auch die Leser des Textes ein: Eine Reihe von drei Punkten lässt jede Strophe offen ausklingen, und Gedankenstriche als Pausenzeichen stellen zentrale Begriffe der Gedankenführung („Noth", „Spiel", „Sein und Schein") der Leser-Reflexion anheim. Auch der Entschluss zur Einwilligung ins Spiel wird mit der Positionierung des „hinein" zwischen Gedankenstrich und Ausrufezeichen doppelt lesbar: als verzögerter Abschluss einer Feststellung und als Aufforderung („– hinein!").[11]

---

11 Carlos Spoerhase (2013) hat kürzlich an einem sehr viel älteren, aber thematisch und im spezifischen Spiel mit der fiktiven Kommunikationssituation vergleichbaren Text, Klopstocks Ode *Auf dem Zürcher See*, gezeigt, wie in der fingierten mündlichen Zwiesprache eines Einsamen und einer in der Natur erfahrenen kosmischen Macht implizit immer auch ein Lesepublikum adressiert

Wie der provenzalische Troubadour vor dem Thron seines Königs, so singt der Prinz Vogelfrei vor dem Thron Goethes, ein Rätsel aufgebender und belehrender Hof-Narr. In seiner Performanz, in Scherz, Parodie, Wortspiel, Metrik exemplifiziert das Lied die Narrheit als Spiel. Dabei wertet es den Vorwurf der „Dichter-Erschleichniss" positiv um, insofern es mit Goethe gegen Goethe weiter dichtet, mit dem Sprachmaterial des Erlösungs-Schlusses neue Krisen und neue Erlösungen in Aussicht stellt. Im *Zarathustra*-Abschnitt *Von den Dichtern* erinnert Zarathustra einen Jünger an den Satz vom lügenden Dichter und stellt dann eine Gegenfrage, die einer Pointe auch dieses Liedes entspricht: „Doch was sagte dir einst Zarathustra? Dass die Dichter zuviel lügen? – Aber auch Zarathustra ist ein Dichter." (KSA 4, 163)

Aber wie wird der Prinz Vogelfrei eigentlich zum Dichter? Darauf antwortet das zweite Gedicht.

4 Wahnsinn und Methode: *Dichters Berufung*

In den *Idyllen aus Messina* stand dieses Gedicht (KSA 3, 335–342) in der Schlussposition, unter der Überschrift Vogel-Urtheil (KSA 3, 342). Dort umfasste es nur zwei Strophen, die beiden ersten dieser Neufassung. Mit der Verdreifachung des Textumfangs hat sich auch der Sinn der Verse weitgehend gewandelt. Hat das Vogel-Urtheil dort nur bestätigt, dass der Mann, der lachend im Takt des Spechtklopfens skandierte, „ein Dichter!" sei, so wird hier aus der mechanisch verzerrten Berufung die autoreflexive *performance* des dichtenden Mechanismus selbst.

Goethes „Gott" sei „Dichter-Erschleichniss", hieß es eben. Jetzt geht es um die Frage, wer überhaupt „ein Dichter" sei: „,Ja, mein Herr, Sie sind ein Dichter' / Achselzuckt der Vogel Specht." Fünfmal wird das wiederholt, und jedes Mal bestätigt dieser spöttisch-couplethafte Refrain nachdrücklicher, was er besagt. In der früheren Version hatte es noch, nach der bedeutungsvollen Pause eines Gedankenstrichs, geheißen: „– Also sprach der Vogel Specht", so als parodiere der Vers den Titel (und Kehrvers) *Also sprach Zarathustra*. Davon ist hier nur das Achselzucken geblieben (so wie auch das Ausrufezeichen in dem Satz „Sie sind ein Dichter" verschwunden ist): eine rhetorische Geste, die an das achselzuckende „Aber lassen wir Herrn Nietzsche" in der gleichzeitigen neuen *Vorrede* zur *Fröhlichen Wissenschaft* erinnert (FW 3, 347).

---

und in ein damit trianguläres kommunikatives Geschehen einbezogen wird, das die eigene Medialität mit reflektiert.

Als Erzählung präsentiert sich dieses Lied. Der Ich-Erzähler berichtet vom Aufenthalt unter Bäumen, in denen er einen Vogel hört, in dessen Laute er einstimmt: So wird er zum Dichter. Das wäre eine genuin romantische Szene, nur dass statt des Vogelsangs bloß das Klopfen eines Spechts zu hören ist, statt einer Melodie nur „Takt und Maass". Und es wäre ein veritables Inspirationsgeschehen, wenn der Naturlaut dem Erzähler nur Tieferes eingäbe als das simple „Tiktak". Wo sich in romantischeren Zeiten eine Eingebung ereignete, da ist nun ein mechanisches „Verse-Machen" geblieben, in dem der Erzähler sich seinen „Vers" zurichtet, „Reime flicht" und wie unter dem Diktat des Vogels schier kein Ende finden kann. Eben das aber macht ihn „lachen, lachen". Was einst Muse war, ist nun Specht.

Oder vielmehr: Wo einst ein Rabe war, ist nun ein Specht. Denn wie das erste Gedicht, so ist auch dies eine literarische Parodie. In der nächtlichen Bibliothek von Edgar Allan Poes *The Raven* erscheint der Rabe wie ein dämonischer Bote aus dem Jenseits und wiederholt auf die Fragen des Erzählers an jedem Strophenende sein „Nevermore". Gerade so wiederholt hier der Specht „Unter dunklen Bäumen" auf die Frage des Erzählers im mechanischen Ticktack seinen Refrain. Hier wie dort bleibt in der Schwebe, ob wir einem wirklichen Dialog lauschen oder nur den Projektionen eines Selbstgesprächs. Und wie dort der Sprecher im Laufe seines Berichtes den Verstand verliert, so dass er am Ende als Wahnsinniger vor den Lesern steht, so zweifelt der Sprecher hier, ob es „mit deinem Kopf so schlecht" stehe, muss „lachen / Eine Viertelstunde lang" und sieht sich am Ende in hilflosem „Grimm", unter dem Diktat des Spechts weitersprechen, liegt „An der Tiktak-Kette". Indem er zum Dichter wird, wird er zum Narren.

Nicht nur im monotonen Refrain spielt das Gedicht mit seiner eigenen Performanz, sondern auch in den Reimen auf das Wort „Dichter". Im ersten Durchgang vergewissert sich der Text dieser Bezeichnung noch im tastenden identischen Reim: „Du ein Dichter?" / „Sie sind ein Dichter". Sobald aber der solchermaßen Identifizierte sich nach „Spruch" und „Bild" erkundigt, denen „mein Reim" auflauern soll, verkommen seine Reimwörter zu „Wörtlein", „schief" und „trunken": zu komisch *rimes riches* wie „Dichter" auf „sticht der" und „Reime flicht er". Und wie in FW 383 die Geister des Buches zu Kobolden wurden, so zeigt sich nun auch die Bilder-Beute als „Gelichter" und (ein demonstrativ ungrammatischer Plural) „Wichter". Was immer der Sänger von seiner Bilderjagd erzählt, stets „achselzuckt" der Specht seine lakonisch relativierende Zustimmung: Ja eben, ein Dichter sei er. Mehr nicht.

5 Der Nachen über dem Abgrund: Zwischen Aufbruch und Stillstand

„So häng' ich denn": Wie eine Fortsetzung des vorigen Textes fängt das dritte Lied an (KSA 3, 641), und es wechselt doch resolut Schauplatz und Rollenmuster. Nun ist der Dichter-Sänger selbst zum komischen Vogel unter Vögeln geworden; mit ihnen hat er den Norden verlassen und ist *Im Süden* angekommen, in einer vorläufigen und ihm keineswegs behagenden Ruhe.

In den *Idyllen aus Messina* war dies der erste Text; wenn der Schauplatz hier als „Idylle rings" apostrophiert wird, dann klingt die damalige Genrebezeichnung wieder an. In der früheren Überschrift war als Sprecherfigur jener *Prinz Vogelfrei* erschienen, der jetzt zum fiktiven Sänger des Zyklus avanciert ist. Die neue Überschrift *Im Süden* betont die Reisebewegung und -richtung, die für diese Lieder dominierend wird; in der früheren Fassung ging es lediglich „hinter jedem Vogel her". Der mit und gegen Goethe, Poe und Specht konstituierte Dichter ist auf Reisen gegangen: nimmt man die *Troubadour*-Fiktion beim Wort, auf Aventiurenfahrt. Seiner Selbstkundgabe zufolge ist er dem (,faustischen', Poeschen) „Norden" entkommen, und mit ihm hat er auch jenes „zum Schaudern [...] alte Weib" hinter sich gelassen, das „Die Wahrheit" hieß. Überhaupt hat er alles beschwerliche Wandern auf dem Erdboden aufgegeben und ist mit den Vögeln und dem Wind geflogen. Eingangs hatten die Buch-Kobolde verlangt, das heitere „Vormittagslied" solle „flügge" sein. Das nimmt nun der Zyklus beim Wort; am Ende wird es auf den Flügeln des Mistral hinauf in den Himmel gehen.

Aus Norden und Süden ergibt sich hier eine textbestimmende semantische Opposition. Dort im Norden herrschten „Die Wahrheit" – allegorisch verkörpert als vormals begehrtes „Weibchen", das zur schaurig-komischen Alte geworden ist – und eine „Vernunft", die nun als „Verdriessliches Geschäfte!" verworfen wird. Beide sind assoziiert mit ‚Schuld', weil sie der „Unschuld des Südens" kontrastiert werden, der antiken „Idylle" (ein *topos*, der Schauplatz und Genre einschließt).[12] Der Norden war „dies alte Weib". Da auch der Süden angeredet und um Aufnahme gebeten, also seinerseits personifiziert wird, ist er in dieser Opposition zu denken als sinnliche Verkörperung des Anderen von „Wahrheit" und „Vernunft":

---

[12] Bedenkt man, wie Nietzsche bereits in *Die Philosophie im tragischen Zeitalter der Griechen* die Begriffe „Unschuld" und „Spiel" verknüpft, dann lässt sich hier auch eine Beziehung zum selbstreflexiven „Spiel"-Begriff des ersten Gedichts wahrnehmen: Die Welt als „Spiel des Künstlers und des Kindes" sei „ein Bauen und Zerstören, [...] in ewig gleicher Unschuld" so schreibt Nietzsche dort, vielleicht anspielend auf Goethes „Gestaltung, Umgestaltung, / Des ewigen Sinnes ewige Unterhaltung" (*Faust, Der Tragödie zweiter Teil*, V. 6287 f.).

als ein junges Weib wie *Die fromme Beppa*, die im nächsten Gedicht das Wort ergreift. Eine solche, Topoi der antiken Rhetorik aufnehmende Allegorisierung philosophischer Konzepte in Frauengestalten hatte sich bereits im *Zarathustra* vorbereitet: „dieses Weib, das ich liebe: denn ich liebe dich, oh Ewigkeit!" (KSA 4, 287)

Neu ist gegenüber der ersten Version aber auch der Umgang mit dem Motiv des Vogelnestes, „drin ich raste". In den *Idyllen aus Messina* gehörte es zur Eröffnungssituation, in der die dort folgenden Gedichte adressiert an die lauschende Runde der „schönen Vögelchen" wurden. Hier wird es zum Zwischenhalt, zum Übergang in einen ungeduldig erwarteten weiteren Aufbruch. Wie ein neuer Sindbad rastet der Sänger nicht freiwillig, sondern gezwungenermaßen im Vogelnest, müde („meine Müdigkeit") in einer ihrerseits müden Umgebung. Das im gleißenden Sonnenlicht des Südens weiße Meer „ist" nicht nur eingeschlafen wie in der früheren Fassung, sondern es „liegt eingeschlafen". Wo dort stoische Affektlosigkeit konstatiert wurde („Es schläft mir jedes Weh und Ach"), da regt sich nun die Lust auf neue Bewegung.[13] Ex negativo deutet sich das schon an im Blick auf das „purpurn[e]" Segel (ein hier ebenfalls neues Motiv). Explizit wird es mit dem Satz: „Schon fühl' ich Muth und Blut und Säfte / Zu neuem Leben, neuem Spiel..."

Wo aber die Aufbruchslust wächst, wächst die Gefahr auch. Von „neuem Leben, neuem Spiel" singt der Sänger. Nicht mehr an die „schönen", sondern an die „schlimmen Vögelchen" wendet er sich jetzt. Sie erscheinen ihm eben deshalb wie „gemacht zum Lieben", *weil* sie „so falsch, so umgetrieben" sind. Aufgelegt zu „jedem schönen Zeitvertreib", entwirft er singend die Umrisse dessen, was wenige Gedichte später „die fröhliche Wissenschaft" heißen wird. Und wieder bekräftigen Reim und Metrum performativ, wovon das Lied handelt: im Spiel mit der jambischen Schweifreimstrophe, deren Volksliednähe durch die Erweiterung um jeweils einen vierten, auf den dritten reimenden Vers kunstvoll stilisiert wird.

Das „Lied zu eurem Preise", das der Vogel aus dem Norden den „schlimmen Vögelchen" im Süden verspricht: Im folgenden Text, in „Die fromme Beppa" (KSA 3, 642f.) ist es zu hören. Das müde „Ich", das dem „Weibchen, alt zum Schaudern" entkommen und in der Gemeinschaft der falschen und schlimmen Vögelchen angekommen ist, singt nun über das „Mönchlein" und die „Weibchen, die hübschen". Ist die satirische Verspottung des Keuschheitsgelübdes schon für sich genommen ein Sujet der erotischen Troubadourlyrik und der Vagantendich-

---

13 Dem rastlosen Drängen entspricht eine Rücknahme der früheren Selbstironie. Der dortige Satz: „Ich [...] schlage mit den Flügelchen" wird hier ersetzt durch: „ich [...] schaukle meine Müdigkeit".

tung, so geht die Figurenrede der „frommen Beppa" (die in der früheren Version der *Idyllen aus Messina* noch *Die kleine Hexe* geheißen hatte) über diese Tradition einen entscheidenden Schritt hinaus. Die ironisch-fromme Berufung auf den Schöpfer, der eben auch die Mädchen und die Begierden so „wunderlich und weise [...] eingericht" habe, gehört noch zum mittelalterlichen und frühneuzeitlichen Motivvorrat. Die zweideutige Verkündigung aber in der letzten Strophe – sie droht die Grenze zur Häresie zu überschreiten: „Gelobt sei Gott auf Erden, / Der hübsche Mädchen liebt / Und derlei Herzbeschwerden / Sich selber gern vergiebt." Nicht auf das Loben beziehen sich die ambig beziehbaren Worte „auf Erden", das macht der Kontext klar, sondern auf den Gott. Kein irdisches Lob Gottes ist hier gemeint, sondern ein Lob eines „Gott[es] auf Erden".[14] Denn dieser „Gott" erscheint selbst als ein Begehrender und bedarf wie die Mönchlein der Vergebung (die er sich folgerichtig selber erteilen muss), eine dionysische Gestalt. Ganz ohne Pathos, vielmehr in satyrhaftem Spaß steht in Beppas Lied „Dionysos gegen die Gekreuzigten". „Fromm" ist diese Sängerin als eine gehorsame Jüngerin des Dionysos, des „Gottes auf Erden".

Bedenkt man, wie der Kontext des Zyklus eine „Weibchen"-Figur als das Andere jenes „alten Weibes" namens „Die Wahrheit" vorbereitet, dann gewinnt dieses „Weibchen" eine allegorische Bedeutungsdimension, die das Lied selbst nicht hergibt. War jene „Im Norden" zuhause, so ist es diese *Im Süden*; eben deshalb trägt sie nun einen italienischen Kosenamen. Es gehört zu diesem Spiel mit belebtem „Leibchen" und begrifflicher Abstraktion, dass *diese* Allegorisierung von jener schon *als* Allegorisierung verschieden ist: In ihrer sinnlichen, körperlichen Präsenz fallen Zeichen und Bezeichnetes zusammen.

Und mit diesem Lied ist das Intermezzo im Vogelnest zu Ende. Hatte der Blick des neuen Sindbad sehnsüchtig das purpurne Segel auf dem unbewegten Meer erfasst, so geht nun im fünften Lied „Der geheimnissvolle Nachen" (KSA 3, 643f.) mit seinem Fährmann hinaus auf das Meer – allerdings nur, um dort von neuem stillzustehen. In den *Idyllen aus Messina* trug dieses Gedicht die raunende Überschrift „Das nächtliche Geheimniss" (KSA 3, 340). Hier ist das „Geheimniss" zum Attribut des Nachens selbst geworden, mit dem die Reise weitergeht. Nimmt man die Anspielung auf den Mythos von Charon und Hades ernst, dann geht es hier in eine Schwebe zwischen Leben und Tod, Diesseits und Jenseits. Und für die Dauer dieses Liedes bleibt es bei dieser eigentümlichen Ambivalenz von Bewegung und Stagnation.

---

14 Beinahe wie ein Vorklang des Briefs an Meta von Salis vom 3. Januar 1889: „Die Welt ist verklärt, denn Gott ist auf der Erde." (KSB 8, 572, Bf. 1239)

Nach dem Bild des „Welt-Rades", das „Ziel auf Ziel" immer nur streift, wird hier zum zweiten Mal der Gedanke der Ewigen Wiederkunft angedeutet – der Ewigen Wiederkunft, die wie der Strom des Wassers in der siebenten Fassung von C. F. Meyers um dieselbe Zeit entstandenem Gedicht zugleich „strömt und ruht"[15] und deren Ahnung schon in den ersten Versen die Zeit aufzuheben scheint – „Eine Stunde, leicht auch zwei, / Oder war's ein Jahr?" Die dritte Strophe legt es nahe, die Bewegungslosigkeit des Kahns allegorisch als einen Vorgang von „Sinn und Gedanken" zu lesen. Das Gefühl, zu versinken in das „ew'ge Einerlei" als einen „Abgrund ohne Schranken", löst die Erwartung von etwas Entsetzlichem aus: Eine Vielzahl unbestimmt bleibender Stimmen („so rief's, so riefen / Hundert") fragt angstvoll nach einem blutigen Geschehen. Anstelle einer Antwort aber folgen nur zwei Gedankenstriche – ein auffallendes Interpunktionssignal, das im ganzen Zyklus nur hier und an einer weiteren Stelle eingesetzt wird. Und dann die Antiklimax: „Nichts geschah".

Bleibt man versuchsweise bei der allegorischen Lektüre, dann ähnelt das, was sich in der Pause der – – vollzieht, dem, was in *Jenseits von Gut und Böse* und im *Zarathustra* die „Umwerthung" hieß. Am Ende von *Zarathustra* III hatte „Das andere Tanzlied" auf den Ausruf „'Weh spricht: Vergeh!" geantwortet: „'Doch alle Lust will Ewigkeit –" (Z III; KSA 4, 286). In genau demselben Sinne tritt nun, im Tanzlied des Prinzen Vogelfrei, an die Stelle der Angst vor Blut und Wehe das beseligte Einverständnis: „ach, so gut! so gut!" Ausdrücklich „Alle" Beteiligten – der Sänger, der Fährmann, die hundert Stimmen – sind umfangen von dieser „Ruhe", die eingangs des Gedichts von der Moral (dem „gut Gewissen") wie vom Rausch (dem „Mohn") vergebens erhofft worden war. Mit dem Bild des stehenden Kahns tritt der heilsgeschichtlichen Linearität des *Faust*-Schlusses die Verstetigung des *nunc stans* gegenüber, das Einverständnis mit der (noch immer nur angedeuteten, *sapienti sat*) Ewigen Wiederkunft.

Mit dem erlösten Seufzer des „ach, so gut! so gut!" könnte der Zyklus schon zu Ende sein – stünde das Lied nicht im Präteritum. Von der Seligkeit des zeitenthobenen Schlafes singt ein wieder Aufgewachter. Und darum muss die Reise weitergehen. Darum werden die Lieder fortgesetzt, darum wird sieben Gedichte später auch das Bildfeld der Meerfahrt noch einmal aufgenommen. Und darum folgt in den nächsten vier Texten auf die vermeintliche Erlösung eine unverhoffte Krise.

---

15 Conrad Ferdinand Meyer, *Der römische Brunnen*, 1882.

6 *Kranke Dichter*: Varianten einer Krise

Fand der aus dem Norden geflohene Sänger *Im Süden* vorübergehende Ruhe im „Vogelnest", so blickt er nun den Höhenflügen des Albatros nach, der wie er selbst „das Leben" flieht, immerfort in die Höhe strebt und dort anstrengungslos, unbewegten Flügels diese Höhe zu halten vermag, „Gleich Stern und Ewigkeit" erhaben über Erde und Zeit.[16] Eine tränenreiche „Liebeserklärung" (KSA 3, 644) ruft er ihm nach, im Bewusstsein, ihm kongenial zu sein („Zur Höhe treibt's mit ew'gem Triebe mich"), und dennoch gebunden an die Erdenschwere zu bleiben. Von dieser Erdenschwere sagt der Wortlaut der Strophen nichts, der Untertitel des Gedichts aber umso mehr: *Liebeserklärung / (bei der aber der Dichter in eine Grube fiel –)*.

Auch dieses Gedicht war, in einer um eine Strophe längeren Version, bereits in den *Idyllen aus Messina* zu lesen, dort unter der Überschrift „Vogel Albatross" (KSA 3, 341f.). Die eingreifende Änderung hier besteht weniger in der Streichung der dort zweiten Strophe als vielmehr in der neuen Überschrift. Hebt deren erste Zeile das leidenschaftliche Pathos des Liedes hervor, so erzeugt die zweite eine komisch-drastische Fallhöhe. Die lakonische Bemerkung, dass mitten in der Liebeserklärung „der Dichter in eine Grube fiel –", verweist auf den Thales der griechischen Anekdote; und sie macht den Text zweistimmig. Spricht im Lied selbst der himmelauf blickende Philosoph, so in der Überschrift die ihn verspottende Magd. Ihrem Spott, der Grube, überhaupt der Schwerkraft von Erde und Zeit wird erst der Flug mit dem Mistral im letzten Gedicht entkommen. Die liebende Sehnsucht, die hier im Schlussvers die Tränen des Sprechers fließen lässt: erst dort wird sie triumphal erfüllt in einem Flug, der denjenigen des Albatros noch übertrifft.

Auf den Sturz folgt mit dem „Lied eines theokritischen Ziegenhirten" (KSA 3, 645) in die Grube die Depression, in der tragikomischen Lakonie der abwechselnd drei- und zweihebigen Jamben und Daktylen. Am südlichen Strand singt ein Ziegenhirt, die ganze Mondnacht hindurch bis in ein fahles Morgengrauen. Schlaflos liegt er, liebeskrank, während seine Liebste, statt zum feierlich unter Kreuzeszeichen versprochenen Stelldichein zu erscheinen, in Hörweite mit anderen tanzen geht. Je weniger sein „Verliebtes Warten" belohnt wird, desto länger gibt er sich düsteren Grübeleien über ihre mögliche Untreue hin. Am Ende will er, umgeben von einer vitalen Lebensfreude, von der er selbst doch aus-

---

[16] Man könnte hier an die physisch-metaphysische Ortsangabe denken, mit der Nietzsche in *Ecce homo* das Erscheinen des Gedankens der Ewigen Wiederkunft verbindet: „6000 Fuss jenseits von Mensch und Zeit" (KSA 6, 335).

geschlossen ist, am liebsten sterben, im Morgengrauen: „Der Mond gieng schon in's Meer, / Müd sind alle Sterne, / Grau kommt der Tag daher, – / Ich stürbe gerne."

Als Lied des „Prinzen Vogelfrei" verweist die tragikomische Hirtenklage auf die Tradition der ‚Niederen Minne' und der Verse etwa des Neidhart von Reuental: als eine volkstümlich-derbe Variante petrarkistischen Begehrens. Im Kontext aber lässt auch sie sich über diese wörtliche Bedeutung hinaus als (ihrerseits komisch-derbe) Allegorie lesen für jenes philosophische Begehren, das sich im dritten Lied auf das „Weib" der „Wahrheit" und im vierten auf die „fromme Beppa" richtete. Auch hier kehrt die Überschrift hervor, was der Text nur andeutet. *Lied des Ziegenhirten* lautete sie in den *Idyllen aus Messina*, mit dem Untertitel: *„(An meinen Nachbar Theokrit von Syrakusā.)"* (KSA 3, 337 f.). Wenn daraus das *Lied eines theokritischen Ziegenhirten* wird, dann verwandelt sich der Bezug auf den Idyllendichter Theokrit in ein kalkuliert zweideutiges Wortspiel. Dieser griechische Hirte in seinem Süden ist nicht nur seiner Herkunft nach ein Hirte, wie er in Theokrits Buche steht. Sondern er ist auch „theo-kritisch": ein Theo-Kritiker, ein Kritiker des Gottes jener „Wahrheit" des Nordens, der mit der Rede von Ziegen und Bock wieder dionysische Andeutungen kontrastiert werden.[17]

Das Lied, das den theokritischen Ziegenhirten in komisch-rührender Weise zu Wort kommen lässt, teilt seine Verzweiflung keineswegs, sondern führt sie aus parodistischer Distanz vor. Sein Theokritizismus erweist sich als schiere Liebes- und Leibesnot; die physiologische Drastik in deren Darstellung lässt nichts zu wünschen übrig: „Da lieg' ich, krank im Gedärm, – / Mich fressen die Wanzen". Ein beiläufiger *running gag* zeigt in jeder Strophe mit Ausnahme der letzten den so Erniedrigten in realer oder metaphorischer Gesellschaft von Tieren und Pflanzen zeigt: zuerst der Wanzen, dann von Hund, Ziegen und Bock, schließlich von Giftpilz und Zwiebeln.

Im anschließenden Lied, „‚Diesen ungewissen Seelen'" (KSA 3, 646), zeigt sich das grübelnde, leidende Ich schließlich namenlos-nackt. Indem er mit der Krise von ‚Grimm' und ‚Gram' ein Motiv des ersten Liedes wieder aufnimmt, resümiert der Sänger alle Qualen, die in den bisherigen Liedern ausgebreitet waren, und allein diese Häufung führt eine ironische Gegenstimme ein: Grimm, Gramm, Qual, Selbstverdruss und Scham, Neid und Fluch und Nasedrehen. Der proklamierten Selbstbehauptung gegenüber jenen „ungewissen Seelen", deren Beschaffenheit im Übrigen unbestimmt bleibt, verleiht die Form der drei kreuzge-

---

[17] Übrigens ähnelt die Konstellation des schlaflosen, todesmüden Sprechers und der „drüben" im Tanzvergnügen gewussten Geliebten derjenigen in Theodor Storms berühmtem *Hyazinthen*-Gedicht („Ich möchte schlafen, aber du musst tanzen", 1852); vielleicht also treibt Nietzsche auch hier ein parodistisches Spiel mit zeitgenössischer Poesie.

reimten, metrisch ambitionierten Strophen mit ihrer Abfolge von jeweils vier-, drei-, vier- und schließlich fünfhebigen trochäischen Versen hörbar artistischen Nachdruck: Wer seinen Jammer und Zorn so artikulieren kann, ist schon beinahe darüber hinaus; die Sprachkunst wird zu jenem Remedium, das im übernächsten Gedicht selbst zum Thema wird.

In einer Lektüre der Lieder als einer durch alle Schauplatz- und Rollenwechsel kontinuierlichen Narration bezeichnet das anschließende Lied den Tiefpunkt. In einsamer Selbstbehauptung gegenüber „ungewissen Seelen" (8. Lied), gequält von unerfülltem Begehren (7. Lied), in die Grube gestürzt vor lauter Liebe zu Albatross, „Stern und Ewigkeit" (6. Lied) und allein über dem „Abgrund ohne Schranken" (5. Lied), zeigt sich der Sänger nun als „Narr in Verzweiflung" (KSA 3, 646) Narr: das ist einerseits eine Fremdzuschreibung („ihr sagt: ‚Narrenhände schmieren'"), andererseits ebenjene Rolle, in die der „Dichter" mit den beiden ersten Gedichten selbst eingetreten ist. Doch wer zum Narr geworden ist, hat damit ja schon den Ausweg eingeschlagen zu einer Freiheit, von der jene nichts wissen, ins Spiel des Ewig-Närrischen; das setzt nur eine „Umwerthung" des Wortes voraus.

Im Rückblick sagt der Verzweifelte, er habe mit „Narrenherz und Narrenhand auf Tisch und Wand" geschrieben (das Bild erscheint fast wortgleich bereits KSA 4, 241), und er stimmt damit seinen Feinden demonstrativ zu. Denn was als Widerruf einsetzt, wird ihm zur Überbietung: „Als Kritiker, als Wassermann" hilft er „purgieren", was sich erledigt hat.[18] Doch er tut das nur, um von den „Überweisen" und sich selbst zu verlangen, Tisch und Wand nicht nur zu beschriften, sondern zu bescheißen; das erst sei die wirkliche „Weisheit". Und es ist dieselbe fäkale Drastik, in der Goethes Götz seine Epoche auffordert, ihn gefälligst „im Arsch zu lecken". Auch das lässt sich als unmittelbar selbstreflexiv lesen: diese *Lieder* tun mit der Prosa der *Fröhlichen Wissenschaft*, was der Narr hier proklamiert.

Da zu den Narrheiten des Dichters der Reim gehört (2. Lied) und da das ästhetische Spiel aus Ton und Tanz sich schon bis jetzt als Mittel der Selbstbehauptung bewährt hat, wird es nun ausdrücklich als Heilmittel proklamiert gegen die Krankheit, die nun ein letztes Mal in allen Symptomen entfaltet und zur äußersten Bedrohung gesteigert wird: dem „Ekel" vor der „Ewigkeit", dem „Schmerz" angesichts der herzlosen „Dummheit" der „Welt", dem „Fieber" inmitten von „Unheil in Hauf". Dabei lehnt sich „Rimus remedium. Oder: Wie kranke Dichter sich trösten" (KSA 3, 647) motivisch eng an das *Zarathustra-*

---

[18] Die Denkfigur erinnert an die von Nietzsche bis in die Vorrede zu EH immer wieder zitierte Mahnung Zarathustras an seine Jünger, ihn nach der Jüngerschaft und in deren Konsequenz wieder zu verlassen.

Kapitel *Der Genesende* an (KSA 4, 270–277). Verharrte der Sänger des fünften Liedes über dem „Abgrund" der „schwarzen Tiefe", so flucht der Heilungsbedürftige nun „dem Schlunde / Der Ewigkeit" – die abermals vom philosophischen Begriff zum allegorischen Weibe wird: „Fluch, Fluch dem Schlunde / Der Ewigkeit" heißt es in der ersten Strophe, „Fluch der Dirn' / Und ihrem Hohne!" in der vierten. Noch einmal ertönt da Zarathustras Echo: „dieses Weib, das ich liebe: denn ich liebe dich, oh Ewigkeit!" (KSA 4, 287)

Mittlerweile aber hat sich gezeigt, wovon das zweite Gedicht noch nichts wusste: dass das Narrenspiel von Reim und Takt, von Lied und Tanz sich auch als *Instrument* jener „Umwerthung" nutzen ließe, die Zarathustra bereits vollzogen hat und die dem Sänger dieser Lieder noch bevorsteht. In einer komischen Antiklimax vom Pathos zur Selbstkarikatur als armer Poet im Bett wird das hier vorgeführt. Wer vor dem „Schlunde / Der Ewigkeit" nicht zu fliehen vermag, wem „alle Mohne" doch kein Vergessen schenken und wer selbst im eigenen Bett als dem letzten Zufluchtsort noch vom Regenwetter besprüht wird, dem nützt kein Fluch und „kein Schrein". Lieber sollte er die Krankheit segnen, der Ewigkeits-Dirne „zärtlicher begegnen" und sie fortan sein „Glück" nennen.

Die Strophen, die diesen qualvollen Umwertungs- als Erkenntnisvorgang schildern, führen vor, worauf er zielt. Denn sie sind einerseits, in der Reimform, *linear* komponiert, insofern sie jeweils dreimal dasselbe Reimpaar variieren. Andererseits sind sie *zyklisch* gebaut, insofern die im Schriftbild eingerückten drei- und vierhebigen Verse durch zwei zweihebige, in dieser Verkürzung auffallende und pointierende – Versen gerahmt sind. Die Linie, die sich zum Kreis rundet: das ist das formale Äquivalent der Erkenntnis der Ewigen Wiederkunft.

So wird die Kunst der „hundert Reime" zur letzten metaphysischen Tätigkeit. Und so wird ganz buchstäblich die Dichtung, so werden die technischen Kunstgriffe von Metrum und Reim zum Remedium des kranken Dichters – in der Tat: „Wer jetzt nicht hundert Reime hätte, / Ich wette, wette, / der gienge drauf!"

7 *Nach neuen Meeren*, in den Himmel: Das Glück und die fröhliche Wissenschaft

„Ich sollte [...] Dich heissen ‚Glück'?" hat der kranke Dichter die Dirne namens Ewigkeit in der stürmischen Regennacht ungläubig gefragt – „‚‚Mein Glück!'" lautet die Überschrift des folgenden Morgen-Liedes (KSA 3, 648) das sich über die emphatische Evokation eines Kunst und Natur, Himmel und Erde vereinenden Schauplatzes hinaus wiederum selbstreflexiv auf sein eigenes Zustandekommen bezieht.

Auf dem venezianischen Markusplatz schickt Prinz Vogelfrei seine „Lieder / Gleich Taubenschwärmen in das Blau hinauf", denn „Still ist der Platz, Vormittag ruht darauf". In diskretester Zartheit antworten diese Eingangsverse auf die Frage, welche die Geister des Buches im präludierenden *Epilog* gestellt hatten: „Wer singt uns ein Lied, ein Vormittagslied, so sonnig, so leicht, so flügge?" (FW 383, 637) Der Prinz Vogelfrei tut es, mit leichter Hand, in diesen vier kunstvollen Strophen; und wenn er die zu Vögeln gewordenen Lieder zurückholt, dann nur, um „Noch einen Reim zu hängen in's Gefieder".

Wenn die Lieder in der müßigen Stille des Vormittags zum „Vormittagslied", wenn sie wahrhaftig „flügge", nämlich zu Vögeln werden und wenn alles wieder „ach, so gut! so gut!" ist, diesmal aber im hellwachen und gegenwärtigen Aufblicken statt im melancholisch erinnerten Schlaf: dann zeigt sich, wie im Laufe des Zyklus seine Motive zu *Leitmotiven* werden, die sich in einer von derjenigen Richard Wagners nicht sehr weit entfernten Kompositionsweise variieren und kombinieren lassen. Manche davon sind so unüberhörbar wie das Vogel-, das Reim-, das Einsamkeits-Motiv, andere bleiben so unauffällig wie die variierende Wiederholung der Doppelformel („so gut! so gut!" – „mein Glück! Mein Glück!").

Es ist die mit seiner Kunst beschriftete und besungene Welt-Einheit (das „Himmels-Dach, blau-licht [...] ob des bunten Bau's"), die der Sänger sich zu eigen macht und die ihn beglückt. Das Possessivpronomen gehört zum Refrain wie das Glück selbst. Noch sind die Lieder von ihrem Urheber getrennt; glückselig und einsam sieht er ihnen nach. Bald aber, nur drei Gedichte liegen noch dazwischen, wird er ihnen folgen. Vorerst bleibt noch „viel Tag zurück, / Viel Tag für Dichten, Schleichen, Einsam-Munkeln". Und doch ist das Ende des Tages absehbar. Der eben noch die Schlünde und Abgründe mit Ekel, Fluch und Furcht blickte, sieht nun ruhig der Nacht entgegen.

Schon in den folgenden Versen geht es, im Aufbruch „Nach neuen Meeren" (KSA 3, 649). Das Ziel der Meerfahrt wird mit demselben Wort benannt wie das Ziel des Taubenflugs zuvor, der „in das Blau hinauf" führte. Wo eben noch „Süden" war, mit Personennamen wie der italienischen „Beppa" und Ortsnamen wie Venedig und Genua, da erlischt nun auch der Raum. Der „geheimnissvolle Nachen", der im fünften Gedicht „auf schwarzen Tiefen / Steht [...] und ruht und ruht", hat sich noch einmal in Bewegung gesetzt – fremd-, nicht selbstbestimmte Bewegung. Wie der Dichter in der *Liebeserklärung* bekannte: „Zur Höhe treibt's mit ew'gem Triebe mich", so „Treibt mein Genueser Schiff" nun mit ihm „in's Blaue". In einem auf der Landkarte auffindbaren Hafen hat es abgelegt, in Richtung auf „das Meer", im Singular. „Nach neuen Meeren" geht nun der Weg, im Plural.

Und wo eben „Vormittag" war, da ist nun der „Mittag" gekommen. Dass damit nicht mehr die gewöhnliche Tageszeit gemeint ist, sondern das, was zuvor bei Zarathustra der „hohe Mittag" hieß, die als überwältigende Fülle von Wärme und Licht erlebte Aufhebung der linearen Zeit, das macht die Metaphorik unmissverständlich klar. Denn zwar lässt sich allenfalls ein Mittag denken, der in metonymischer Verschiebung selber „schläft"; das dritte Gedicht hat ja ebendies formuliert („Das weisse Meer liegt eingeschlafen"). Doch wenn der „Mittag schläft *auf Raum und Zeit* –", dann tut er das in der Logik des Bildes außerhalb von ihnen. Dieser Mittag ist eine Zeitangabe nur noch als ein Paradoxon. Es bezeichnet das *nunc stans* der Ewigen Wiederkunft (auch der Gedankenstrich als Pausenzeichen nach „Zeit –" weist darauf hin), und der ist in diesem zeitenthobenen Augenblick kein bloßer Gedanke mehr ist, sondern wird, als *fascinosum et tremendum*, ganz Auge und Blick: „Nur dein Auge – ungeheuer / Blickt mich's an, Unendlichkeit!" Was immer sich bis hierher an philosophischen Denk- und seelischen Gefühlsbewegungen abgespielt haben mag: mit diesem Augenblick ist es zu einem Kontakt zwischen dem singenden Ich und diesem Du geworden.

Er „liebe, fürchte, neide" den bunten Bau der Welt, hatte der Sänger im venezianischen Lied in schaudernder Glückseligkeit bekannt – wie hat sich seine Haltung jetzt geändert! Ob er dem „Schlunde / Der Ewigkeit" nicht fluchen, sondern ihn wirklich lieben solle, fragte im Klagelied der kranke Dichter. Solle er denn das Angstmachende sein „Glück" nennen, fragte er dort, „Dich, Fieber, segnen"? Nun gelingt ihm – mit einem letzten, ebenfalls durch Gedankenstrich markierten Zögern – die große Bejahung, die das neue Selbstvertrauen voraussetzt und belohnt: „Dorthin – will ich; und ich traue / Mir".

Gesungen ist das in abwechselnd weiblich und männlich ausgehenden vierhebigen Trochäen: dem charakteristischen Strophenmaß des *West-östlichen Diwan*, der *Dornburger Gedichte* und anderer Dichtungen dessen, mit dem und gegen den die Reise begonnen wurde. In Goetheschen Versen geht es hinaus zur letzten Fahrt.

An einer Station macht sie noch einmal halt, noch einmal im Modus des erinnernden Berichts an „Sils-Maria" (KSA 3, 649) Dieses vorletzte, kürzeste und bekannteste Gedicht des ganzen Zyklus erzählt vom selben Aufbruch noch einmal, nun aber ohne das allegorische Leitmotiv der Bootsfahrt und so entschieden autobiographisch, dass hinter der Rollenfiktion des Prinzen Vogelfrei der Autor Friedrich Nietzsche sichtbar wird und hinter der angeredeten „Freundin!" eine jedenfalls realere Gestalt als alle allegorischen „Weibchen" bisher. „Hier sass ich": an einem Ort, der wie Venedig und Genua auf der Landkarte auffindbar ist, in einem bestimmten Moment in der verstreichenden Zeit. Weil der Sitzende kein Ereignis erwartet, darum tritt es ein. Weil er „auf Nichts" mehr wartet, weil er selbst nun „ganz nur Spiel" ist (wie in der *Götzen-Dämmerung* „das Ich [...] zum Wortspiel" wird) – und weil er damit dem entspricht, was im ersten Lied noch Absicht und Vorsatz war („Der Narr nennt's – Spiel...") –, weil er Licht und Schatten endlich nur noch „Geniessend" als ästhetisches Phänomen wahrnimmt, „Jenseits von Gut und Böse" (also dem jüngst erschienenen Buch Friedrich Nietzsches entsprechend) und weil er auch nicht mehr zwischen der umgebenden Natur und sich selbst unterscheidet, sondern „Ganz See" ist: darum ist er, mit demselben Bild wie im *Zarathustra* und im vorigen Gedicht, nun „ganz Mittag" geworden. Jetzt wird dieses Wort ausdrücklich in die „Zeit ohne Ziel" übersetzt. In dem stehenden Augenblick, dem diese Verse ein Denkmal setzen, ist Wirklichkeit geworden, was das Eröffnungsgedicht gegen das Finale einer linearen Geschichte in Goethes *Faust* proklamiert hatte (allerdings im Verlauf einer selbst unvermeidlich linearen Narration).

Und nun, da das Warten zum heiteren Selbstzweck, die Zeit ziellos und übrigens auch gleichgültig geworden ist, ob mit „Nichts" das Nichts gemeint ist oder einfach nichts – nun tritt ein Ereignis ein, das unerwartet und ganz und gar zeitgebunden ist: „plötzlich". Das Ereignis ist die Erscheinung einer *Gestalt*, die, so deutet der rätselhafte fünfte Vers nur an, aus dem wartenden Ich selbst hervorgeht und ihm doch wie ein Anderer gegenübertritt – oder vielmehr: an ihm vorbeigeht. Mit dem „Plötzlich", in dem „Eins zu Zwei" wird, entzweit sich die Einheit aus Ich und Umgebung in Ich und Nicht-Ich. „Zarathustra" heißt die Gestalt, und der Sänger setzt voraus, dass sie der angeredeten Freundin bekannt ist (die vier Teile des *Zarathustra* sind ja zwischen der ersten und dieser zweiten Ausgabe der *Fröhlichen Wissenschaft* veröffentlicht worden). Und wie fast immer, wenn Nietzsche in seinen noch folgenden Schriften auf dieses Buch hinweist, spricht er von dessen Protagonisten und fiktivem Sprecher so, als handle es sich im Ernst um eine von ihm selbst verschiedene, aus seiner Werkherrschaft emanzipierte Gestalt.

Das ‚plötzliche' Erscheinen des Zarathustra fügt der Szene, die schon vom vollkommenen Einverständnis mit dem „Mittag" der Ewigen Wiederkunft bestimmt war, im Hinblick auf das leitende Thema von Zeitlichkeit und Ewigkeit nichts Neues hinzu. Es *artikuliert* sie nur. In „Zarathustra" nimmt das, was die ersten Verse resümieren, Gestalt an. In ihm wird es anschaubar, lehrbar und lesbar, in ihm wird es Schrift, die aus dem Autor hervor- und an ihm vorbeigeht – hinaus zu Leserinnen wie der „Freundin", zu Lesern wie uns. In drei Reimpaarversen wird das geschildert. Umso auffälliger ist die Leerzeile vor dem dritten Paar: Es ist die Pause vor der Pointe, die Stille vor der Epiphanie.

Was nun noch geschehen kann, wird mit den drei Punkten des Gedichtschlusses zum letzten Mal offengehalten. Sie verweisen auf das folgende Schlussgedicht des Zyklus: „An den Mistral. Ein Tanzlied". (KSA 3, 649 ff.) Eine einzige Hymne ist dieses letzte und mit elf jeweils sechs Verse umfassenden Strophen längste Lied des Zyklus – eine *Liebeserklärung* wie vormals die an den himmelstürmenden Albatros gerichtete, nur dass nun nicht mehr „der Dichter in eine

Grube" fällt, sondern im Gegenteil in emphatischer Gemeinschaft mit dem Angeredeten in himmlische Höhen aufsteigt, so wie Zarathustra es in *seinen* beiden *Tanzliedern* getan hatte (KSA 4, 139–141, 282–286).

Der Mistral: das ist der Sturmwind *Im Süden*, und er wird hier im Lied des Prinzen Vogelfrei personifiziert zur mythischen Gestalt – so dass der Hymnus übergeht ins lobpreisende, dankende und appellierende Gebet. Er trägt die apollinischen Züge des Sonnengottes („deine Rosse") und die gewaltsamen des blitzeschleudernden Zeus, dessen „Hand [...] Blitzesgleich die Geissel schlägt", er erscheint als eine griechisch-südliche Variante des göttlichen Jägers in der „Wilden Jagd" und als „aller freien / Geister Geist". Und er erscheint, am Ende dieses Zyklus, zugleich als Personifikation dieser Freiheit des dank seines Dichtens genesenen, zu neuen Kräften gekommenen Freidenkers.

Dabei ist schon gar nicht mehr von dem zentralen philosophischen Gedanken die Rede, der in den vorigen Liedern angedeutet, umspielt und zuletzt ausgesprochen worden ist. Nicht mehr um die *Erkenntnis* der Ewigen Wiederkunft geht es, wie in den letzten beiden Texten, sondern nur noch um die Feier der eigenen Fähigkeit, diesem Gedanken *standzuhalten*, ihn furchtlos zu bejahen, ihn zu feiern. Im himmelstürmenden *pas-de-deux* von Mistral und Sänger wird wahr, was die Überschrift des zusammen mit diesem Zyklus hinzugefügten fünften Buches der *Fröhlichen Wissenschaft* verheißen hatte: „Wir Furchtlosen" (FW 343).

Indem das geschieht, werden alle großen Leitmotive noch einmal angespielt. Das beginnt bereits mit der Genrebezeichnung der „Lieder" und des Tanzes: *Ein Tanzlied* kündigt die Überschrift an, mit dem Segensruf („Ich sollte [...] Dich, Fieber, segnen?") „Heil, wer neue Tänze schafft!" jubelt der Sänger mit dem Sturmwind gemeinsam: „Tanzen wir in tausend Weisen"; der Überbietungsgestus verweist darauf, dass diese Tanzlieder für keine menschliche Gesellschaft mehr bestimmt sind. Bereits 1884 hat Nietzsche dem Komponistenfreund Köselitz dieses Lied zur Vertonung übersandt: als „Etwas, das Ihnen gehören soll, wenn es jenen großen erhaben-ausgelassenen Orchester-Tanz, der in Ihnen schlummert, zum Aufwachen bringt – einen Tanz für großes Orchester, das gut brüllen und brausen kann!" (KSB 6, 558)

Zum ersten Mal explizit wieder aufgenommen wird auch die Rollenbestimmung des „Prinzen Vogelfrei", auf die auch Nietzsches eigener Kommentar zu diesem Lied in *Ecce homo* hinweist: „das allerletzte Gedicht zumal, ‚an den Mistral!', ein ausgelassenes Tanzlied, in dem, mit Verlaub! über die Moral hinweggetanzt wird, ist ein vollkommener Provençalismus. –" (EC; KSA 6, 334) Hier tanzen Sänger und Sturmwind „gleich Troubadouren / Zwischen Heiligen und Huren", den „Weibern" und „Weibchen" und der „Dirn'" namens „Ewigkeit" selbst. Über die „Meere" wie im dritten und zwölften Lied geht die Fahrt nun ganz ohne Nachen und Kahn, „ohne Schiff und Ruder"; in die Lüfte empor geht sie höher, als die Tauben im Venedig-Lied und selbst der Albatros der *Liebeserklärung* flogen: hinauf zu „den Sternen", die im sechsten Lied in unerreichbarer Ferne lagen. Und stand im zehnten und elften Lied das „Glück?", dann „Mein Glück!" in Rede, so ist nun endlich „mein Glück dem Sturme gleich". Wurde in *Sils-Maria* mit Zarathustra und seinem Autor „Eins zu Zwei", so sind nun „wir Zwei [...] Eines Schoosses" und braust der Sänger „mit dir zu Zweien".

Dies alles erfüllt endlich vollkommen die Forderung, die vor dem Beginn des Zyklus von den „Geistern meines Buches" erhoben worden waren: „fort mit dieser rabenschwarzen Musik", hatten sie verlangt, mit „Unkenrufe[n], Grabesstimmen". Immer neue ekstatische Apostrophierungen und Wortkombinationen sollen das bewegte Geschehen fassbar machen: Der „Mistral-Wind, du Wolken-Jäger, / Trübsal-Mörder, Himmels-Feger" wird zum Triumphator über „die Himmels-Trüber, / Welten-Schwärzer, Wolken-Schieber". Und indem dieser Triumph gemeinsam mit dem Sänger des Liedes vollzogen wird, ist der singende Prinz im Flug mit dem Sturmwind tatsächlich vogelfrei geworden ist, wird endlich auch eingelöst, was der Titel des ganzen Buches versprochen hatte: „Frei – sei unsre Kunst geheissen, / Fröhlich – unsre Wissenschaft!" *La gaya scienza*: der Kreis schliesst sich (und kann sich fortan in ewiger Wiederkunft weiter drehen).

Mit alldem erscheint das Lied als Abschluss, Resümee und Überbietung dessen, worum es im bisherigen Zyklus ging. Wirklich neu sind nur zwei Motive, und sie stammen beide, überraschenderweise, aus der Bibel. „Hellen wir das Himmelreich!" fordert der Sänger den Mistral in der vorletzten Strophe auf; denn „das Himmelreich ist nahe herbeigekommen" (Mk 1,15). Keine „Heuchel-Hänse, Ehren-Tölpel, Tugend-Gänse" sollen mehr geduldet werden in „unsrem Paradeis". Und wenn das Lied selbst, in der finalen Formulierung seiner Selbstreferentialität, als ewiges „Gedächtniss / Solchen Glücks" und als „Vermächtniss" in den Himmel hinaufgetragen werden soll, dann gebraucht Nietzsche dazu das Bild der „Himmelsleiter": als ereigne sich im Lied selbst jenes Offenbarungsgeschehen, das in der alttestamentlichen Epiphanieerzählung dem träumenden Jakob zuteil wird, wenn er über sich den Himmel offen sieht.

Damit hat der Sänger das Ende seiner Aventiurenfahrt erreicht, und dieses Ende ist eine Apotheose. Nun, buchstäblich, hebt er ab: übermenschlich, göttergleich. *Incipit tragoedia.*

Literatur

Crescenzi, Luca 2011: Artikel Idyllen aus Messina. In: Christian Niemeyer (Hrsg.): Nietzsche-Lexikon (2. Auflage), Darmstadt, S. 142.
Detering, Heinrich 2010: Der Antichrist und der Gekreuzigte. Friedrich Nietzsches letzte Texte. 3. Auflage Göttingen.
Lüttkehaus, Ludger/David M. Hoffmann (Herausgeber) 2015: Internationale Monatsschrift. Chemnitz 1882. Verlag von Ernst Schmeitzner. (Friedrich Nietzsche, Idyllen aus Messina). Frankfurt/M.
Nolte, Andreas/Mieder, Wolfgang 2012: „Zu meiner Hölle will ich den Weg mit guten Sprüchen pflastern". Friedrich Nietzsches sprichwörtliche Sprüche, Hildesheim/Zürich/New York.
Spoerhase, Carlos 2013: Die lyrische Apostrophe als triadisches Kommunikationsmodell. Am Beispiel von Klopstocks Ode Von der Fahrt auf der Zürcher-See, in: DVjs 87, S. 147–185.
Stenger, Ursula 1996: „Die Welt als ein sich selbst gebärendes Kunstwerk". Nietzsches Phänomen des Schöpferischen, Freiburg i. Br.

Richard Schacht
A Concluding Fable[1]

In the Spirit of Prinz Vogelfrei

> Im Horizont des Unendlichen. – Wir haben das Land verlassen und sind zu Schiff gegangen! Wir haben die Brücke hinter uns, – mehr noch, wir haben das Land hinter uns abgebrochen! Nun, Schifflein! Sieh' dich vor! Neben dir liegt der Ocean, es ist wahr, er brüllt nicht immer, und mitunter liegt er da, wie Seide und Gold und Träumerei der Güte. Aber es kommen Stunden, wo du erkennen wirst, dass er unendlich ist und dass es nichts Furchtbareres giebt, als Unendlichkeit. Oh des armen Vogels, der sich frei gefühlt hat und nun an die Wände dieses Käfigs stösst! Wehe, wenn das Land-Heimweh dich befällt, als ob dort mehr *Freiheit* gewesen wäre, – und es giebt kein ‚Land' mehr! (FW 124)

> In der That, wir Philosophen und „freien Geister" fühlen uns bei der Nachricht, dass der ‚alte Gott todt' ist, wie von einer neuen Morgenröthe angestrahlt; unser Herz strömt dabei über von Dankbarkeit, Erstaunen, Ahnung, Erwartung, – endlich erscheint uns der Horizont wieder frei, gesetzt selbst, dass er nicht hell ist, endlich dürfen unsre Schiffe wieder auslaufen, auf jede Gefahr hin auslaufen, jedes Wagniss des Erkennenden ist wieder erlaubt, das Meer, u n s e r Meer liegt wieder offen da, vielleicht gab es noch niemals ein so ‚offnes Meer'. – (FW 343)

> Wie Schiffer sind wir, die ihr Schiff auf offener See umbauen müssen, ohne es jemals in einem Dock zerlegen und aus besten Bestandteilen neu errichten zu können.
> Otto Neurath, „Protokollsätze"[2]

There once was a people living on a group of islands in a vast sea. Each island was different from the others, though they resembled each other in various ways. At first the inhabitants of each island were unaware of the existence of islands other than their own, and thought theirs to be the only one there was. Eventually, the existence of the other islands became known to them; but the inhabitants of each one remained convinced that even though their island was not the only one, it was at any rate the best one, most truly exhibiting the natural order of things. At length, however, certain sages among them began to perceive that each of the islands – their own included – was really far from perfect; and that when one considered both the order and the disorder that each displayed, they in point of fact came out quite even. The order interested them more than the disorder. They

---

[1] This fable, inspired specifically by the citations that preceed it, made its first appearance as the "Unscientific Postscript" of my *Making Sense of Nietzsche* (Urbana and Chicago: University of Illinois Press, 1995), and reappears here with the permission of the Press, for which I am grateful.
[2] In: *Erkenntnis*, Vol. 3, 1932–33, 206.

sought to explain it; and it seemed to them most reasonable to suppose that each island, in its own way, must (in spite of its evident untidiness) reflect the general outline of the natural order of things. After all, it was observed, each was solid ground on which their ancestors had lived since time immemorial, presumably emanating from the same firm foundation as the others; and anything as stable and enduring as their islands must have its roots in the very nature of things.

Rejoicing in their newfound understanding, the sages on one of the islands decided to build a tower reaching to the heavens, from which vantage point they would be able to see and survey all of the islands and, rising above the turmoil and confusion of their immediate surroundings, to discern more clearly the basic features of their world. They realized that such a tower could only be erected on a deeper foundation than had been laid for any of their existing structures – a foundation that rested on the very bedrock of their island; and so they began to dig, determined not to stop digging until that bedrock was reached. Their first excavation was near the coast; and it was with some surprise that, after digging for some time, they struck not bedrock but water. However, they attributed this to the fact that they had chosen a location too near the sea; and so, moving farther inland, they began a new excavation. Again, however, they met with the same result. After repeated attempts even at the very center of their island ended in the same way, it finally dawned upon them that their island did not rest on bedrock at all, but rather was floating on the sea itself! Expeditions to other islands were hurriedly organized; and it soon was found that they too were simply floating on the sea.

This discovery distressed the sages greatly; but even more disturbing to them were certain other things they learned about their islands, as they reflected on what they had found in the course of their excavations. Their first inclination had been to think that, even though their islands were not anchored in bedrock, they might still be supposed to reflect the natural order of things; for, as the logicians among them were quick to point out, the mere fact that the islands were floating did not entail the contrary conclusion. What they found, however, as they examined what there was between them and the sea, was nothing more than the sort of stuff that washed up on their shores, crudely lashed by clearly human and evidently very primitive hands. The surfaces of their islands, untidy though they were, were very orderly by comparison.

The sages gradually came to the shattering realization that their dwelling places were not really floating islands reflecting the natural order of things at all, but rather were essentially simply great rafts that had been built up by their remote ancestors, availing themselves of whatever materials had come to hand to expand and consolidate the entanglements of flotsam and jetsam thrown together by the sea itself on which they found themselves. At length they understood that their ancestors originally had been creatures of the sea, who they surmised – somehow, at some point in the distant past – had emerged out of it and escaped from it, by way of the refuge those fortuitous natural rafts afforded, and so began a new sort of life quite different from that which their fellow sea creatures continued to live. With the passage of time others had added to the bulk and structure of what must originally have been small and precarious configurations, until finally the rafts reached something like their present dimensions. The descendants of their early ancestors, unaware of their own and their islands' origins, took themselves for land creatures, and their great rafts for fixed land, despite the nearness of the sea and the occasional tempests that from time to time threatened to engulf them.

And so, the sages realized, far from occupying a fixed and permanent dwelling place, their race had been drifting on the surface of the sea for countless generations, carried here and there by currents to whose very existence it had been oblivious, and developing in ways reflecting the conditions of life on their floating islands. They knew now that what they had taken to be their knowledge of the natural order of things was only a knowledge of the particular circumstances of their own little world, which had been quite fortuitously arranged. And they saw that the order they had perceived to exist on their raft-islands was but the result of the efforts of generations of their race to render their dwelling places as habitable and manageable as possible.

Now pandemonium ensued among the sages, so unsettled were they by their discoveries and their reflections upon them. Their most fundamental assumptions had been undermined; and what had passed for wisdom among them had been revealed as error and folly. Some among them despaired, and with cries of anguish leapt from high places to their deaths. Others, exclaiming that they were fundamentally mere creatures of the sea, threw themselves into it. These drowned. The majority of their fellow islanders, however, paid no attention to their cries and exclamations, or even to their reports of their realizations, which seemed too far-fetched and contrary to common sense to warrant taking seriously. They simply went about their business as they always had.

Some of the sages followed their example, and took up trades, deeming the course of wisdom to be the resolute and complete abandonment of such reflection altogether. Others reacted in a more moderate way. They recovered from their initial shock and disillusionment, concluding that their astonishing discoveries did not really change anything at all. They were still there, on their islands; they were the same people, and the islands were the same islands as they had been before. They now saw themselves and their islands differently than they had; but it seemed to them that the only reasonable thing to do was to acknowledge their situation and seek to make the most of it they could. These sages now realized that their islands did not have the sort of place in the larger scheme of things they previously had thought them to have (some surmising that there actually may be no "larger scheme of things" at all); but the islands were all they had – and while the islands were admittedly modest affairs, they were their own, God bless them!

Moreover, there was plenty of work to be done on them, by way of tidying them up and reshaping them here and there, in order to make them more livable and agreeable to look upon; and these sages saw that their knowledge of the features of their islands, and their cultivated ability to discern places where they might be improved upon, placed them in a good position to lead and guide such projects. Putting aside all thought of the sea – save where it impinged upon their islands – and confining themselves to thinking in terms of what was possible and desirable given the general and particular characteristics of the islands on which they found themselves, they devoted themselves to such projects; and eventually the people of the islands came to esteem them for their contributions to the common weal.

But a few of the sages took a very different course. They did not despair as a result of the discoveries that had been made; but neither could they bring themselves to embrace their islands as their world, now that they knew them for what they were. Their thoughts were drawn in other, quite different directions: to the sea, and to the possibility of dwelling places on the sea other than the island-worlds in which they found themselves. They longed to explore the sea, in order both to come to know that larger, deeper world on which their little artificial island-worlds floated, and also to enhance their comprehension of themselves and their possibilities. And, while they knew better than to think they could survive otherwise than on something like their islands, they could see no good reason to suppose that the raft-islands created by their struggling primitive ancestors were better than any that might be more self-consciously devised.

Observing how aimlessly their islands drifted about the sea, how poorly suited they were to exploration, how cluttered they were with remains of countless generations' undertakings, and how crudely fashioned they were out of such shoddy stuff, these sages conceived a strong desire to leave them. Their race had needed the islands, and the islands had served it well; but that, they felt, was no reason for them to feel obligated to continue to live out their lives upon then. They resolved to fashion a vessel on which they could escape the islands, large enough to live upon (for they did not suppose that they would anywhere find fixed land), yet maneuverable and well suited for the exploration and utilization of the sea. The only material at hand was that to be found on the islands themselves; and this placed limits on the sort of vessel they could construct. But they found much that they could use, once it was refined, reworked, and tempered; and they were hopeful that, out upon the sea, as they came to know it better, they would find further material with which to improve their craft.

Their fellow islanders and the other sages thought them fools, to abandon the security of their ancient homes for the open sea. This, however, did not deter them. They were quite content to leave undisturbed those who wished to live out their lives within the narrow confines of the islands; but they themselves did not wish to do so. They knew that they would never be able to come to know the sea as long as they lived upon the islands; for the islands were distractions and obstructions, and were too much with them. They felt blinkered and shackled by the islands. Out upon the sea, they recognized, they risked madness as well as destruction at the hands of the oblivious elements; for their race had never attempted anything like what they contemplated, and they could not be sure that their vessel would prove seaworthy when the going got tough. But they resolved to take the risk.

And so, one day, they quietly sailed away. It was some time before they were even missed. None who remained lamented their departure; and soon they were forgotten. They never returned. On the islands, life went on much as before. Small improvements were continually made. Sea walls were erected, roads were straightened, old buildings were replaced, and more efficient use was made of available areas and resources. The islanders were quite content. But in the market places, in later generations, small children listened in wonderment to old fishermen, who told tall tales of sightings of strange, great, graceful craft in the distance far out at sea, moving swiftly as the wind, manned by god-like beings in almost human form.

Auswahlbibliographie

Die folgende Auswahlbibliographie führt die wichtigsten Titel aus der Forschung speziell zur *Fröhlichen Wissenschaft* auf – mit der Einschränkung, dass man diese Schrift kaum isoliert von Nietzsches übrigem Werk und der dazugehörenden Sekundärliteratur bearbeiten kann. Verzichtet wurde auf die Beiträge zur Quellenforschung, die sich auf den Nachweis von Lektüren Nietzsches beschränken. Sie sind bis ins Jahr 2002 über die Weimarer Nietzsche-Bibliographie zu erschließen (in der Online-Fassung auch darüber hinaus), danach sind die einzelnen Jahresbände der *Nietzsche-Studien* zu konsultieren. Aus Platzgründen ebenfalls nicht aufgeführt sind die einzelnen Beiträge der beiden grundlegenden Sammelwerke jüngerer Zeit, die in jedem Falle berücksichtigt werden müssen: Band 26 (1997) der *Nietzsche-Studien* (hier war die *Fröhliche Wissenschaft* Schwerpunktthema) sowie die mehrsprachige Aufsatzsammlung *Letture della «Gaia scienza»* = *Lectures du «Gai savoir»*, hrsg. von Chiara Piazzesi, Giuliano Campioni, Patrick Wotling, Pisa 2010.

Abbey, Ruth: Nietzsche's Middle Period, Oxford/New York 2000.
Adams, John/Reed, Anthony: The Age of Laughter. A Thematic Analysis of Nietzsche's „Die fröhliche Wissenschaft", Miami 1994.
Ansell-Pearson, Keith: Nietzsche on the Ultimate Beauties: A Reading and Interpretation of Aphorism 339 of the Gay Science, in: Rivista Di Estetica 45:28 (2005), S. 334–6.
Babich, Babette E.: Nietzsche's „Gay" Science, in: Keith Ansell Pearson (Hrsg.), A Companion to Nietzsche, Malden, Mass./Oxford, UK 2006. S. 97–114. (Blackwell Companions to Philosophy, Bd. 33)
Benne, Christian: Natur und Natürlichkeit. Eine Lektüre von Friedrich Nietzsches „Wir Künstler!", in: Adam Paulsen/Anna Sandberg (Hrsg.), Natur und Moderne um 1900. Räume – Repräsentationen – Medien, Bielefeld 2013. S. 37–46.
Benne, Christian: „Incipi parodia – noch einmal", in: Gabriella Pelloni/Isolde Schiffermüller (Hrsg.), Pathos, Form, Kryptomnesie: Das Gedächtnis der Literatur in Nietzsches „Also sprach Zarathustra", Heidelberg 2015, S. 49–66.
Benoit, Blaise: Le quatrième livre du Gai Savoir et l'éternel retour, in: Nietzsche-Studien 32 (2003). S. 1–28.
Benoit, Blaise: Le Gai Savoir § 301: vers une „justice poétique" d'un type nouveau?, in: Nietzsche-Studien 39 (2010). S. 382–397.
Biser, Eugen: Die Proklamation von Gottes Tod: Nietzsches Parabel: „Der tolle Mensch" im Licht der Textgeschichte, in: Hochland 56 (1963/1964). S. 137–152.
Bishop, Paul: Nietzsches „New" Morality: Gay Science, Materialist Ethics, in: History of European Ideas 32/2 (2006). S. 223–236.
Bogdan, Ciprian C.: Philosophy and (Gay) Science. Friedrich Nietzsche, in: Studia Universitatis Babes-Bolyai, Studia Europaea 53/1 (2008). S. 129–143.
Borsche, Tilman: Fröhliche Wissenschaft freier Geister – eine Philosophie der Zukunft?, in: Mihailo Djurić (Hrsg.), Nietzsches Begriff der Philosophie, Würzburg 1990. S. 53–72.
Brusotti, Marco: Die Leidenschaft der Erkenntnis. Philosophie und ästhetische Lebensgestaltung bei Nietzsche von Morgenröthe bis Also sprach Zarathustra, Berlin/New York 1997.
Campioni, Giuliano: Die Schatten Gottes. Aus dem Italienischen von Leonie Schröder, in: Carlo Gentile/Cathrin Nielsen (Hrsg.), Der Tod Gottes und die Wissenschaft. Zur Wissenschaftskritik Nietzsches, Berlin/New York 2010. S. 83–105.

Coker, John: The Therapy of Nietzsche's Free Spirit, in: International Studies in Philosophy 29/3 (1997). S. 63–88.
Constâncio, João: Consciousness, Communication and Self-Expression. Towards an Interpretation of Aphorism 354 of Nietzsche's The Gay Science, in: João Constâncio/Maria João Mayer Branco (Hrsg.), As the Spider Spins. Essays on Nietzsche's Critique and Use of Language, Berlin/Boston 2012. S. 197–230. (Nietzsche Today, Bd. 2)
Desideri, Fabrizio: Aporetico apparire. Saggio sulla „Gaia scienza", in: Spazio Umano 10 (1984). S. 95–127.
D'Iorio, Paolo: Das Gespräch zwischen Büchern und Handschriften am Beispiel der ewigen Wiederkehr des Gleichen, in: Michael Knoche/Justus H. Ulbricht/Jürgen Weber (Hrsg.), Zur unterirdischen Wirkung von Dynamit. Vom Umgang Nietzsches mit Büchern, zum Umgang mit Nietzsches Büchern, Wiesbaden 2006. S. 93–112.
Figl, Johann: „Tod Gottes" und die Möglichkeit „Neuer Götter", in: Nietzsche-Studien 29 (2000). S. 82–101.
Finke-Lecaudey, Geneviève: Modulation du dire et du dit. Nietzsche: Die fröhliche Wissenschaft § 354. Vom „Genius der Gattung", in: Cahiers d'études germaniques 49 (2005/2).
Franco, Paul: The Free-Spirit Trilogy of the Middle Period, Chicago 2011.
Georg, Jutta: In Nietzsches Kino. Überlegungen zu einem kinematographisch verwandten Denkstil in Die fröhliche Wissenschaft und Also sprach Zarathustra, in: Volker Gerhardt/Renate Reschke (Hrsg.), Nietzsche im Film. Projektionen und Götzen-Dämmerung, Berlin 2009. S. 117–132. (Jahrbuch der Nietzscheforschung, Bd. 16)
Gerhardt, Volker: Experimental-Philosophie, in: Mihailo Djuric/Josef Simon (Hrsg.), Kunst und Wissenschaft bei Nietzsche, Würzburg 1986. S. 45–61.
Giametta, Sossio: Il quinto libro della „Gaia scienza", in: Sossio Giametta, Saggi Nietzschiani, Neapel 1998. S. 105–122.
Heidegger, Martin: Nietzsches Wort „Gott ist tot" [1943], in: Martin Heidegger, Holzwege. Frankfurt a. M. 1950. S. 193–247.
Heller, Peter: „Von den ersten und letzten Dingen". Studien und Kommentar zu einer Aphorismenreihe von Friedrich Nietzsche, Berlin/New York 1972. (Monographien und Texte zur Nietzsche-Forschung, Bd. 1.)
Helsloot, Nils: Gaya Scienza Nietzsche as a Friend, in: New Nietzsche Studies 5 (2003). S. 89–104.
Higgins, Kathleen Marie: Gender in „The Gay Science", in: Philosophy and Literature 19/2 (1995). S. 227–247.
Higgins, Kathleen Marie: Comic Relief. Nietzsche's Gay Science. New York/Oxford 2000.
Hufnagel, Henning: „Nun, Schifflein sieh' dich vor!" – Meerfahrt mit Nietzsche: zu einem Motiv der „Fröhlichen Wissenschaft", in: Nietzsche-Studien 37 (2008). S. 143–159.
Kaufmann, Walter: Nietzsches Philosophie der Masken, in: Nietzsche-Studien 10/11 (1980/1981). S. 111–131.
Klossowski, Pierre: Sur quelques thèmes fondamentaux de la „Gaya scienza" de Nietzsche, in: Pierre Klossowski, Un si funeste désir, Paris 1963. S. 6–36.
Koelb, Clayton: Reading as a Philosophical Strategy: Nietzsches's The Gay Science, in: Clayton Koelb (Hrsg.), Nietzsche as Postmodernist Essays Pro and Contra, Albany 1990. S. 143–160.
Köhler, Joachim: Die fröhliche Wissenschaft. Versuch über die sprachliche Selbstkonstitution Nietzsches, Würzburg 1977.
Kress, John: The Alliance of Laughter and Wisdom. Nietzsche's Gay Science, in: Soundings 91, Nr. 1/2 (2008). S. 109–132.

Langer, Monika. M.: Nietzsche's „Gay science" Dancing Coherence. Houndmills, UK/New York 2010.
Loeb, Paul S.: The Moment of Tragic Death in Nietzsche's Dionysian Doctrine of Eternal Recurrence. An Exegesis of Aphorism 341 in „The Gay Science", in: International Studies in Philosophy 30/3 (1998). S. 131–143.
Montinari, Mazzino: Friedrich Nietzsche. Eine Einführung, Berlin/New York 1991. S. 83–91 [zu Aph. 34].
Niemeyer, Christian: „Auf die Schiffe, ihr Pädagogen!" Ein einführender Kommentar zu Nietzsches Aphorismensammlung „Die fröhliche Wissenschaft", in: Zeitschrift für Religions- und Geistesgeschichte 57/2 (2005). S. 97–122.
Orestano, Francesco: Gaia scienza, in: Nuova antologia di lettere, scienze ed arti. Ser. 4, Bd. 204 (1905). S. 63–73.
Pippin, Robert: Gay Science and Corporeal Knowledge, in: Nietzsche-Studien 29 (2000). S. 136–152.
Poljakova, Ekaterina: „Das intellectuale Gewissen" und die Ungerechtigkeit des Erkennenden. Eine Interpretation des Aphorismus Nr. 2 der Fröhlichen Wissenschaft, in: Nietzsche-Studien 39 (2010). S. 120–144.
Reschke, Renate: Friedrich Nietzsches Fröhliche Wissenschaft oder Vom zerbrechlichen Gleichgewicht einer Philosophie, in: Friedrich Nietzsche, Die Fröhliche Wissenschaft („la gaya scienza"), hrsg. mit Anmerkungen zum Nietzsche-Text und mit einem Essay von Renate Reschke, Leipzig 1990. S. 357–413.
Schacht, Richard: Nietzsche's „Gay Science", or, How to Naturalize Cheerfully, in: Robert C. Solomon/Kathleen M. Higgins (Hrsg.), Reading Nietzsche, New York/Oxford 1988. S. 68–86.
Schobinger, Jean-Pierre: Miszellen zu Nietzsche. Versuche von operationalen Auslegungen, Basel 1992.
Schulte, Günter (Hrsg.): Nietzsches „Morgenröthe" und „Fröhliche Wissenschaft": Text und Interpretation von 50 ausgewählten Aphorismen, Würzburg 2001. (Nietzsche in der Diskussion)
Stegmaier, Werner: „Philosophischer Idealismus" und die „Musik des Lebens". Zu Nietzsches Umgang mit Paradoxien. Eine kontextuelle Interpretation des Aphorismus 372 der Fröhlichen Wissenschaft, in: Nietzsche-Studien 33 (2004). S. 90–128.
Stegmaier, Werner: Der See des Menschen, das Meer des Übermenschen und der Brunnen des Geistes. Fluß und Fassung einer Metapher Friedrich Nietzsches, in: Nietzsche-Studien 39 (2011). S. 145–179.
Stegmaier, Werner: Nietzsches Befreiung der Philosophie. Kontextuelle Interpretation des V. Buchs der Fröhlichen Wissenschaft, Berlin/Boston 2012.
Tongeren, Paul van: Nietzsches Diagnostiek Over „Fröhliche Wissenschaft" § 370, in: De uil van Minerva 18 (2002). S. 5–15.
Valadier, Paul: Maladie du sens et gai savoir, chez Nietzsche, in: Laval Theologique et Philosophiques 52/2 (1996). S. 425–432.
Vattimo, Gianni: Introduzione, in: Friedrich Nietzsche, La gaia scienza, übers. von F. Masini, Turin 1978. – Ins Amerikanische übers. von William Mc Cuaig unter dem Titel „The Gay Science", in: Gianni Vattimo, Dialogue with Nietzsche, New York 2006. S. 142–156.
Venturelli, Aldo: Die Gaya Scienza der „guten Europäer". Einige Anmerkungen zum Aphorismus Nr. 377 des V. Buchs der Fröhlichen Wissenschaft, in: Nietzsche-Studien 39 (2010). S. 180–200.
Vincent, Hubert: Art, connaissance et vérité chez Nietzsche Commentaire du livre II du «Gai savoir», Paris 2007. (Philosophies, Bd. 191)

Vivarelli, Vivetta: „Vorschule des Sehens" und „stilisierte Natur" in der Morgenröthe und der Fröhlichen Wissenschaft, in: Nietzsche-Studien 20 (1991), S. 134–151.
William, Bernard: „Nietzsche: The Gay Science", in: Robert Pippin (Hrsg.), Introductions to Nietzsche, Cambridge/New York 2012. S. 137–151.
Wotling, Patrick: Nietzsche et le problème de la civilisation, Paris ²2012.

Personenregister

Abbey, Ruth 180
Adams, John 180
Adorno, Theodor, W. 53, 66
Alt, Peter-André 51

Babich, Babette E. 5–6, 180
Bagehot, Walter 78
Balaudé, Jean-François 132, 149
Barbera, S. 75, 87
Baumanns, Peter 67
Benne, Christian 1, 3, 6, 29, 40, 51, 65–66, 128, 154, 180, 187
Benoit, Blaise 65–66, 128, 180
Bernays, Jacob 82, 87
Bertino, Andrea Christian 142, 149
Biser, Eugen 180
Bizet, Georges 21–22, 32
Bogdan, Ciprian, C. 180
Born, Marcus 51
Borsche, Tilman 65–66, 180
Branco, Maria João Mayer 181
Bräutigam, Bernd 65–66
Brusotti, Marco 4, 6, 14–15, 18, 29, 51, 65–66, 131, 149, 180
Busche, Hubertus 67

Campioni, Giuliano 4, 6, 29, 51, 66, 128, 150, 180
Cavell, Stanley 50–51
Chamfort, Nicolas 53, 70–71, 81
Claudius, Matthias 34
Coker, John 181
Colli, Giorgio 3–5, 21, 131, 149
Constâncio, João 181
Corneille, Pierre 83
Credner, Hermann 13

Dante Alighieri 81, 83
Dellinger, Jakob 143, 149
Denat, Céline 123, 128, 188
Desideri, Fabrizio 181
Detering, Heinrich 45, 51, 151–152, 174, 187
D'Iorio, Paolo 181
Djuric, Mihailo 6, 66, 181

Dorschel, Andreas 65–66
Dühring, Eugen 71

Emerson, R. W. 23, 71, 73–74, 76, 87
Epikur 110–111

Faustino, Marta Sofia 148–149
Feuerbach, A. J. 70, 78–80, 83, 87
Feyerabend, Paul 61
Figal, Günter 52–53, 57, 66, 131, 149
Figl, Johann 181
Finke-Lecaudey, Geneviève 181
Foucault, Michel 25
Franco, Paul 181
Fritzsch, Ernst Wilhelm 13–19, 152
Fuchs, Carl 33

Gebhard, Walter 131, 149
Gentile, Carlo 180
Georg, Jutta 1, 19, 181, 187
Gerhardt, Volker 5–6, 150, 181
Giametta, Sossio 132, 149, 181
Grundlehner, Philipp 29, 51

Hanslick, Eduard 84, 87
Hartung, J. A. 82
Heidegger, Martin 3, 65–66, 181
Heller, Peter 181
Helsloot, Nils 181
Heraklit 44
Herder, Johann Gottfried 55, 149
Higgins, Kathleen 6, 30, 51, 131, 149, 181–182
Hufnagel, Henning 65–66, 181

Janaway, Christopher 106
Jaspers, Karl 3
Jolowicz, H. 87

Kaufmann, Sebastian 5, 7, 187
Kaufmann, Walter 4–5, 149, 181
Klopstock, Friedrich Gottlieb 158, 174
Klossowski, Pierre 181
Koelb, Clayton 181
Köhler, Joachim 181

Köselitz, Heinrich 4, 8–20, 23, 30–32, 70, 85–86, 154, 156, 172
Kress, John 181

Lampert, Laurence 132, 149
Langer, Monika. M. 133, 149, 182
Lecky, W. E. H. 78, 87
Leopardi, Giacomo 71, 81
Loeb, Paul S. 182
Lord Byron, Georges Gordon 83

Mancini, Mario 65–66
Mattenklott, Gert 3, 6, 63, 65–66
Maudsley, Henri 78
Meier, Albert 51
Mieder, Wolfgang 152, 174
Montaigne, Michel Eyquem de 53, 188
Montinari, Mazzino 4, 70, 87, 182
Müller, Enrico 65–66, 187
Müller-Lauter, Wolfgang 108, 128
Musil, Robert 53

Naumann, Constantin Georg 13, 17
Nicodemo, Nicola 46
Nielsen, Cathrin 180
Niemeyer, Christian 131, 149, 174, 182
Nietzsche, Franziska 9, 12
Nolte, Andreas 152, 174

Orestano, Francesco 182
Orsucci, Andrea 188
Overbeck, Franz 1, 8–9, 12–15, 18–20, 26
Overbeck, Ida 31

Pascal, Blaise 78, 188
Paulsen, Adam 66, 180
Pearson, Keith Ansell 6, 180
Piazzesi, Chiara 4, 6, 29, 51, 66, 128, 150, 180
Pichler, Axel 38, 51, 132, 149
Pippin, Robert 65–66, 182–183
Poljakova, Ekaterina 66, 143, 149, 182

Racine, Jean 87
Rée, Paul 10–11, 13, 185
Reich, Hauke 4, 6
Reschke, Renate 41, 51, 65–67, 131, 149, 181–182

Riedel, Wolfgang 51
Ritschl, Friedrich 82, 87
Robertson, Simone 106
Rohde, Erwin 5, 11, 15, 152
Rupschus, Andreas 143, 149

Salaquarda, Jörg 1, 6, 65, 67, 128, 131, 149
Sandberg, Anna 66, 180
Schacht, Richard 5–6, 51, 88–90, 97, 106, 115, 128, 131–132, 149, 175, 182, 187
Schiller, Friedrich 32, 37, 51, 85, 145
Schmeitzner, Ernst 3, 7, 10–13, 18, 151, 174
Schmitt, Anton 67
Schobinger, Jean-Pierre 182
Schopenhauer, Arthur 4, 23, 36, 41, 51, 69–70, 73–75, 84, 86–87, 104, 130, 143, 146, 158
Schulte, Günter 182
Scott, Walter 80
Sedgwick, Peter R. 106
Shakespeare 48–49, 87, 101
Simon, Josef 6, 66, 106, 181
Sokrates 36, 43, 126–127
Solomon, Robert C. 6, 149, 182
Spinoza de, Baruch 136, 147
Spoerhase, Carlos 158, 174
Stegmaier, Werner 5–6, 15, 18, 28, 55, 65, 67, 129, 131, 141–142, 150, 182, 188
Stendhal 69, 80, 82–84, 87
Stenger, Ursula 152, 174
Storm, Theodor 166, 187

Tanner, Michael 131, 150
Teubner, B. G. 11–12
Theokrit 166

Uhland, Ludwig 129, 151

Valadier, Paul 182
van Tongeren, Paul 29, 51, 146, 150, 182
Vattimo, Gianni 182
Venturelli, Aldo 65, 67, 182
Vincent, Hubert 182
Vivarelli, Vivetta 68, 183, 188
von Gersdorff, Carl 4
von Goethe, Johann Wolfgang 10, 30, 32–33, 41, 47–49, 51, 72, 78, 80, 85, 87, 152, 154, 157–159, 161, 167, 170–171, 187

von Meysenburg, Malwida 85
von Salis, Meta 163
von Salomé, Lou 7, 11, 42

Wagner, Richard 3–4, 20–24, 27–28, 31–32, 35, 68, 70–71, 75, 78–87, 101, 130–132, 136, 143, 146–147, 149, 169
Weiss, Peter 53

Westerdale, Joel 132, 150
Westphal, Rudolf 38, 51
William, Bernard 183
Wotling, Patrick 4, 6, 29, 51, 66, 107, 123, 128, 132, 149–150, 180, 183, 188
Wuthenow, Ralph-Rainer 131, 150

Zittel, Claus 52, 187–188

Autorinnen und Autoren

Benne, Christian: Professor für Europäische Literatur- und Geistesgeschichte an der Universität Kopenhagen. Stellvertretender Direktor der Friedrich Nietzsche-Stiftung; Vorstandsmitglied der Friedrich Schlegel-Gesellschaft; Mitherausgeber von Orbis Litterarum. *Wichtigste Veröffentlichungen*: Friedrich Nietzsche und die historisch-kritische Philologie (2005); Antike – Philologie – Romantik. Friedrich Schlegels altertumswissenschaftliche Manuskripte (hrsg. mit U. Breuer 2011); Ohnmacht des Subjekts – Macht der Persönlichkeit (hrsg. mit E. Müller 2014); Die Erfindung des Manuskripts (2015)

Detering, Heinrich: Professor für Neuere deutsche und Vergleichende Literaturwissenschaft an der Universität Göttingen und zurzeit Fellow der Siemens-Stiftung in München. *Wichtigste aktuelle Veröffentlichungen*: Der Antichrist und der Gekreuzigte. Friedrich Nietzsches letzte Texte (4. Auflage 2012); Kindheitsspuren. Theodor Storm und das Ende der Romantik (2011); Thomas Manns amerikanische Religion. Theologie, Politik und Literatur im kalifornischen Exil (2012); Geschichtslyrik. Ein Kompendium (hrsg. mit Peer Trilcke 2013); Der Buddha in der deutschen Dichtung. Zur Rezeption des Buddhismus in der Frühen Moderne (hrsg. mit Maren Ermisch und Pornsan Watanangura 2014).

Georg, Jutta: Dozentin, Dramaturgin. *Wichtigste Veröffentlichungen*: Dionysos und Parsifal (2011); Nietzsches Philosophie des Unbewussten (hrsg. 2012 mit Claus Zittel); Nietzsches Denken im Spiegel seiner Korrespondenz (2013); Libretto der Oper Zelda (2014); Triebdominanz und autonome Moral. Nietzsche und Freud (2014); Das Dionysische – Nietzsches Metapher des Unbewussten (2015); Das Sichtbare und das Sagbare. Philosophie des Films, in: Perspektiven der Philosophie (2015).

Kaufmann, Sebastian: wissenschaftlicher Mitarbeiter in der Forschungsstelle „Nietzsche-Kommentar" der Heidelberger Akademie der Wissenschaften. *Wichtigste Veröffentlichungen*: „Schöpft des Dichters reine Hand ..." Studien zu Goethes poetologischer Lyrik (hrsg. mit Stefan Hermes 2011); Der ganze Mensch – die ganze Menschheit. Völkerkundliche Anthropologie, Literatur und Ästhetik um 1800 (2014); Kommentar zu Nietzsches Idyllen aus Messina, in: Nietzsche-Kommentar, Bd. 3.1 (hrsg. mit Jochen Schmidt 2015).

Schacht, Richard: Professor der Philosophie und Jubilee Professor of Liberal Arts and Sciences (Emeritus) an der University of Illinois; Herausgeber der International Nietzsche Studies und Executive Director der North American Nietzsche Society. Wichtigste Veröffentlichungen: Alienation (1971); Hegel and After: (1975); Nietzsche (1983), Making Sense of Nietzsche (1995), Nietzsche, Genealogy, Morality (Hrsg.1994), Nietzsche's Postmoralism: Rethinking Nietzsches's Prelude to Philosophy's Future (Hrsg. 2011); Norton anthology, After Kant: The Interpretive Tradition (Hrsg. 2015).

Stegmaier Werner: Professor für Philosophie an der Universität Greifswald (Emeritus). *Wichtigste Veröffentlichungen*: Substanz. Grundbegriff der Metaphysik (1977); Philosophie der Fluktuanz. Dilthey und Nietzsche (1992); Nietzsches Genealogie der Moral. Werkinterpretation (1994); Levinas (2002); Philosophie der Orientierung (2008); Nietzsche zur Einführung (2011); Nietzsches Befreiung der Philosophie. Kontextuelle Interpretation des V. Buchs der *Fröhlichen Wissenschaft* (2012).

Vivarelli, Vivetta: Professorin für deutsche Literatur an der Universität Florenz. *Wichtigste Veröffentlichungen*: Nietzsche und die Masken des freien Geistes: Montaigne, Pascal und Sterne (1998); Nietzsche, La nascita della tragedia (Neu übersetzt, eingeleitet und erläutert, mit einer Auswahl von Texten und Briefen 2009); Nietzsche e gli ebrei. Eine Anthologie mit Erläuterungen und zwei Aufsätzen von Jacob Golomb und Andrea Orsucci (2011); Greek audience, performance and effect of the different literary genres in Nietzsche's Philologica (2014).

Wotling, Patrick: Professor für Philosophie an der Universität Reims. *Wichtigste aktuelle Veröffentlichungen*: Nietzsche et le problème de la civilisation (4. Auflage 2012); La pensée du sous-sol (2. Auflage 2007); Le vocabulaire de Nietzsche (2. Auflage 2012); La philosophie de l'esprit libre. (2008); Nietzsche, (2009); Dictionnaire Nietzsche mit C. Denat (2013); als Herausgeber: Letture della Gaia Scienza / Lectures du Gai savoir (2010); „L'art de bien lire" Nietzsche et la philologie (2012); Les hétérodoxies de Nietzsche. Lectures du Crépuscule des idoles (2014).

Zittel, Claus: Stellvertretender Direktor des Stuttgart Research Centre fort Text and Studies. Er lehrt Neuere Deutsche Literaturwissenschaft und Philosophie an den Universitäten Stuttgart, Frankfurt am Main und Olsztyn. *Wichtigste Veröffentlichungen*: Selbstaufhebungsfiguren bei Nietzsche (1995): Das ästhetische Kalkül von Friedrich Nietzsches ‚Also sprach Zarathustra' (2000, 2012); Theatrum philosophicum. Descartes und die Rolle ästhetischer Formen in der Wissenschaft (2009); Ludwik Fleck. Denkstile und Tatsachen (hrsg. mit Sylwia Werner 2011).

www.ingramcontent.com/pod-product-compliance
Lightning Source LLC
Chambersburg PA
CBHW051117230426
43667CB00014B/2626